인생학교 램랜드

일흔 살에… 그때는 몰랐다!

KB192813

"여호와 우리 주여 주의 이름이 온 땅에 어찌 그리 아름다운지요
주의 영광이 하늘을 덮었나이다
주의 대적으로 말미암아 어린 아이들과 젖먹이들의 입으로 권능을 세우심이여
이는 원수들과 보복자들을 잠잠하게 하려 하심이니이다
주의 손가락으로 만드신 주의 하늘과
주께서 베풀어 두신 달과 별들을 내가 보오니
사람이 무엇이기에 주께서 그를 생각하시며
인자가 무엇이기에 주께서 그를 돌보시나이까
그를 하나님보다 천사보다 조금 못하게 하시고
영화와 존귀로 관을 씌우셨나이다
주의 손으로 만드신 것을 다스리게 하시고 만물을 그의 발 아래 두셨으니
곧 모든 소와 양과 들짐승이며
공중의 새와 바다의 물고기와 바닷길에 다니는 것이니이다
여호와 우리 주여 주의 이름이 온 땅에 어찌 그리 아름다운지요."(시 8편)

인생학교 램랜드

일흔 살에… 그때는 몰랐다!

임헌순 지음

코람데오

1. 보상을 구하지 않는 봉사는 남을 행복하게 할 뿐 아니라
   우리 자신도 행복하게 한다.
2. 최고의 도덕이란 끊임없이 남을 위해 봉사, 인류를 위한
   사랑으로 일하는 것이다.
3. 봉사생활은 예술의 최고봉으로 진정한 환희에 차게 된다.

   — 마하트마 간디(Mahatma Gandhi, 1869~1948)

아름다운 세상을 만드는 친구

민경윤(사단법인 간환우협회 회장, 『행복나눔』 발행인)

나의 마지막 소망은 아름다운 세상을 꿈꾸면서 살아가는 것이다. 그러나 아름다운 세상을 생각하면서 평생을 살아간다는 것이 얼마나 힘든지를 알게 되었다. 어느 날 갑자기 간암이 발병하여 치료를 위해 아산병원 105동 병실에 10일 동안 있으면서 많은 생각을 하게되었다. 퇴원 후 양고기가 먹고 싶어서 마포에 있는 '램랜드'에 갔다.

램랜드 임헌순 사장을 만난 지도 벌써 30년이 넘었다. 1989년의 어느 봄날에 여의도 증권회사에 다니는 고교 동창이 양고기 잘하는 집이 마포에 있는데 같이 가자고 하여 갔었다. 당시 주인은 중동에 파견 나간 우리나라 근로자들을 위해 중동 건설 현장으로 식당 일을 하러 갔었는데, 중동에서 양고기 먹던 근로자들이 돌아와서 그때 먹던 양고기가 생각난다고 하여 양고기 식당을 마포에 오픈하였다고 한다. 중동식 양고기 요리가 내 입맛에는 썩 맛있게 느껴지지 않았지만,

그래도 친구가 양고기 맛을 느꼈는지 가끔 불러서 같이 가곤 하였다.

1992년 어느 날, 다시 찾아간 양고기 집은 주인도 바뀌고 메뉴도 바뀌어 있었다. 내 입맛에 딱 맞아서 그 후 자주 갔다. 한번은 직원들 30여 명과 같이 그곳에서 회식을 하였는데, 직원들 반응이 매우 좋아서 단체로도 자주 갔다. 양고기를 먹고 2차로 근처 맥줏집에 자주 갔는데, 어느 날 양고기 집 임 사장이 자기도 같이 가서 맥주 한 잔 얻어 마시면 안 되겠느냐고 하기에 그러라고 하였다. 그 후 가끔 따라와서 맥주 한 잔 마시면서 우리들 수다 떠는 것을 듣다가 조용히 가버리곤 하였다. 그렇게 자주 가서 회식을 하다 보니 이런저런 이야기도 나누게 되고 동갑이라는 것도 알게 되고 자연스럽게 자라온 이야기도 듣게 되었다. 임 사장의 자라온 이야기를 듣다 보니 나와 비슷한 점이 아주 많았다. 그래서 더욱 친숙해진 것 같다. 오빠 취직을 위해 식모 살이하러 서울에 올라와 세 든 아주머니네 계란 하나 몰래 훔쳐 먹고 들켜 야단맞았다는 이야기를 들었을 때는 자라온 환경은 다르지만 어찌 보면 내 처지와 비슷하였다.

임 사장의 자라온 이야기를 들으면서 우리 어머니가 44세에 나를 낳으시고 중1 때 몸져누우셔서 막내인 나 때문에 한동안 눈을 못 감고 계셨던 기억이 떠올라 나도 모르게 눈물이 났다. 끝내 어머니는 자리를 털고 일어나지 못하시고 돌아가셨다. 그래서 중1 때부터 형수 밑에서 자라면서 혼자 어머니 생각이 나서 얼마나 많이 울었는지 모른다. 어머니가 아파 누워 계시기 전까지 어머니 젖을 만지고 잠을 잤으니까. 그래서 더욱 어머니 생각을 하며 정말 많이 울었다. 그렇게 살아온 이야기도 서로 자연스럽게 나누는 사이가 되었다. 그러나 대부분은 임 사장의 자라온 이야기를 들었다. 당시 테이블 숫자와 메뉴를 보면서 '금방 부자 되겠구나.' 생각하였다. 처음 램랜드에 갔을 때가 30대 중반이었는데, 그때 식당에서 일하던 20대, 30대 초반이었던 직원들이 30여 년 가까이 지난 지금도 대부분 그대로 있다는 것이 정말 신기해 보였다. 정말 한 가족이 운영하는 식당 같았다. 그들은 내가 과장부터 부사장으로 진급하는 과정도 소상히 알고 있을 정도로 친숙하였고 여전히 내 이름을 기억하고 있다.

은퇴하고 갑자기 간암이 발병하여 치료 후 한동안 안가다가 양고기가 먹고 싶어서 아내와 같이 갔더니 반갑게 맞이해 주었다. 그동안 있었던 일들을 이야기하고 내가 쓴 『똑똑한 투병기』 책을 선물하였다. 그 후에는 근방에 나가면 꼭 들러서 양고기를 먹었다.

오랫동안 같이 일하는 직원들도 너무 친숙하여 한가할 때는 이런저런 이야기를 나누기도 하는데, 임 사장이 불우이웃돕기 등 선행 활동을 많이 한다고 한다. 임 사장은 처음 만났을 때부터 순수하고 솔직하였으므로 이다음에 경제적인 여건이 되면 좋은 일 할 사람 같다는 생각을 하고 있었다. 그런데 직원들로부터 좋은 일을 많이 한다는 이야기를 듣고 나니 나의 기대를 저버리지 않고 있음이 너무 기뻤다.

간암 치료 후 사단법인을 만들고 『행복나눔』 정기 간행물을 발행하는 출판사 대표님을 모시고 램랜드에 식사하러 갔다. 임 사장에게 그간 살아온 것을 글로 한번 써 보는 것이 어떻겠느냐고 제안하였더니 흔쾌히 응하였다. 출판사 대표께서 원고를 받아보고 너무 잘 쓴다고 하셨다. 나도 임 사장이 쓴 책 내용이 몹시 궁금하였다. 며칠 전에 추천의 글을 써 달라는 제안을 받고 흔쾌히 수락하고 원고를 받아 읽어보았다. 내가 수십 년 동안 뜨문뜨문 들은 내용보다 더 고생한 이야기를 읽고 정말 '의지의 한국인'이라는 생각을 하게 되었다. 초등학교 졸업 후 중학교도 못 가고 눈썹 만드는 공장에 다닌 이야기, 이름도 모르는 수금 사원을 따라 서울 와서 식모살이한 이야기를 읽으면서 왜 이다지 눈물이 나는지……. 10대 초반, 아무것도 모르는 철부지 시절에 남의 집에서 식모살이한 이야기를 너무나도 생생하게 기억하여 쓴 글을 읽으니 마음 한 편이 아리다. 이렇게까지 고생하면서 여기까지 온 줄은 정말 몰랐다. 임 사장에게 인생 여정에 대해 책을 한번 써 보라고 권하기를 너무 잘하였다는 생각이 든다. 깊은 울림이 있는 이 책을 읽으면서 감동과 위로와 위안을 받았다.

일독을 권하면서 임헌순 사장님! 앞으로 건강하고 즐거운 일들만 가득하고, 우리 다 같이 아름다운 세상을 꿈꾸며 오래오래 친구처럼 지내면서 즐겁게 살아갑시다.

대대손손 손님의 가족이 되어
'천상의 식탁'을 올려주시길 기원!

김태영(다큐 감독, 인디컴 공동대표)

세계적인 '디스커버리' 방송을 보고 뉴욕에서도 손님이 오는 식당! 양고기를 주식처럼 먹는 사우디아라비아 사람들이 세계에서 제일이라고 하며 차관까지 다녀간 식당!

전 세계 사람들이 다 오는 식당일 거라고 모두 칭찬을 아끼지 않는 그 식당이 바로 마포 토정로의 양고기 '램랜드'다.

열네 살에 식모를 시작. 어떤 날은 너무 피곤하여 눈을 감고 걷다가 눈을 뜨고, 또 눈을 감고 걷다가 눈을 뜨며 오가던 길. "하나님, 쥐구멍에도 볕이 드는 날이 있다던데 혹시 내게도 좋은 날이 올까요? 그래도 좋은 날이 오겠죠?"라며 반백의 세월을 인고한 끝에 양고기 '램랜드'의 사장이 되었다.

문을 연 것은 1989년.

"세상은 혼자 사는 것이 아니다. 삶을 즐겁고 행복하게 살아라."

라고 한 오드리 헵번을 제일 존경하며, '어린 양고기 식당' 안에서 사람들을 만날 때가 즐겁고 세상에서 제일 행복하다는 임헌순 사장! 아침에 이 식당으로 출근하는 직원들도 함께 주인이 되어 신나게 '내 식당'으로 변신하는 곳이다.

'램랜드'는 양고기를 한국식 요리로 내는 음식점이다.

2년 미만의 어린 양들을 사용하는데, 이 가운데서도 갈비로는 가장 연한 6개월 미만의 고기만 쓴다.

일반 조미료는 사용하지 않고 사흘 정도의 숙성 과정만 거친다. 양고기의 맛을 좌우하는 것은 뭐니 뭐니 해도 고기 자체에 있는 특유한 향을 없애는 조리 전 손질이다. 양고기를 3일 정도 냉장고에서 해동하며 숙성하는 사이에 마블링이 살아나고 고기가 부드러워지며 냄새도 어느 정도 빠져 적정한 맛이 난다. 주 메뉴인 '삼각갈비'가 여기서 나온다.

임헌순 사장은 '나도 누군가에게 기쁨과 희망을 주는 사람이 돼야지.' 하고 마음속으로 다짐하며 산다. 단지, 양고기만 파는 것이 아니라 진실하고 사랑하는 마음, 믿음과 신뢰, 이 모든 것들을 함께 팔고 있는 것이다. 이 또한 주님께서 주신 만남의 축복, 선물로 여긴다. 자신이 일찍 식모살이한 것도 남들을 대할 때에 상냥하고 배려하는 마음으로 살게 하시려고 고생을 시키셨던 것이라며 오늘도 손님 맞을 준비를 한다.

개인적인 고백을 하겠다.

"희망의 궁전"이라는 의미의 「딜쿠샤」 판타지 다큐 영화를 찍을 때다. ○용우 선배와 배우들, 스태프들 40명이 첫 대본 리딩을 하고 난 2013년 7월 저녁이었다. 단골 식당으로 다닌 지 15년 만에 처음으로 용기를 내어 임헌순 사장께 전화를 하였다.

"저 40명인데, 양갈비 식사 후원 좀 부탁드리면 안 될까요? 제작비가 쪼들려서……. 죄송해요."

3년 후인 개봉 때는 "저 사장님, 200만 원 정도 후원 좀 부탁해요. 배급비가 부족해서……."라고 하였다.

지난 2020년, 「황무지 5월의 고해」도 배급비를 후원받았다. 세월이 흘러도 전혀 변하지 않는 천사님은 바로 여기 계셨다.

사장님은 '잘난 게 없어서' 항상 누구에게든 배우는 자세로 '천상의 식탁'을 차린다.

그녀, 임헌순이 내놓은 '어린 양'을 맛보라!!!

이 책에는 굽히지 않는 강인함이 엿보인다. 또한 따뜻하고 사랑 많은 배려심이 공존한다. 이것이 이 책을 읽어야 할 이유가 아닐까!

인생맛집

류영모(한소망교회 위임목사, 한국교회총연합 제5회 대표회장,
대한예수교장로회 제106회 총회장, CBS 제27대 재단이사장)

　　외식을 할 때에 사람들이 늘 찾아보는 것이 있는데, 바로 '맛집'
이다. 우리는 '마포맛집', '파주맛집'처럼 지역 이름을 붙이기도 하고,
'전골맛집', '고기맛집'처럼 음식 이름을 붙이기도 한다. 이제는 음식
뿐만 아니라 '노을맛집', '야경맛집'처럼 장소에도 붙이고, '예능맛
집', '리액션맛집'처럼 다양한 분야에서도 '맛집'을 사용한다.
　　'맛집'은 '음식 맛이 뛰어나기로 유명한 음식점'을 말한다. 그런데
이 단어를 음식 외에도 다양하게 사용하는 것은 그것이 주는 특별한
경험 때문이다. 맛집에 가면 기분이 좋고, 입도 즐거워진다. 그리고
자꾸 생각이 나서 다시 찾아오게 된다. 다른 이들에게도 이곳을 알리
고 추천하여 함께 찾아오고 싶게 만드는 곳이 맛집이다.
　　임헌순 사장의 '램랜드'가 바로 그런 맛집이다. 그런데 이곳이 진
정한 맛집인 이유는 임헌순 사장의 인생 스토리가 담겨 있기 때문이

다. 그래서 '램랜드'와 그녀의 인생 스토리가 그려진 이 책이 바로 '인생맛집'이다. 임헌순 사장은 많은 사람들의 마음을 따뜻하고 행복하게 해 준다. 힘들고 지친 사람들에게는 위로와 희망을 준다. 그래서 많은 사람들에게 그녀의 인생 이야기를 추천하고 나누고 싶다.

6.25 전쟁 전후 시기에 같이 태어나 비슷한 길을 걸어왔기에 책을 읽으며 눈물도 나고 깊이 공감하였다. 가난 때문에 1960년대에 여자의 몸으로 외롭게 고단한 인생길을 걸어왔다. 공장 직공으로, 식모로, 외판원으로, 심부름꾼으로 일하며 숱한 풍파를 지나왔다. 그럼에도 불구하고 그녀는 흔들리거나 포기하지 않았고, 불평하거나 원망하지 않았다. 오히려 정직하고 당당하였으며, 감사하면서 걸어온 그 길은 하나님 앞에 진정 아름다운 인생이다. 외로운 걸음이었지만, 본이 되는 인생, 사랑을 나누어 주는 풍족한 인생이었다.

맛있는 별미도 때로는 맵고 짜고 쓴 재료들이 들어가야 그 진정한 맛을 낼 수 있다. 그리고 반드시 요리사의 절대적인 수고와 땀이 있어야만 한다. 그런 것처럼 임헌순 사장의 인생이 오늘과 같은 '인생맛집'이 되기까지는 땀과 눈물이 끊이지 않았고, 쓰고 매운 시간들도 많았음을 알게 된다. 그런데 우리 인생의 주인이시고 주방장이신 하나님께서는 사랑과 눈물로 임헌순 사장을 인도하셨다. 그리고 수많은 고난의 재료들을 통해 오늘의 아름다운 인생을 준비하셨음을 믿는다.

성경의 요셉은 인생의 수많은 고난과 풍파를 지나면서 "하나님은 그것을 선으로 바꾸사 오늘과 같이 많은 백성의 생명을 구원하게 하시려 하셨나니"(창 50:20)라고 고백하였다.

하나님께서는 요셉처럼 임헌순 사장의 삶을 선으로 바꾸셨다. 그리고 많은 사람들에게 은혜와 복을 흘려보내는 축복의 통로로 사용하셔서 기쁘고 감사할 뿐이다.

다시 한 번 임헌순 사장의 인생을 신묘막측하게 지으시고 인도하신 하나님께 감사와 찬양을 올려드린다. 그리고 목자이신 하나님을 정직하고 바르게 따라오신 임헌순 사장의 인생을 축하하고 응원한다. 이 '인생맛집'과 같은 그녀의 책을 통해 많은 사람들의 마음이 따뜻해지고 위로받을 것이다. 또 여전히 여러모로 아프고 힘든 시기에 사람들이 이 책 이야기들을 통해 힘과 용기를 얻기를 바란다.

뚝심과 인성맛집

김현욱 아나운서

임 사장님과의 인연은 20년 전쯤으로 거슬러 올라간다. KBS에 아나운서로 입성하여 막 꿈을 펼치기 시작하던 시절, 정확히 어떤 선배였는지는 기억나지 않으나, 후배인 내게 처음 소개한 양고기 집이 바로 램랜드였다. 지금이야 양꼬치, 양갈비가 어느 정도 대중화되었지만, 당시만 하더라도 양고기, 특히 양갈비나 양고기 전골은 흔치 않은 메뉴여서 일부 마니아들만 찾던 시기였다. 그래서 양고기 전문점이 거의 없었다. 사실상 나 또한 이 집을 통해 양고기 세계에 처음 입문하였다 해도 과언이 아니다. 그렇게 인연이 되고 나서 양고기가 생각나거나 누군가에게 특별식을 대접하고 싶을 때는 어김없이 찾는 단골이 되어 버렸다. 처음 임 사장님에겐 자주 오는 단골 정도로 인식되었겠지만, 점차 영업이 끝난 10시 이후 가게에서 일하시는 종업원들과 술자리까지 함께하면서 두터운 인연이 만들어졌다. 지금 매장의

3분의 1 정도밖엔 안 되는 자그마한 가게에서 자주 만남이 이어졌고, 심지어 임 사장님의 따님과도 함께 어울리게 되었다. 여느 단골가게 와는 조금 다른 진행 방향 아닌가?

이후 임 사장님과는 이런저런 다양한 이야기를 나눌 기회를 갖게 되었고 마포 먹자골목이 활성화되면서 재개발로 인해 지금의 자리로 옮기는 과정에서의 고민도 듣게 되었다. 또 수많은 메뉴 중 양고기의 불모지인 한국에서 왜 하필 이 메뉴를 선택하고 고집스러울 정도로 뚝심 있게 밀고 있는지도 알게 되었다. 한 분야에 대한 열정과 자부심, 포기하지 않는 자세가 돌밭을 피땀으로 일군 옥토처럼 오늘날 대한민국 최고의 양고기 전문점을 일궈낸 것이다. 지금도 마찬가지지만, 당시 오래전에 예약을 하지 않으면 자리가 없었던 일은 맛집에 대한 즐거운 기억이다.

임 사장님의 성공 원인은 뚝심에만 있는 것이 아니었다. 한 번 맺은 인연에 대한 소중함을 끝까지 지키고 남을 속이지 않는 인성은 가히 단순한 장사치나 장사꾼이 아닌, 장인의 면모를 보여 준다. 그때 만났던 대부분의 종업원들을 지금도 만날 수 있다면 말 다한 셈이다. 뿐만 아니라 외식업에 관심이 많아 농담 반, 진담 반으로 양고기 집 하나 낼 테니 도와 달라고 말한 내게 성심성의껏 컨설팅까지 해 주셨던 기억은 고마움으로 남아 있다. 단골고객의 결혼 소식에 한걸음에 식장까지 달려와 축하해 주셨다는 말까지 보탠다면 푼수일까?

그러니 이런 분이 인생책을 내신다는데 내가 어찌 추천의 글을 아니 쓸 수 있을까? 정작 본인은 원치 않아 보이는데 내가 우기기까지 하였다면 TMI(Too Much Information, 너무 많은 정보)일까?

어쨌든 이 글이 큰 영향을 미치지는 않겠지만, 누가 되지 않기를 바라며 더불어 저자의 글 속에 담긴 진정성만큼은 모두에게 전달되기를 바라는 마음으로 '뚝심과 인성맛집'임을 인증하며 독자들께 이 책을 감히 권해본다. 저자의 단순한 외식업 성공이 아닌, 그 저변에 깔려 있는 인생 자체를 성공으로 이끈 철학을 배워볼 수 있는 좋은 기회가 될 것이라고 확신한다.

고난 회상과
감사의 기록

임현순(양고기 식당 '램랜드' 대표)

　이 글을 쓰게 된 동기는 살아보니 모든 것이 주님의 은혜로 산 것임을 깨달았기 때문이다. 가난하고 외로웠던 지난 시련들을 딛고 여기까지 올 수 있었음은 주님의 보호 인도하심이요, 부모님, 가족, 친지들 그리고 주변의 많은 분들의 이런저런 도우심 덕분이다. 그래서 믿음생활하시는 분들께 내 신산하였던 지난 삶을 이야기하고 싶었고, 자녀들에게 내가 어떻게 살아왔는지 몇 자 글로 남기고 싶었다.

　지금은 고인이 되신 아버지 말씀이 "짐승은 죽어서 가죽을 남기고, 사람은 죽어서 이름을 남긴다."라고 하셨다. 자식과 책을 통해 이름을 남길 수 있어서 감사하다!

　1960년대에는 나라도 궁핍하고 우리 집은 더 궁벽한 살림이었다. 초등학교 졸업 후 눈썹 공장 직공, 식모살이로 험한 인생길이 시작되었다. 화장품 외판원, 양장점 보조원, 고기 판매 사원, 양고기 식당 대표에 이르기까지 결코 녹록한 삶이 아니었다. 6.25 전후 세대의 사람들과 비슷한 유년 시절을 겪었지만, 내 삶은 여자의 몸으로 더 신산하였다. 죽어라 일하면서 해고당하지 않으려고 윗사람의 눈치를 보며 참으로 고단하게 살았다.

비록 파란만장하지만, 열심히 살아온 인생길을 회상하며 그 일을 자녀들과 지인들에게 떳떳하게 말할 수 있는 지금이 참 고맙고 내심 기쁘다. 시대가 변하고 인심이 변하였지만, 생명을 보전하며 보람되게 살아온 지난날들을 회상하고 기록할 수 있게 되어서 깊이 감사드린다.

이 책은 오랜 고객인 민경윤 회장님(한국간환우협회)이 소개해 주신 임병해 사장(코람데오 출판사) 도움으로 세상에 나오게 되었다. 그동안 책을 참 많이 읽었지만, 배운 것이 없으니 감히 글을 써서 세상에 내놓겠다는 생각은 하지 못하고, 그냥 이루지 못할 소원 하나로 남으려니 생각해 왔다. 그런데 하나님의 인도하심으로 만남의 복을 주셨다. 우연히 손님으로 오셨다가 기회가 닿아 좋은 마음으로 함께 원고 작업을 하게 되었다. 많은 감사와 희열을 느낄 수 있었다. 민 회장님은 아주 오래된 단골손님으로 기꺼이 추천의 글을 써 주셨다. 감사드린다. 또한 추천의 글을 써 주신 김태영 감독님, 류영모 목사님, 김현욱 아나운서께도 깊이 감사드린다. 추천의 글은 가나다 순이거나 연장자 순이 아닌, 오래된 단골손님 순서대로 실었다.

가정과 사회에 꼭 필요한 사람이 되라는 가훈대로 밝고 바르게 잘 자라준 나의 딸 단비와 아라에게 늘 고맙다.

특히 한 뱃속에서는 안 나왔지만, 많은 손님들이 형제간이냐고 물을 정도로 닮은, 20~30년이 넘도록 동고동락해 온 식당 식구들에게 고맙다. 매일 아침 10시부터 밤 10시가 넘도록 같이 고생하며 살아온 식당 가족들, 젊고 예쁠 때 만나서 어느덧 할머니가 되었다. 서로 아끼고 사랑하고 걱정해 준다. 친가족보다 우애 있게 함께 살아온 식당 가족들에게 마음으로부터 감사함을 전한다.

이 모든 것을 이루게 해 주신 세밀하시고 신묘막측하게 역사를 운행하시는 전능하신 나의 주 하나님께 감사 올려드린다.

나의 인생을 허락하시고 그 길을 지금까지 인도해 주신 하나님께 감사와 영광을 돌린다. 시편 23편을 쓴 시인의 고백처럼 창조주 하나님은 평생토록, 아니 영원토록 나의 신실하신 목자이시다! 아멘!

1장

마포 토정로에서
생각나는 아버지

5장

'인생학교'

– 힘겨운 이웃들의
  정감

"내 영혼아 여호와를 송축하라 여호와 나의 하나님이여
주는 심히 위대하시며 존귀와 권위로 옷 입으셨나이다
주께서 옷을 입음 같이 빛을 입으시며 하늘을 휘장 같이 치시며
물에 자기 누각의 들보를 얹으시며 구름으로 자기 수레를 삼으시고
바람 날개로 다니시며
바람을 자기 사신으로 삼으시고 불꽃으로 자기 사역자를 삼으시며
땅에 기초를 놓으사 영원히 흔들리지 아니하게 하셨나이다."(시 104:1-5)

"주께서 물의 경계를 정하여 넘치지 못하게 하시며
다시 돌아와 땅을 덮지 못하게 하셨나이다
여호와께서 샘을 골짜기에서 솟아나게 하시고 산 사이에 흐르게 하사
각종 들짐승에게 마시게 하시니 들나귀들도 해갈하며
공중의 새들도 그 가에서 깃들이며
나뭇가지 사이에서 지저귀는도다
그가 그의 누각에서부터 산에 물을 부어 주시니
주께서 하시는 일의 결실이 땅을 만족시켜 주는도다."(시 104:9-13)

CHAPTER
01

마포 토정로에서
생각나는 아버지

하나님은 두 개의 거처가 있다.
하나는 천국이요, 다른 하나는 사랑하고 감사하는 마음이다.

—아이작 월턴(Izaak Walton, 1593~1683)

토정로의
「귀한 소금 받아가시구려」
조형물

30여 년째 운영하고 있는 양고기 식당 '램랜드'는 지하철 5호선 마포역 1번 출구 근처에 있다. 마포역의 승강장은 다른 역들과 달리, 승강장이 깊다. 지상 출입구에서 계단을 걸어 내려가면 지하 10미터쯤에 대합실이 있고, 더 많은 계단을 20미터쯤 더 내려가야 승강장이 있다.

마포역과 여의나루역 사이의 지상에는 마포대교가 있고, 한강 물줄기 아래에 깊게 건설된 하저 터널로 지하철 5호선이 운행되기 때문에 거기에 맞추어 승강장이 깊어진 것이다. 마포역사 내부 벽면의 안내문이 이를 알려준다.

"본 역은 한강 하저 터널과 연결됨에 따라 부득이 승강장이 깊어졌음을 양해 바랍니다."

이용 고객들을 향한 친절한 안내문을 볼 때마다 나는 지나온 인생 행로를 되돌아보며 감사하게 된다.

하저 터널에서 지상의 도로로 올라오기까지의 길이가 약 30미터

이듯, 내 인생도 그렇게 깊은 지하 밑바닥에서 수많은 계단을 숨이 차게 걸어 올라와서 남들이 다니는 지상의 평평한 도로에 이르렀기 때문이다. 모든 사람이 시작부터 힘들고 숨 막히는 지하 계단을 오르는 것은 아닐 것이다. 태어날 때부터 순탄하게 평지를 걸으며 인생길을 즐기는 사람도 있을 것이다.

나는 평범한 가정의 자애로운 부모님(고 임윤원·남희순 선생) 밑에서 자라났지만, 경제 형편이 너무 어려워 저 아래 강바닥보다 더 깊은 하저 터널 깊이에서 지상 도로로 올라와야 하였다. 그 세월이 30여 년이다.

따라서 살 만해진 지금도 마포역을 드나들 때마다 나의 인생을 반추하며 겸손함으로 초심을 다시 회복하게 된다. 그리고 깊이 감사드리게 된다. 이 나라가 1950~60년대의 전후 폐허와 궁핍에서 지금의 강국으로 성장하기까지 보호 인도하신 하나님의 은총에 대해 눈물겨운 감사를 드리게 되는 것이다.

마포역사를 나와 식당으로 가는 도로 이름은 '토정로'다. 토정(土亭) 이지함 선생(1517~78)을 기념하는 도로다. 선생은 조선 중기 때의 학자로, 기이한 재주와 탁월한 행정으로 힘없는 백성들을 많이 도왔던 분이시다. 의약, 천문, 지리 등에 능통하여 그의 도움을 받은 서민들이 많았다고 알려져 있다. 물욕이 없어 평생 가난하게 사셨는데, 한강의 마포강변(현 토정동 마포주차장 부근)에 토담 움막집을 짓고 청빈한 삶을 누리셨다고 한다. 그분의 호가 토정이다.

토정로 31길에는 마포구청에서 설치한 토정 선생을 기리는 기록물, 조형물들이 여럿 있다. 가난한 백성을 도왔다는 표지판들이다.

"이지함은 해안의 어장과 고기가 많이 잡히는 곳을 알고 있었으므로 권문세가들의 어장을 벗어난 바다와 갯벌로 선단을 이끌고 나아가 물고기를 잡아들였다. 첫 출어에 고기를 가득 잡아 돌아왔다.

마포 나루터는 온통 축제 분위기였다. 누가 가난한 백성들에게 굶어 죽지 않도록 곡식을 준단 말인가? 나라에서 하지 못하는 일을 토정이 해낸 것이다. 그는 생선을 상고들에게 팔아 쌀과 보리를 샀다. 배를 타고 고생한 사람들에게 일한 만큼 먼저 나눠주고, 아녀자들과

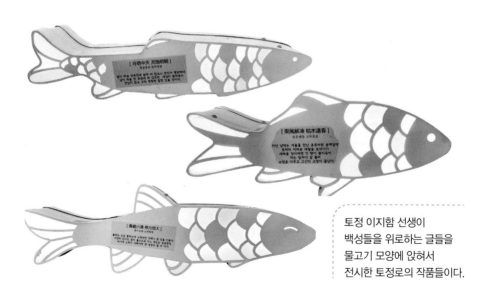

토정 이지함 선생이
백성들을 위로하는 글들을
물고기 모양에 앉혀서
전시한 토정로의 작품들이다.

아이들에게도 골고루 남김없이 주었다."

선생의 구휼 활동을 재현해 낸 동으로 만든 조형물도 있다. 천문과 지리에 밝고 혜안을 지니셨던 선생이 바다와 갯벌을 연구하고 이용하여 무인도까지 활용한 일을 표현한 것으로, 각고의 노력 끝에 2, 3년 만에 몇 만 섬의 곡식을 마련하였다는 것이다. 그것을 굶주린 백성들에게 골고루 나누어 준 기록을 담고 있다. 또한 조선 최초의 양반 상인이며, 실학자였다는 사실도 전하고 있다.

소금이 귀하던 시절, 토정 선생이 백성들에게 소금을 공짜로 나누어 주는 조각상이 있는데, 작품명이 「귀한 소금 받아가시구려」다.

마포역에서 십여 분 남짓 토정로를 걸으면서 종종 아버지를 떠올리게 된다. 비록 가난하였지만, 불우한 형편의 사람들을 따뜻이 대하며 십시일반으로 나눔을 하셨고, 집의 일부를 개척 교회의 예배 장소로 선뜻 내놓는 넓은 마음의 소유자셨다.

만약 내가 토정 선생의 시대에 살았다면, 큰 도움을 받는 민초였을 것이다. 토정로의 조형물과 기록들을 자주 읽어보며 크나큰 감사를 느낀다. 이렇게 잘 살게 된 나라에서 나도 웬만큼 앞가림을 해가며 살고 마포 구민으로서 최소한 사람의 도리, 가난하고 힘없는 이웃들에게 더욱 손을 내밀며 살고 싶다. 나 역시 한때 힘겹고 고통스러운 시절을 견디어 왔기 때문이다.

"귀한 소금 받아가시구려!"

마포구청에서 설치한 조형물로, 토정 이지함 선생의 구휼 활동을 재현하였다. 표지석에는 이렇게 기록되어 있다. "토정 이지함은 맨손으로 바다와 갯벌, 무인도를 이용하여 2, 3년 만에 몇 만섬의 곡식을 쌓았다. …… 그는 토정(土亭)을 근거지로 삼고 무궁무진한 바다와 땅을 이용해 생업을 만들어 백성들에게 자립의 길을 열어주었고, 굶주린 배를 채울 수 있다는 사실을 몸소 보여준 조선 최초의 양반상인이자 실학의 선구자였다." (가로 3,500mm×폭 1,000mm×높이 1,800mm) 브론즈

이 길을 지날 때마다 다시 읽게 된다. 이런 아이디어를 내고 비용을 들여서 아름다운 마음을 지닌 멋진 조상을 되살려 낸 마포구청에 고맙다. 요즈음 권력자, 정치인들이 이처럼 국민의 아픔과 궁핍을 체휼하며 진심 어린 국민 위주의 정책과 사회복지분야를 확장시켜 주기를 바라는 마음 간절하다. 백성, 민초, 국민은 나라의 주인이 아니던가. 토정 선생을 기리는 길목에 나의 램랜드가 있는 것도 감사하다. 후세에 부끄럼 없는 나눔과 베풂, 섬김의 삶을 이어가야겠다는 다짐을 하게 되는 반성과 각성의 길이다.

그리운 고향 연기군,
자랑스러운 조상 임난수 장군

"조상이 오래 누려 살던 곳, 내가 나서 자란 곳"
이 고향이다. 나는 부모님 계신 곳이 고향이란 생각으로 살아왔다.

고향을 떠나 낯선 고장으로 가면 고생이 많고 외롭다 하여 선조들
은 "고향을 떠나면 천하다."고 하였다.

그 좋은 고향을 열네 살에 스스로 떠나왔으니 이미 천한 인생길이
기다리고 있었을 것이다. 무려 55년에 걸쳐 힘겹고 천한 인생을 걸어
온 지금, 고향을 되돌아보면 진정 어린 감사의 마음이 든다.

이제야 기록과 문헌들을 찾아 고향 땅의 역사와 선조들의 흔적을
공부하고 있다. 아련한 추억이나 회상을 넘어서는 애틋한 정과 고마
움을 표하게 된다. 내 생명이 잉태되어 나고 자란 고향, 조상들이 계
셨기에 오늘의 내가 존재하기 때문이다.

흔히들 조국, 부모, 스승은 스스로 선택하는 것이 아니라 운명적
인 것이라고 한다. 성장 환경과 경제적 여건도 그러하다. 하늘이 내린
특별한 사람이 아닌 이상, 환경과 여건을 극복하고 크게 성공하기는
쉽지 않다. 그런 점에서 나는 초등학교 졸업의 학력이 부끄럽지 않고

감사의 조건이 되고 있다. 덕분에 치열하게 살았고, 음지에서 사는 힘겨운 이웃들의 사정이 항상 눈에 들어오기 때문이다.

나는 고향인 충남 연기군 남면 양화리 88번지가 너무 그립고, 부안 임가 종친의 후손인 것이 자랑스럽다.

연기군은 대전, 천안, 공주, 청원과 잇닿아 있다. 역사적으로 보면 군 내에 큰 전투를 많이 치른 운주산성을 비롯하여 여러 산성이 있고, 명승고적으로는 비암사, 독락정이 알려져 있다. 고추 농사, 양잠업이 성행하였었지만, 우리 집은 그마저도 할 처지가 되지 못하였다. 충남의 시, 군 중에서 제일 작은 군이지만, 인심이 후하고 평화로운 지역으로 평판이 좋았다.

조선의 문신인 시인 윤기(尹愭, 1741~1826)는 연기군의 인심을 이렇게 시로 읊었다고 한다.

"사람들은 화평하여 함께 생업을 즐기고
장사꾼과 나그네도 양식을 싸가지고 갈 필요가 없네"

잘사는 지역은 아니지만, 온화하고 후덕한 인정으로 평판이 나 있는 곳이 내 고향 연기군이다.

이 지역을 지키기 위한 여러 산성들과 더불어 연기군 동면 예양리에는 '5부자 충신문'이 있다. 임진왜란 때는 부친이 의병으로 전사하고, 병자호란 때는 네 아들이 전사한 충절을 기리는 문이다. 그 옛날에도 나라를 위해 진실로 걱정하고 구국을 위해 목숨을 던진 이들은 어진 백성들이었고 그로 인해 역사가 이어지고 있는 것 같다.

연기군에 우리 조상 부안 임씨(林氏)가 정착한 것은 고려시대였던 것으로 전해진다. 시조는 임계미(林季美)로, 고려 현종 왕으로부터 오해를 받아 죽을 위기에 처하자 임진강에서 뱃놀이를 핑계 삼아 친구들과 함께 배를 타고 온갖 고행 끝에 떠내려와 닿은 곳이 전북 부안군 보안면 안흥창 포구였다고 한다.

훗날 왕의 오해가 풀려 공직에 복귀하게 되었는데, 당시 직책이 평원 부원군 보안백(保安佰)이었으며 이곳에 정착하여 비로소 관향(貫鄕)으로 삼게 되었다. 부안 임씨는 9개 파인데, 우리는 그중 전서공파(典書公派)에 속한다.

> 고려 우왕은
> 그의 공적을 치하하여
> 새 벼슬을 내렸고,
> 문신으로 봉직하였다.

기록에 따르면, 연기군 남면에 부안 임씨가 살기 시작한 것은 전서공 임난수가 고려 멸망 후에 고향으로 돌아와 칩거하면서부터라고 한다(『姓氏의 고향』(중앙일보사, 1990, p. 1611~15)).

임난수 장군은 1374년, 제주도에서 원나라 침략자들을 물리치다 한쪽 팔을 잃고도 잘린 팔을 화살통에 꽂아두고 싸워 전쟁을 승리로 이끌었다고 한다. 당시 우왕은 그의 공적을 치하하여 새 벼슬을 내렸고, 그 후 문신으로 봉직하였다.

고려 말 문신으로 활약하였던 임 장군은 고려가 망하고 태조 이성

계가 조선을 건국하게 되자 모든 관직을 버리고 본향인 부안으로 낙향하던 중에 금강 근처의 전월산이 본관인 수풀 '림'자와 닮아 이곳에 터를 잡고 한 쌍의 은행나무를 심었다고 한다.

그런데 이 나무는 나라에 큰 변고가 있을 때마다 울어서 백성들이 신기하게 여겼다. 지금은 이 지역이 행정구역상 세종시에 편입되었고 '임난수 은행나무'는 천연기념물 570호로 지정되었다(「충청뉴스」 2022. 10. 26.).

임난수 은행나무(천연기념물 570호)

아카시아 꽃떡 먹던
어린 시절

　　　　　나는 충청도의 한 시골 마을에서 7남매 중 막내로 태어났다. 우리 집은 전형적인 농촌 마을에서 가난하게 살았다.

　내 의지로 선택할 수 없는 것이 있다면 조국과 부모다. 조국과 부모는 운명적인 것이다. 그래서인지 나 역시 주어진 환경에 잘 적응하며 자연친화적으로 성장하였다.

　자라면서 무엇이든 배불리 먹을 수 없던 궁핍한 시절이었지만, 행복한 유년기를 보냈다. 지금도 그 시절을 생각하면 제일 먼저 떠오르는 기억 중 하나가 맛있게 먹던 음식들이다.

　아카시아 꽃을 밀가루에 버무려 찐 꽃떡과 호박잎을 찢어 넣고 애호박도 대충 잘라 넣어 끓인 수제비는 지금도 여전히 생각난다. 하얀 쌀밥은 거의 먹지 못하고 꽁보리밥에 고추, 상추, 가지, 오이가 반찬이었다.

　가을에 쌀을 추수해도 쌀이 넉넉하지 않으니 밥에다 고구마를 같이 넣어 고구마가 반도 넘는 고구마 밥을 먹곤 하였다. 그때는 왜 그렇게 그 밥이 먹기 싫었는지 모르겠다. 반찬은 배추김치와 동치미, 우거지 지진 것들이 다였다. 그러다 장날에 아버지가 가마니를 팔아 오징어라도 한 마리 사오시면 어머니는 오징어 한 마리에 김치를 잔뜩 썰어 넣고 김칫국을 끓여주셨다. 김칫국일망정 오징어 냄새가 나니까 7남매는 맛있게 먹었다.

어머니는 아버지 국그릇에는 오징어를 많이 넣어주시고 우리들 국그릇에는 한두 조각만 넣어주셨다. 하지만 정작 어머니 국그릇에는 김치 건더기와 국물뿐이었다. 어머니라고 왜 오징어를 드시고 싶지 않았겠는가. 없는 살림에 자식들, 남편 입을 챙기시느라 언제나 자신은 뒷전이셨던 것이다. 그런데도 막내인 나는 철딱서니 없이 아버지 국그릇에 들어 있는 오징어를 얻어먹으려고 용을 썼다. 밥을 안 먹고 가만히 아버지 국그릇만

> 없는 살림에 자식들, 남편 입을 챙기시느라 언제나 자신은 뒷전이셨다.

보고 있으면 아버지가 웃으시면서 오징어를 다 건져 내게 주셨다. 그럼 나는 얼른 받아서 맛있게 먹었다.

여름이 되면 보리쌀 껍데기로 개떡을 쪄먹고 친구들하고 우르르 산으로 몰려가 소나무에 핀 송화도 따 먹었다. 삘기도 뽑아 먹고 달뿌리도 캐 먹었다. 밭에서 고구마를 캐서 씻지도 않고 흙만 털어서 그냥 먹었다. 목화꽃도 따 먹고 가지도 따 먹으면서 어린 날들을 보냈다.

어머니는 여름에 국수, 수제비, 조개 떡도 많이 해 주셨다. 하지만 나는 밀가루 냄새를 싫어하여 그 음식들을 잘 먹으려고 하지 않았다.

모심는 소리

@ 헤양헤 헤에여라 상사나디야

에야헤 헤헤여라 상사나디야

여기도 꽂고 저기도 꽂고 양석자리로 꽂아보세

떴다 보아라 뭐가 떴나 샛밥고리[1]가 떠들어오니

샛밥을 다 먹구서루 또나 한번을 심어볼까

일락서산은 해 넘어가고 월출동녁에 저 달이 돋네

에야헤 헤에여루 상사나디야

점심을 먹고 장고배미로 또 넘어가 심어볼까

저 건너 갈미봉에 비가 묻어 들어오네

우장을 다 허린다 두루고 기심매러를 가여볼까

엘란헤 헤에여루 상사나디야

노세 놀아 젊어서 놀아 늙고 병들먼 못노느니

에야헤 헤에여로 상사나디야

이팔 청춘 소년들아 백발을 보고서 웃지 마라

우리도난 어저께는 청춘이라고 허였는디

오늘날이는 와서로도 백발이란 말이 웬말이냐

에야헤 헤헤여루 상사나디야

에야헤 헤에야루 상사나디야

노세 노세 젊어서 놀아 늙고 병들면 못노느니

에야헤 헤헤야루 상사나디야

우리가 살면 몇백년 사나 살어 생전에 맘대로 놀아

에야헤 헤에야루 상사나디야

상사나디여

1) 샛밥고리 : 샛밥(논매는 사이 쉴 때 내오는 밥, 새참)을 담은 고리

1960년대 초에 고향 어른들이 부르시던 농요의 일부

입이 짧았던 나는 많이 먹지 않아서 등뼈를 셀 수 있을 정도로 빼빼 말랐었다. 게다가 먹을 것이 귀하던 시절이었으므로 나는 하루에 두 끼만 먹는 것인 줄 알았다. 덕분에 살이 찌거나 비만을 걱정할 일이 없었다.

사시사철 자연을 벗 삼아 놀며 계절에 따라 자연에서 나는 것들을 먹었다. 봄에는 햇빛 좋은 뒷동산에 올라 진달래를 꺾어 먹기도 하고 꽃방망이를 만들어 놀기도 하였다. 여름에는 참외를 냇가에 담가놓고 물장구치며 놀다가 먹기도 하였다. 늦여름에는 덜 익은 밀을 잘라 불에 익혀 호호 불면서 싹싹 비벼서 까먹었다.

가을에는 무밭에서 작은 무를 쏙 뽑아서 껍질을 돌돌 말아 벗겨 먹으며 허기를 달랬다. 배추 뿌리를 좋아하였지만, 배추 뿌리는 김장을 해야만 먹을 수 있었다.

겨울에 흰 눈이 오면 마당에 발자국으로 꽃을 만든다고 추운 줄도 모르고 마당을 다 짓밟아 놓았다. 그럴 때마다 아버지는 "너희들이 밟아 놔서 눈이 쓸리지 않는다."라고 하시며 미소를 지으셨다.

당시에는 새마을 운동의 일환으로 겨울 농한기에도 부업으로 새끼를 꼬았다. 큰 사랑방에 모여 친구들과 새끼를 꼬면서 둘둘 감을 때는 은근히 서로 많이 꼬려고 선의의 경쟁을 하였다. 다 꼰 새끼는 발과 무릎을 이용하여 여덟 8자 모양으로 감아 놓는다. 새끼가 한 뭉치가 되면 얼마나 기분이 좋았는지 모른다. 뿌듯한 성취감과 함께 부모님을 도와드렸다는 안도감 같은 것이었다.

세 숟가락씩 나누면
누군가에게 한 끼가 된다

아버지는 젊었을 때에 일을 잘해서 일꾼들의 대
장 노릇만 하셨다고 자랑하시곤 하였다. 남보다 열심히 일해서 땅을
많이 매입하여 남부럽지 않은 가정을 이루셨다.

하지만 아버지는 자기 가족보다 일가친척들을 챙기고 돕는 일을
먼저 하셨다. 어렵사리 일하여 모은 돈으로 매입한 적지 않은 땅을 큰
아버지께 드렸다. 그리고 큰오빠, 작은오빠 장가보낼 때에 집을 사주
시고 땅을 떼어 주셨다. 남아 있던 땅과 방앗간마저 팔아 셋째 오빠를
공주사범대학까지 보내셨다. 이렇게 되다 보니 막내 오빠와 나를 비
롯한 딸들은 중학교에 진학할 형편이 되지 않았다.

부모 원망도 많이 하였고, 하나님께 항의하는 기도를 드리기도 하
였다. "주님! 나는 왜 중학교에 안 보내줘요. 뭐든 다 할 수 있는 하나
님이시면서. 나는 버린 자식인가요?" 하는 식이었다.

철없이 하나님은 내가 원하는 대로 다 해 주실 것이라고 생각하고
있었기에 단순한 믿음을 가진 나로서는 이해되지 않았던 것이다.

집안 형편이 어려운 것을 알고 있는 터라 장학생으로 진학할 테니

시험을 보게 해달라고 어머니를 졸랐다. 당시에는 '내가 열심히 공부하고 하나님도 열심히 믿고 기도했으니 당연히 장학생이 될 거야.' 하고 믿었다. 하지만 장학생으로 합격하지 못하였다. 너무나 실망과 낙담이 되었다.

"하나님 열심히 믿어도 소용없나 봐요. 제 기도를 안 들어주시네요! 다른 애들은 하나님을 안 믿어도 중학교에 잘만 가는데요."

나의 아버지
어릴 땐 몰랐는데, 내게 큰 가르침을 주셨고 살다 보니 나도 아버지처럼 살고 있었네요. 꿈에서라도 한 번 보고 싶어요. 천국에서 뵙겠습니다.

지금도 10대 초반을 기억하면 제일 먼저 떠오르는 아픈 추억이 또래 친구들이 중학교 교복을 입고 등교하던 모습이다. 교복 입고 학교 가는 친구들을 보면서 얼마나 울었던지. 울다 지쳐서 잠이 들곤 하였다. 부럽기도 하고 속이 상하기도 하였다. 우리 집 형편이 중학교를 보내줄 수 없게 되어 주저앉게 된 13세 소녀의 아픔은 무엇으로도 형용할 수 없었다.

어린 마음에 아버지를 원망도 많이 하였지만, 한편으로는 '먹고살기도 힘드니 내가 뭐라도 해서 돈을 벌어 부모님을 호강시켜 드려야지.' 하는 마음을 항상 가지고 있었다.

오랜 세월이 지나 어른이 된 지금은 아버지가 아주 훌륭하신 분이라는 생각이 든다.

아버지는 우리 집을 개척 교회를 시작할 수 있도록 예배드릴 장소로 제공하셨다. 시골 마을에 예배당이 없어서 주님께 예배드릴 장소가 없어 마음고생이 심한 전도사님께 우리 집 큰 마루와 마당을 내주어 예배를 드릴 수 있게 해 주셨다.

몇 살 때인지 기억이 가물가물하지만, 어린 마음에 찬송을 부르고 사람이 많이 모이니 재미있었다. 그때부터 주님께 예배를 드렸고 전도사님이 다른 마을을 가시면 먼 데라도 따라가 예배를 드리곤 하였다. 찬송대회를 하면 앞에 나가서 용기 있게 찬송도 하고, 성경 암송대회가 열리면 성경 구절을 열심히 외워서 사람들 앞에 나가 성경 구절을 또박또박 낭송하였다. 생각해 보면 열린 마음으로 믿음생활을 시작한 것은 오롯이 아버지 덕분이었다.

아버지는 어려운 처지에 있는 사람들을 집으로 불러들여 먹이고 재우는 나눔의 삶을 사셨다. 우리도 무척 가난하였지만, 외지인 장사꾼이든, 거지든 간에 동네에 오면 우리 집에서 재워주고 아침을 같이 먹도록 하셨다.

어린 내가 싫은 내색이라도 보일라치면 "이 사람이 아침부터 어디 가서 밥을 달라고 하겠느냐? 없어도 나눠 먹자. 내가 세 숟갈, 엄마가 세 숟갈, 네가 세 숟갈 보태면 아홉 숟갈 아니냐. 그러면 이 사람에게 한 끼는 된다. 너는 세 숟갈 덜 먹어도 괜찮아." 하시며 타이르셨다.

어려운 이들을 선대하며 밥 한 숟가락을 나누기를 마다하지 않으시고 부지런히 생활을 꾸려가셨다.

기왕 하는 거 신나고
재미있게 하거라!

농촌의 겨울은 농한기로, 농사일을 잠시 멈춘다. 하지만 대개 농촌 사람들이 그렇듯이, 우리 집도 그저 손 놓고 놀면서 겨울을 보내지 않았다. 겨울에 부업으로 시골 사람들은 가마니를 많이 짰다. 가마니를 짜려면 먼저 짚으로 새끼를 꼬아야 하였다. 메마른 짚을 떡메로 두들겨서 부드럽게 하여 양손으로 비벼서 새끼를 꼬았다. 그 추운 겨울, 새끼를 꼬느라 손바닥이 닳아 피가 맺혀서 너무도 쓰리고 아팠던 기억이 지금도 생생하다.

가족들이 둘러앉아 손이 닳도록 애써서 짜놓은 가마니들을 아버지는 5일장이 서는 장날에 메고 가셔서 파셨다. 그날은 맛있는 음식도 사 오셔서 입이 호강하는 날이기도 하고, 모처럼 용돈도 받는 날이었다. 그러니 우리가 열심히 가마니를 짜지 않을 수 있었겠는가! 그럼에도 불구하고 어린 우리는 손이 아프게 가마니를 짜는 것이 힘들고 싫어서 어쩌다 꾀를 부리며 그만하고 싶다 말하면 아버지는 "일하기 싫으면 밥도 먹지 말아야지." 하시며 허허 웃으셨다.

아버지는 우리에게 종종 이런저런 말씀을 들려주시며 삶의 지혜를 깨우치게 해 주시곤 하였다.

"어떤 주인이 일꾼 두 명에게 밭을 매라고 열 고랑씩을 배분해 주었다. 일꾼 한 명은 '야 신난다. 벌써 한 고랑 맸네. 아홉 고랑 밖에 안 남았네.' 했지. 또 한 명의 일꾼은 '아이고 겨우 한 고랑 맸으니 언제 아홉 고랑을 매지. 아이고, 지겨워라! 하기 싫어.' 하며 투덜거렸단다.

그런데 얘들아, 이 일꾼들은 어차피 열 고랑을 다 매야 한단다. 그러니 너희들이 그 일꾼이라면 어떤 마음으로 고랑을 매는 게 좋겠니? 기왕 일하는 거 신나고 재미있게 하거라. 그래야 사는 재미가 있어."

당시에 어린 것이 무슨 의미인 줄 제대로 알았겠는가. 지금 되돌아보면 인생을 나누고 베풀며 긍정적인 마음가짐으로 살아가라는, 참으로 좋은 가르침이었다.

부안 임씨 서원
건립한 아버지

아버지는 사람이 죽으면 이름을 남겨야 된다고 말씀하곤 하시더니 큰일을 벌이시고 말았다. 임씨 조상들을 모시는 서원 짓는 일을 추진하신 것이다.

우리 선조는 고려에서 이조로 나라가 바뀌자 부안으로 하향하다가 양화리에 은행나무 두 그루를 심고 터를 잡고 살게 되었다고 한다.

아버지는 그 은행나무 뒤에다 서원을 짓고 그 옆에 우리 집을 지어 살며 서원을 관리하고 한 해에 한 번 제사를 지내곤 하셨다.

부안 임씨 서원을 짓기 위해 전국에 흩어져 사는 부안 임씨들을 찾아다니며 돈을 걷었다. 그 돈으로 자그마한 논을 사서 논농사를 짓고 거기서 나오는 소출로 제사를 지냈다. 전국에 흩어져 사는 임씨들을 찾아다니시느라고 5~6년 동안 집에는 어쩌다 오신 것 같다. 그렇게 고생하여 지어 놓은 서원이 숭모각이다.

하지만 일 년에 한 번 제사를 지내고 나면 어머니는 아버지랑 다투곤 하셨다. 동네 아주머니들이 와서 일을 도와주어도 워낙 많은 사람이 오니 힘에 부치셔서 그랬을 것이다.

아버지께서 건립하신 숭모각이다. 친정어머니 돌아가시기 일 년 전에 한 번 갔었다. 약 20년 만에 가 본 것 같다. 우리가 살던 집은 헐려서 없어졌다. 친정어머니와 함께 어디 간 것이 열 번도 안 되는 것 같다. 살아 계실 때 많이 다닐 걸 그랬다.

서원 짓는 사람들 밥해주고 재워주고 빨래까지 해 주셨다. 게다가 당시 아버지가 모은 돈을 따로 관리하는 사람이 있었다. 아버지는 '지수'라는 사람과 '봉수'라는 사람한테 돈을 맡겨놓고 다니셨는데, '지수'라는 사람이 인부들의 임금을 몽땅 가지고 서울로 도망가는 바람에 '신 목수'라는 분이 돈을 받을 때까지 못 간다고 우리 집에서 한참을 있었다. 어머니가 얼마나 힘드셨을지 그때는 몰랐다. 그냥 그렇게 사는 거려니 하고 살았다. 그렇게 아버지가 전국을 다니시면서 임씨들을 만나 돈을 모아 지은 서원인 '숭모각'은 지금 연기군 남면 양화리의 향토문화재로 지정되어 나라에서 잘 보존하며 관리하고 있다.

숭모각 앞마당에는 아주 오래된 은행나무 두 그루가 있다. '임난수' 은행나무(세종시 천연기념물 570호)다.

그 큰 은행나무에 얽힌 어릴 적 추억이 생생하다. 하루에도 몇 번씩 은행나무에 올라갔다 내려오는 것이 재미난 일과 중 하나였다. 조금이라도 더 높이 올라가려고 하였다. 떨어지면 어쩌려고 그랬는지 생각만으로도 아찔하다.

나무가 워낙 커서 여름이면 커다란 그늘을 만들어 주었다. 큰 그늘은 온 동네 사람들의 피서지가 되어 주었고, 넓은 마당은 동네 아이들의 놀이터가 되어 주었다. 삼삼오오 모여 공기놀이도 하고 줄넘기도 하고 고무줄놀이도 하고 삼팔선 놀이도 하였다. 온종일 놀던 그 옛날의 놀이터가 그립다.

어릴 때 하루에도 몇 번씩 오르내리던 은행나무다. 친정어머니와 조카들과 함께 그 앞에서 사진을 찍었다. 친정어머니가 돌아가시기 전에 제일 행복한 모임이었다.

누굴 만나도 둘이 되면
'우리'라 생각하며 배려해라!

아버지는 나의 정신적 지주로, 삶의 자양분을 가르쳐 주셨다.

여름에는 왕골을 심어서 성장한 왕골을 다듬어 자리도 매고 돗자리도 쳤다. 왕골 속으로는 큰 방석이나 뱅뱅들이, 호미, 자루를 넣는 망태기 등을 만들었다. 나무 그늘 아래서 왕골 속과 껍데기 벗기는 일을 하였는데, 왕골이 길으니 멀찍이 앉아서 한쪽 끝을 잡고 있어야 하였다. 내가 나무 그늘에 앉아서 왕골을 잡고 있을 때에 친구들은 마당 한쪽에서 삼팔선 놀이를 하였다. 어린 마음에 얼마나 놀고 싶었는지. 그 일을 하기 싫다고 징징대면 아버지는 옛날이야기를 해 주셨다.

"어떤 사람이 눈길을 가는데, 한 사람이 쓰러져 있더래. 그런데 그 사람을 데리고 가다가는 목적지에 도착하기도 전에 자기도 얼어 죽을까 봐 겁이 나서 그냥 갔대. 얼마 후 또 한 사람이 그 길을 가다 눈길 위에 쓰러져 있는 사람을 본 거야. 그냥 두고 가자니 그 사람이 죽을 것 같고 데리고 가자니 너무 힘들고. 어째야 하나 고민하다 쓰러진 사람을 데리고 가기로 했대. 한참을 끙끙거리며 데리고 가다 보니 자기 혼자 살겠다고 가버렸던 먼젓번 사람이 눈 속에 얼어 죽어 있더래. 이 두 사람은 있는 힘을 다해 걷느라 오히려 몸에서 땀이 날 지경인데 말이지. 두 사람은 서로의 체온으로 추위에도 얼어 죽지 않고 견딜 수 있었던 거야. 그러니 혼자 살려고 하면 죽고, 힘들어도 둘이 같이 살려고 하면 살게 되는 것이다. 어떤 일을 할 때에 내가 좀 손해를 보더라도 둘이 잘 될 수 있으면 서로 잘되게 하는 노력이 서로를 살리는 길이란다. 어디서 누굴 만나도 둘이 되면 '우리'라고 생각해라. 너와 내가 아니고 우리 둘, 우리 둘이 잘되게 서로 도와야 한다."

그렇게 잔소리 아닌 잔소리를 하곤 하셨다.
아버지가 늘 하시던 말씀이 있다.

"나라에 충성하고,
부모에게 효도하고,
형제간에 우애 있게 지내고,
군자는 대로행이다."

그래서 우리는 큰길로 다녀야 하였다.
어쩌다 어머니가 집에 돈이 떨어졌다고 하시면 "돈이란 놈은 귀도 있고 눈도 있어서 돈이 '없다, 없다!' 하면 도망가고, 또 돈을 좇아가면 돈이 무서워서 도망가는 거야. 그냥 열심히 즐거운 마음으로 일을 하면 돈이란 놈이 좋아서 따라올 거야."라며 웃으셨다.

한번은 "사람은 태어날 때 자기 복을 가지고 오는 거다."라고도 하셨다.

"밥사발에 비유하면 원래 너도 한 사발, 나도 한 사발 주는데 어떤 사람은 처음부터 한 사발을 주고 그다음에는 조금씩 채워주지. 그런데 처음부터 한 사발을 가지고 태어난 사람은 항상 그럴 줄 알고 아끼지 않는단다. 흥청망청 쓰다 보면 나중에 아무것도 남지 않게 되지. 반면에 처음에 빈 사발을 받은 사람은 사발에 수북이 채워져 넘치면 나쁜 데로 새나가기 쉽단다. 그러니 좋은 곳에 많이 써야 나쁜 일이 생기지 않는 법이다."

또 이런 이야기도 하셨다.

"한 도인이 날이 저물어서 잠잘 곳을 찾다가 다 쓰러져가는 오두막에서 신세를 지게 되었단다. 도인이 집주인의 관상을 보니 잘살게 생겼는데, 현실은 가난하게 사는 거야. 가만히 지켜보니 노모를 홀대하고 있었어. 그래서 다음날 아침을 얻어먹고 도인이 집주인에게 '공짜로 밥도 얻어먹고 잠도 재워주었으니 답례로 내가 잘살 수 있는 방법을 가르쳐 주겠네.'라고 했어. 그 말을 들은 집주인이 얼마나 좋았겠냐. 도인은 '부자로 잘살 수 있는 방법은 간단하네. 세 발로 걷는 짐승한테 잘하게.' 하고는 가버렸지. 그래서 집주인이 세 발로 걷는 짐승이 뭘까 하고 몇날 며칠을 생각해 봐도 도저히 모르겠는 거야. 그러다 어느 날 우연히 어머니가 방문을 열고 나와 지팡이를 짚고 변소에 가시는 모습을 보게 되었지. 그제야 집주인이 깨닫는 바가 있어 그 후 어머님을 정성껏 모셨단다. 그러자 정말 도인의 말대로 형편이 피었다는 얘기가 있다."

"어느 집 시어머니와 며느리 사이가 좋지 않아 중간에 끼어 있는 아들이 너무 힘든 거야. 그러던 중 묘안이 떠올랐어. 아내에게 '어머님께 밤을 하루에 세 알씩 드리면 백일 후에는 돌아가신다고 하니 밤을 삶아 드리자.'고 했어. 그랬더니 며느리가 미운 시어머니가 죽는다고 하니 신이 나서 매일 삶은 밤을 세 알씩 드렸다는구나. 그러다가 더 많이 드리면 더 빨리 죽을 거라고 생각하고 점점 개수를 늘렸지. 헌데 시어머니는 점점 살이 찌고 피부도 뽀얘지는 거야. 며느리는 머지않아 죽는다는 사람 얼굴이 더 피는 것을 보고 참 이상하다는 생각이 들었지. 그래서 남편한테 어머니가 죽는다더니 더 건강해지시는 것 같다고 말했어. 그러니까 남편이 '아, 돌아가시려면 붓는다더니 얼마 안 가서 돌아가시려나 보다. 조금만 밤을 더 드려 봐.' 그랬대.

한편, 시어머니는 앙숙인 며느리가 맛있는 밤을 매일 삶아주니 예뻐 보이기 시작하여 며느리를 살갑게 대하고 잘해주게 되었지. 그러자 며느리 생각에 저렇게 잘해주시는 시어머니가 돌아가시면 안 될 것 같아서 남편한테 어머니가 잘해주시고 하는데 돌아가시면 안 되니까 이제는 밤을 드리지 말아야겠다고 하니 남편이 사실대로 말을 해 준 거야. 서로 미워하는 모습을 보고 서로 잘 지내게 하려고 거짓말한 거라고 말이야. 그 후 세 식구가 행복하게 서로 위하면서 잘 살았다고 한다."

꼭 필요한
사람이 되자!

초등학교 6학년 때에 젊고 잘생기신 임범수 선생님이 담임이 되셨다. 당연히 총각 선생님인 줄 알았는데, 결혼하신 분이라고 하여 조금 서운함을 느꼈던 것 같다. 하지만 지금도 선생님이 하신 말씀을 마음에 새기고 살아간다.

"세상에는 있어서는 안 될 사람, 있으나 마나 한 사람, 꼭 필요한 사람이 있다."라고 하시며, 어디서 무슨 일을 하든지 꼭 필요한 사람이 되라고 말씀해 주셨다.

"어떤 남자가 우연히 길에서 예쁜 처녀를 보고 첫눈에 반하여 쫓아가 봤더니 판자촌의 한 집으로 들어가서 조금 이상하게 생각했단다. 더 놀랍고 실망스러운 것은 아이들이 '엄마!' 하면서 나오는데, 아이들 몰골이 말이 아니더란다. 그래서 뒤도 돌아보지 않고 도망쳤다고 해."

그러시면서 허영심으로 자기 단장만 예쁘게 하면 안 된다고도 하셨다. 나의 능력에 맞는 내핍생활, 깨끗하고 단정한 삶을 유지하려고 노력한다. 그러다 보면 어디서든 꼭 필요한 사람이 되리라고 믿는다.

중학교 옆
눈썹 공장

초등학교 졸업 후 중학교에 가고 싶었지만, 형편상 진학을 하지 못하였다. 하지만 신세 한탄을 하고 부모님과 하나님을 원망하며 주저앉아 있을 수만은 없었다.

가난을 벗어나려면 가족 모두가 돈을 벌어야 하였기 때문이다.

1960년대에 우리나라의 외화벌이 수출품은 가발이었다. 내가 사는 곳에도 가발 만드는 가발 공장과 눈썹 공장이 있었다.

어린 나이지만, 눈썹 만드는 공장에 취직을 하였다. 그런데 하필이면 그 공장 옆에 중학교가 있었다. 아침 출근 시간이 마침 친구들이 등교하는 시간이라 길을 같이 걸어가는 때가 많았다. 친구들이 교복을 입고 다니는 모습을 보면 가슴이 미어졌다. 너무도 싫었다. 동네 친구들은 푸른 꿈을 안고 배우러 학교로 가고, 나는 돈을 벌기 위해 공장으로 출근을 하는 것이다.

또래지만, 삶의 길이 확연히 갈라진 것이다. 출근길에 등교하는 친구들을 볼라치면 아침부터 속이 상하고 우울하였다. 그렇게 회색빛 날들을 보내던 차에 나의 인생을 바꾸어 줄 일이 생겼다.

어린 시절, 시골에는 유랑극단들이 공연을 하며 시골 사람들에게 약을 외상으로 팔곤 하였다. 그런 다음 가을 추수를 마치면 약값을 받으러 수금 사원이 왔다.

어느 날, 약값을 받으러 온 수금 사원이 우리 오빠를 보자 인물도 훤하고 똑똑해 보인다며 취직을 시켜주겠다고 하였다. 조건을 붙였는데, 나를 공장장 집에 식모로 보내면 오빠를 그 공장에 취직을 시켜준다는 것이었다. 그 소리를 듣자 나는 다른 생각을 할 겨를도 없이 얼른 가겠다고 하였다.

그때 나는 마음속으로 쾌재를 불렀다. 아침마다 친구들 학교 가는 것 안 보니 좋고, 오빠는 취직하여 좋고, 또 내게 돈도 준다니 그야말로 최상의 조건이라는 생각이 들었다. 그래서 아무 생각 없이 선뜻 따라 간다고 하였다. 부모님은 이런 나를 보고 아무 말도 못하고 가만히 계셨다. 사랑하는 철부지 막내딸이 거리낌 없이 집을 떠난다고 하였을 때에 얼마나 마음이 아프셨을까. 그런데 신기하게도 무섭거나 두렵지 않고 신나는 마음으로 수금 사원을 따라 나섰다.

그때는 몰랐지만, 이제 깨닫게 되는 것은 하나님께서 함께하시니 두려움이 없었던 거였다. 시골에서 교회생활을 할 때에 어린이들 가르칠 교사가 없어서 초등학교 6학년인 내가 주일학교 교사를 하였다. 주님께서 교사를 시키시며 내게 지혜로움과 용기를 주셨던 것이다. 그렇기에 잘 알지도 못하는 수금 사원을 따라 낯선 서울이라는 곳에 입성할 수 있었을 것이다. 수금 사원을 통한 인도하심이었다.

CHAPTER
02

마음 편히
사람답게 사는 일이 최고

우리가 다른 사람을 돕는 동안 하나님께서는 우리를 도우신다.

−요한 웨슬리(John Wesley, 1705~91)

서울살이,
열네 살의 식모 아이

그저 약값 받으러 온 이름도 모르는 수금 사원 아저씨를 따라서 몇 킬로미터인지도 모르겠는 무척 먼 길을 걸어 나왔다. 탈진할 정도가 되어서야 '종촌'이라는 곳에서 버스를 타고 가다가 조치원역에서 기차를 탔다. 초등학교 6학년, 경주로 수학여행 갈때 타보고 두 번째로 타보는 기차였다. 수학여행 갈 때는 친구들이랑 신나서 떠드느라 마냥 좋기만 하였는데, 아저씨랑 둘이 타고 가는 기차에서는 멍하니 창밖만 바라보면서 서울역까지 갔다.

서울역에 내리자 사람들이 북적거렸다. 정신이 하나도 없었다. 행여나 아저씨를 놓칠까 봐 정신 바짝 차리고 아저씨 꽁무니만 따라 걸었다. 아저씨가 어느 식당에 들어가서 닭육개장 백반을 사주셨다. '세상에 이렇게 맛있는 음식도 있구나.' 놀라며 매우 맛있게 먹었던 기억이 새삼 떠오른다.

맛난 식사를 하고 도착한 곳은, 나의 새로운 인생이 시작된 불광동이었다. 어쨌든 그 집에 왔으니 주인 말 잘 듣고 일 잘하고 가능한 한 상냥하게 대하려고 열심히 노력하였다.

처음에는 다섯 살, 두 살배기 애들 둘만 돌보았다. 놀아주고 업어 주면서. 그러다 주인아주머니가 연탄불 가는 법을 가르쳐 주면서 나보고 갈아보라고 하였다. 아궁이가 네 개였던가? 어쩌다가 연탄불을 꺼뜨리기라도 하면 심하게 야단을 맞았다. 다시 불을 피우려면 신문지에 불을 붙여서 숯으로 피워야 하는데, 연기가 많이 나 눈물범벅이 되었다. 그 참에 서럽기도 하여 한참을 펑펑 울었다. 주인아주머니 원망도 하면서. 꺼진 불을 다시 피울 때에 도와주지도 않으면서 엄청 혼만 냈으니 말이다. 연탄불이 꺼져서 속상하고 불 피우느라고 연기 때문에 눈물도 나는데다 혼나기까지 하니 얼마나 속상하였겠는가. 울기도 참 많이 울었다.

그런 날 저녁이면 서럽기도 하고 어머니, 아버지가 보고 싶어서 당장에라도 집으로 내려가고 싶었다. 그럴 때면 가수 남진의 「울려고 내가 왔나」라는 노래가 생각나 "울려고 내가 왔나, 누굴 찾아 여기 왔나, 낯설은 타향땅에 내가 왜 왔나"를 중얼거리면서 울다 잠들곤 하였다. 그런 가운데서도 용기를 내어 주인아주머니한테 영어 기초와 천자문 책을 사달라고 하였다. 잠이 잘 오지 않을 때마다 몇 자씩 익혀서 그럭저럭 아주 까막눈은 면해 세상살이하는 데 불편하지 않을 정도는 되었다.

식모살이에서 가장 중요한 일은 밥 짓는 거였다. 주인아주머니는 내게 밥 짓는 법을 가르쳐 주었다. 주인아저씨가 아침 7시쯤 출근하니 6시 전에는 일어나 밥을 지어 상을 차려야 하였다. 노란 냄비에 쌀을 씻어서 연탄불 위에다 밥을 짓는데, 넘칠까 봐 꼬박 지켜 앉아서 끓어오르면 뚜껑을 열고 또 닫기를 몇 번씩 한다. 밥물이 끓어오르면 연탄불 위에다 뚜껑을 올려놓는다. 삼발이를 놓고 그 위에 밥 냄비를 올려놓아 밥 뜸을 들여야 하였다.

당시에는 김장을 하여 김장독을 화단에다 묻어놓았다. 그래서 겨울 날 아침에 마당의 화단까지 가서 김치 단지를 열고 김치를 꺼내 올라치면 손이 꽁꽁 얼어서 온몸이 다 얼어붙는 것 같았다. 그러면 얼른 더운 물에 언 손을 한참 담가서 녹였다. 손이 빨갛게 되고 한참 주물러야만 원래의 내 손으로 감각이 돌아왔다.

이리저리 하여 상을 차리면 주인아저씨가 식사하고 출근하시는데, 그때 아이들을 데리고 버스 정류장까지 따라 나가서 인사시킨 후 집으로 돌아오곤 하였다.

집에 와서 아이들을 씻기고 청소하고 빨래를 한다. 빨래는 추운 겨울이 제일 고생스러웠다. 더운 물을 대야에 담아 빨래판에 비누질한 후 손으로 비벼 빨았다. 비누도 지금처럼 좋지 않아서 거품도 잘 안 나고 어떤 때는 빨래를 잘 한다고 하였는데도 때가 덜 빠졌다고 혼이 났다. 그런 날은 눈물을 찔끔거리며 다시 빨아야 하였다.

주인아주머니에게 혼나는 날이면 항상 속으로 남진의 "울려고 내가 왔나, 누굴 찾아 여기 왔나, 낯설은 타향땅에 내가 왜 왔나"를 흥얼거렸다. 그러고는 가급적 빨리 잊어버리고 이게 사는 거려니 하고 살았다. 그래도 공장에 취직한 오빠가 가끔 찾아오면 그날은 주인아주머니가 김치 부침개를 만들라고 하여 함께 맛있게 먹었다. 그게 특식이었다.

세 든 집 김치찌개 위의
익은 계란 추억

주인아주머니는 몸이 약해 아프다고 누워 있을 때가 많았다. 지금 생각하면 여리하고 날씬하고 예쁘고 키도 큰 편이었던 것 같다. 몸이 약하니 돈은 많지 않아도 사람을 두고 살 수밖에 없지 않았나 싶다. 어쨌든 주인아저씨는 회사 월급쟁이고 큰 부자가 아니라서 알뜰하게 살림을 해야 하였다. 반찬도 주인아저씨 위주로 하여 주인아주머니랑 나는 주인아저씨가 먹고 남긴 반찬에다 김치를 놓고 먹었다.

살다 보니 식구처럼 지내게 되었다. 그래도 간식은 그 집 아이들 차지여서 어린 마음에 먹고 싶은 생각은 간절하였지만, 그다지 불만은 없었다.

하루는 고기 심부름을 하고 와 보니 고깃집에서 거스름돈을 많이 거슬러 주었다. 마음에 갈등이 일었다. 양심상 돌려주는 게 맞지만, 한편으로는 먹고 싶은 걸 사 먹고도 싶었다. 결국 마음이 많이 불편하였지만, 그 돈으로 먹고 싶은 것을 사 먹어 버리고 말았다. 그렇게 행복하고 좋을 수가 없었다. 그 일을 지금까지도 뉘우치며 회개한다.

식모살이 당시를 생각하면 제일 서러운 기억으로 떠오르는 것이 있다. 옆집 계란을 몰래 먹고 혼난 일이다.

주인집은 마루 건넛방 하나는 세를 주었다. 그 건넛방에 사는 아주머니는 남의 집에서 세를 살아도 잘해 먹었다. 부엌을 같이 썼는데, 찬장을 나란히 놓고 사용하였다. 하루는 그 집 찬장 앞에 노란 냄비가 보여서 호기심에 열어보았다. 그랬더니 김치찌개 위에 익은 계란이 놓여 있는 게 아닌가. 먹고 싶은 것을 꾹 참으며 마당을 쓸고 마루 청소를 하고 빨래를 하였다. 부엌을 오다가다 열어 보고 또 열어 보아도 계란이 그대로 있었다. 먹고 싶은 마음이 굴뚝같았지만, '그 집 아주머니가 아이를 낳았으니 내가 먹으면 안 되지.' 하고 도로 덮기를 수차례 하였다. 몇 번을 그러다 결국 참지 못하고 그 계란을 꿀꺽해 버리고 말았다.

인내에 인내를 거듭하다 굴복한 나의 계란 서리는 죽도록 혼나고 철철 눈물을 흘리며 막을 내렸다. 닭똥 같은 눈물을 흘리며 다시는 남의 것에 손대지 않겠노라고 다짐을 하였다.

어쩌다 가끔 아버지가 시골에서 찾아오시는 날이 있었다. 그런 날은 주인아주머니가 아버지께 돼지고기를 사다 찌개를 끓여드리라고 친절을 베푸셨다. 기쁜 마음으로 돼지고기를 조금 사다가 끓여드리면 아버지는 "딸 덕분에 고기를 다 먹네." 하시며 무척 기뻐하셨다. 아버지가 그렇게 좋아하시는 걸 보고 나는 '얼른 돈을 많이 벌어서 아버지를 호강시켜 드려야지.' 다짐하곤 하였다. 나는 아버지가 좋아하시는 모습을 보는 것이 참 좋았다.

잠깐의 만남을 뒤로하고 아버지가 가실 때는 나도 그냥 아버지를 따라갈까 하는 마음도 들었다. 그럼에도 불구하고 '아이, 안 되지. 어머니, 아버지 먹을 양식도 부족해서 제대로 드시지도 못하는데, 내가 이러면 안 되지.' 하고 마음을 돌렸다. 나오려는 눈물을 간신히 참고 웃으면서 잘 가시라고 인사하고 뒤돌아 서서 쏟아지는 눈물을 훔쳤다.

어느 날인가 장을 보러 불광동 장까지 걸어가야만 하였다. 추운 겨울이라 아이를 푹 뒤집어 씌워 업고 큰아이는 손을 잡고 장을 보러 한참 걸어서 가고 있었다. 갑자기 언니 친구가 근처 양장점에서 쏙 나오면서 반갑다고 인사를 해 왔다.

그 순간, 아무 생각도 안 나고 그냥 먼지처럼 내가 사라졌으면 하였다. 왜 그렇게 창피한지 멍하니 한참을 있다가 대충 인사하고 무슨 말을 했는지 모를 정도로 그 자리를 떠나고 싶은 마음뿐이었다. 어린 마음에도 왜 그렇게 식모살이가 창피하였는지…….

한번은 설 명절이라고 주인집에서 고향집에 보내주셨다. 주인아주머니가 사주신 어머니 고무신 한 켤레를 들고 고향 가는 버스를 탔다. 마침 그 차에 초등학교 동창 남자애가 타고 있었다. 나는 일부러 아는 척을 안 하

> 그 애는 내가 뭘 하는지도 모를 텐데, 속으로 괜히 그놈의 자존심이 뭔지.

였다. 생각하면 바보지. 그 애는 내가 뭘 하는지도 모를 텐데, 속으로 괜히 그놈의 자존심이 뭔지. 아무튼 그 애를 보는 순간, 한마디로 쪽 팔린다고 하는 말이 적절한 표현이다.

그렇게 버스를 타고 터미널에 도착하였더니 마침 장날이었다. 아버지가 장 보러 나오셔서 만나게 되었다. 반가워서 한걸음에 달려갔다. 아버지는 나를 보자마자 안으시면서 "우리 막내딸 고생시킨다. 공부도 못 시키고." 하시며 창피한 줄도 모르시고 엉엉 우셨다. 한참을 멍하니 있다가 나는 아버지 손을 꼭 잡고 같이 울었다.

설 명절을 보낸 후 나는 다시 나의 직장인 서울의 식모살이 집으로 돌아왔다.

며칠이 지나자 아버지가 오셔서 나를 다른 집으로 데리고 가셨다. 그 집은 돈도 더 많이 주고 일하고 있던 집보다 더 부잣집이라 더 잘 먹고 살 수 있다고 하셨다. 새로 간 집은 연희동의 이층집으로, 기름 보일러가 있었다. 그 시절에 욕조에 뜨거운 물을 가득 받아서 목욕을 하는 집이었다. 마당도 매우 넓고 2층으로 올라가는 나무 계단도 고급스럽고 튼튼하였다. 아무튼 보기 드문 부자였던 것 같다.

아버지의 사촌 조카가 아는 집이라고 잘해줄 거라며 나를 맡겨 두고 가셨다. 그 집 식구는 내 또래 여자 애들 둘, 몇 살 위의 여자 애 하나, 집주인 내외 그렇게 다섯 명이었다. 그날 저녁에 밥을 먹게 되었는데, 주인아주머니가 우렁된장찌개를 끓여 주셨다. 그날 먹은 된장찌개 맛은 평생 못 잊을 것 같았다. 너무 맛있어서 '이런 음식도 있구나!' 절로 감탄이 나왔다.

맛난 저녁을 먹고 잠을 자려니 좀처럼 잠이 안 왔다. 너무 큰 집을 청소할 생각에 부담도 되고, 내 또래 여자 애들이 있는 것도 싫었다. 결국 그날 밤 이리저리 뒤척이다 뜬 눈으로 지새고 새 날을 맞이하였다. 그런데 그 집에서는 죽어도 못 있을 것 같았다. 아침 일찍 무작정 문을 살짝 열고 나왔는데, 갈 곳이라고는 아현동 조카네 밖에 없었다. 아버지가 날 데리고 연희동으로 갈 때에 불광동에서 바로 연희동으로 간 것이 아니고 아현동 조카네 집에 들렀다가 갔다.

아현동 조카네 집에 가려면 온 길을 되짚어서 걸어가야 하는데, 과연 찾아갈 수 있을지 걱정이 되어 생각을 열 번도 더 하였다. 이 문을 닫고 무작정 가 볼까, 그냥 다시 들어갈까 망설이다가 '그래 가다 죽더라도 가 보자. 이 집에서는 죽어도 못 있을 것 같다.'라고 생각하며 문을 닫고 걸어서 다행히 아현동 조카네 집을 잘 찾아갔다.

집주인 분께는 너무 미안한 일이지만, 하나님께서 식모살이 그만하라고 그 일을 끝내게 해 주신 것이라는 생각이 들었다.

식모살이하면서 외로울 때마다 하나님께 '나는 왜 가난한 집에 태어나 이런 식모살이까지 해야 하나요?'라고 투정을 부렸다. 어렵고 힘들 때는 '하나님, 쥐구멍에 볕이 드는 날도 있다던데 혹시 나에게 볕 들 좋은 날이 올까요? 그래도 좋은 날이 오겠죠? 하나님의 자녀니까요.' 하면서 스스로를 다독이기도 하였다.

조카네 집에 며칠 있다가 조카가 돈을 마련해 주어서 부모님 계신 고향으로 내려갔다. 그럭저럭 몇 개월인가 부모님과 같이 지내다가 안양에서 식당을 하는 동네 아줌마, 아저씨를 따라 안양으로 오게 되었다. '금성전선'이라는 곳에 취직을 시켜준다며 방 한 칸을 얻어서 우리 동네 선배, 후배랑 나까지 열 명을 데리고 안양으로 온 것이다. 그렇게 하여 나는 그곳에서도 잠깐 살았다.

나의 소울 푸드
풀빵과 안양살이

　　　　　우리는 시골에서 조금씩 가져온 돈을 모아서 연탄을 샀다. 집에서 가져온 쌀로 밥을 지어 집에서 가져온 간장에 밥을 비벼 먹으면서 한 달 정도를 지냈다. 다른 사람들은 설익은 밥을 간장에 비벼서 잘도 먹는데, 나는 밥이 목으로 넘어가질 않았다. 궁리 끝에 친구 한 명과 함께 식당을 하는 동네 아줌마네로 놀러갔다. 아줌마는 찌개 찌끼에다 밥을 비벼주셨다. 그것이 얼마나 맛있었는지. 가끔 가서 얻어먹고 어머니가 주신 약간의 돈으로 풀빵을 몇 개 사 먹으면 왕후장상이 부럽지 않았다. 그것도 배불리 먹지 못하고 몇 개로 허기만 때웠지만 말이다. 지금도 세상에서 가장 맛있는 것이 풀빵이라고 생각한다. 풀빵 파는 곳이 거의 없어서 붕어빵으로 대신하기는 하지만, 항상 풀빵은 나의 그리운 음식, 소울 푸드(soul food)다.

　　얼마 후 금성전선에서 사원 모집한다고 정문 앞으로 모이라는 소식을 듣고 갔더니 우리만이 아니었다. 많은 사람들이 몰려와 있었다. 그런데 담당자가 키대로 쭉 세우더니 앞에서부터 키 큰 사람들만 뽑았다. 키 순서에 밀린 우리는 어쩔 수 없이 발길을 돌려야 하였다.

이상한 사원 모집을 경험하고 나서 동네 아줌마네 식당으로 갔다. 아줌마는 며칠 후에 옷 만드는 공장에서 사람을 모집한다고 하니 며칠 기다려 보라고 말씀해 주셨다. 그 말씀을 듣고 며칠 기다렸다가 그곳에 취직을 하게 되었다.

사람도 많고 미싱 돌아가는 소리도 엄청 크게 들렸다. 그곳에서 오래 일할 수 있으면 좋겠다는 생각을 하고 있는데, 예쁜 반장 언니가 친절하게 웃으면서 나를 어디론가 데려갔다. 그 언니가 데리고 간 곳은 다 만든 옷에 붙은 실밥을 제거한 후에 제대로 잘 만들어졌는지, 잘못된 곳은 없는지 선별하여 잘못된 것은 다시 만들라고 돌려보내는 곳이었다. 거기는 사람도 별로 없고 조용하였다. 앉아서도 일할 수 있고 서서도 일할 수 있어서 좋았다. 반장 언니가 특별히 잘 대해주어서 좋았다.

한 3~4개월쯤 다니자 기숙사를 알아봐 준다고 하였다. 공장 기숙사에 들어가면 그럭저럭 살 만할 것 같아서 아주 기뻤다.

그런데 큰언니가 자기도 가발 공장에서 일하고, 작은언니도 가발 공장에서 일하니 너라도 공순이를 면하라고 말하였다. 그러더니 큰언니 친구하고 둘이서 방을 얻어 놓고는 나와 큰언니 친구 동생이랑 둘이 살면서 양장점에 다니도록 이화여대 앞으로 데리고 갔다. 당시 이화여대 앞에는 양장점이 많았다. 그 바람에 얼떨결에 나의 양장점 생활이 시작되었다. 공장에서 일하는 것보다 양장점에서 일하는 것이 근사해 보였다.

옆 가게의 상품
판매 대행하던 보람

식당 일을 그만두고 며칠 쉬고 있는데, 어묵, 햄 등을 파는 가공식품회사에서 일해 보라는 제안을 받았다. 이 회사는 내가 처음으로 취업해 본 큰 회사였다.

어묵 회사에 입사하여 행사 팀에서 일하였다. 이곳저곳의 매장을 다니며 며칠씩 시식 행사를 하면서 가격도 정가보다 저렴하게 팔며 제품을 홍보하였다.

아침에 나가서 점심 전에 어느 정도 팔아야 밥을 먹었다. 점심식사 시간까지 가능한 한 아껴가면서 판매를 하였다. 내가 없으면 손님들이 그냥 갈 것 같아서 잠시도 자리를 비우지 못하고 물건을 팔았다. 열심히 하였고 실적도 월등하였다. 내가 생각해도 영업직이 체질인 것처럼 판매를 무척 잘하였다.

아침 9시에 출근하여 어묵, 햄, 맛살 등을 진열하고, 저녁에는 이틀 후에 들어올 물품을 주문하고 유통기한이 지난 것은 빼서 반품을 시켰다.

유통기한이 가까운 것은 시식용으로 썼으며, 시식용 한 봉지를 풀어 상품 30개를 팔았다. 그렇게 매출을 올렸다. '그날 판매는 진열에서부터'라는 생각에 한 가지 상품을 많이 시켜 수북이 쌓아 놓고 장사를 하면 어찌나 잘 팔리던지 판매하는 재미가 쏠쏠하였다.

지나가는 손님에게 공손히 "안녕하세요!" 인사하며, 상품을 구워 이것저것 맛보게 하였다.

어묵 포장지 뒤에 있는 판매가를 보여 주며 "10퍼센트 할인된 것입니다. 두 개 사면 20퍼센트, 시식 안 하면 한 개 값에 두 개를 드립니다. 많이 사서 냉동시켜 드세요. 행사할 때 사가야 돈 버는 겁니다." 라고 성심껏 힘 있게 홍보하니 잘 팔렸다.

손님이 없을 때는 나도 모르게 큰 소리로 "할인 행사하고 있습니다. 지금 사 가시면 돈 버는 거예요. 우리 어묵 사서 맛보세요. 오늘 사셔야 좋은 어묵 싸게 드실 수 있습니다."라고 외쳤다. '돈 버는 거'라는 말에 효과가 있었는지 지남철에 쇠붙이 딸려오듯이, 너도나도 사람들이 몰려들어 물건을 사갔다.

상품을 넣어둔 냉장고가 비면 바로 가져다 채워 넣고, 팔면 또 채워 넣고 하다 보면 신이 나서 힘든 줄도 몰랐다.

화장실 가는 시간도 아까워 자리를 지켰다. 화장실에 앉아서도 내가 없어서 손님들이 그냥 가면 어찌나 불안하여 얼른 나왔고, 밥 먹으러 갈 때도 편히 먹지 못하고 후다닥 먹고 돌아왔다.

어떤 때는 손님이 옆 사람한테 "먹어 봐요. 싸고 맛있네. 나도 샀으니 쌀 때 사서 가세요." 하며 대신 홍보하여 팔아 주기도 하였다.

아무튼 그때 참 열심히 일하였다.

오후 6시에 퇴근하여 집에 돌아올 때에 버스 안에서 피곤하여 눈 감고 있으면서도 '그래, 오늘 참 잘하였다.'고 스스로를 칭찬해 주었고, 많이 팔지 못한 날은 '내일은 다른 상품으로 많이 팔아야지.' 다짐하며 혼자 내일 일까지 모두 생각해 두었다. 정말 내 사업처럼 혼신의 힘을 다하였다.

무척 힘들지만, 재미있었다.

유통기한이 가까운 것은 한 개 값에 두 개를 1+1 판매로 내가 사 가지고 와서 딸아이 도시락 반찬도 하고 냉동실에 두고 먹기도 하였다. 어느 날, 작은딸이 "엄마는 전생에 어묵이었나 봐요."라고 농담을 하여 배꼽을 쥐고 웃었다.

> 혼자 내일 일까지
> 모두 생각해 두었다.
> 정말 내 사업처럼
> 혼신의 힘을 다하였다.

어묵, 햄, 맛살은 다섯 업체 이상이 한 매장에 입점해 있는 곳이 많고, 적으면 두 개 업체 이상 입점해 있다.

이웃하여 여러 업체가 상품을 팔다 보니 타 회사 직원이 우리 회사 상품은 맛이 없고 자기네 상품이 훨씬 맛있다고 하며 판매하기도 하였다.

그러나 나는 다른 회사 상품이 나쁘다는 말은 하고 싶지 않았다.

"모든 회사가 맛있게 만들려고 노력하니 다 맛있어요. 이것저것 골고루 맛보시고 입맛에 맞는 것으로 사가세요. 오늘은 이것 드시고, 다음에는 다른 것도 드셔 보세요. 그게 제일 좋습니다!"라고 권유하였다.

어떤 날은 우리 회사 상품은 잘 팔리는데, 옆 회사 상품이 개시를 못하고 있으면 "내가 개시해 줄게. 잘 팔릴 거야." 하고 사준다. 그러면 얼마나 좋아하는지 서로 조금씩 양보하며 살 때에 이것이 소소한 행복이라는 생각이 들었다.

나는 거의 다 팔았는데, 옆 회사 판매 직원이 못 팔아 울상이면 우리 회사 가운을 벗고 옆 회사 상품을 팔아 주었다. 한 30분 동안에 20개 정도는 너끈히 팔았다.

그러면 옆 회사 판매 직원이 무척이나 고마워하고 활짝 웃었다. 그러다 보니 회사와 상관없이 나를 언니라 부르며 따르고 좋아해 주었다. 이처럼 서로 친하게 지내며 하루하루를 즐겁게 지냈다.

어떻게 그 큰 매장에서 크게 소리치며 판매하는 것을 상상이나 해 보았겠는가. 어묵, 햄, 맛살 상품을 설명하고 진열하고 끼워 판매하는 지혜와 재주, 다른 회사 상품까지 팔아 주던 마음, 이 모든 것이 하나님이 가르쳐 주신 긍휼, 배려와 나눔의 정신이라고 생각된다. 감사할 뿐이다! 당시는 그저 많이 팔아야겠다는 생각과 내가 잘나서 잘하는 거라고만 생각하였다.

그렇게 한 5년을 다녔다.

열심히 한 덕분인지 모범사원상을 탔다. 무엇보다도 애들한테 자랑스러운 엄마가 된 것 같아서 기분이 무척 좋았다.

그때 받은 상금으로 금으로 만든 행운의 열쇠를 구입하였다. 처음 금을 사 보았다. 왠지 행운의 열쇠가 있으면, 행운이 올 것 같았다. 그래서 상패와 금 열쇠를 집안 살림을 맡아 해 주시는 친정어머니께 드렸다. 어머니가 살림해 주시고 애들 잘 키워주셔서 탄 거라고 드렸더니 아주 좋아하셨다. 그리고 시아버지, 시어머니한테도 자랑을 하였더니 시어머니가 "너를 공부를 시켰으면 공부상도 탔을 거다."라고 말씀하셨다. 그 말씀이 얼마나 위로와 힘이 되고 좋았는지 날아갈 것 같았다.

"칭찬은 고래도 춤추게 한다."는 말이 실제로 경험되는 순간이었다.

이렇게 며느리를 아낌없이 칭찬하고 격려해 주시던, 지금은 천국에 계시는 시부모님이 그립다.

양장점 심부름 소녀의
쌀뜨물 소금국

돈이 없는 사람은 어디서 뭘 해도 고생이다. 큰 언니가 방을 얻어주기는 하였지만, 싼 곳을 찾다 보니 '장독대 위의 방'이라고 겨우 칸막이만 한 불도 안 들어오는 다다미방이었다. 겨울에는 방에다 연탄난로 하나 놓고 밥을 해 먹고 물도 데워서 썼다.

집은 그렇다 치고, 양장점에서도 바느질을 하여 옷 만드는 것부터 배우는 터라 뭐든 시키면 다해야만 하였다. 대장이 미싱사고, 그 밑은 위의 제자, 중간 제자, 마도메, 그다음이 나였다. 말단이었기에 쫓겨나지 않으려고 사람들에게 잘 보이기 위해 죽을 만큼 열심히 허드렛일을 하였다.

일이야 힘들지 않은 일이 어디 있겠느냐마는 월급이 쥐꼬리만 하여 월세 내고 쌀 조금 사면 수중에 남는 게 없었다. 밥은 먹는데, 반찬은 언제나 김치 하나였다. 그렇게 지내도 불만은 없었다.

겨울에는 따뜻한 국거리가 없으니 쌀뜨물을 끓여서 소금 넣고 밥 말아 먹으면 그래도 몸이 따뜻해졌다.

어느 날, 시골에서 동창생 한 명이 양장 일을 배운다고 그 애 오빠가 데리고 오는 바람에 좁은 방에서 셋이 지내야 하였다.

그렇게 지내면서 경제 상황이 조금 나아지기는 하였어도 맛있는 반찬은 해 먹지 못하였다. 그런 중에도 돈을 아껴서 시골에 계신 아버지께 보내드렸다.

형편이 어려워 공부를 못 시키신 부모님이었지만, 언제나 효도하고 싶었고 조금이라도 도움을 드리고 싶은 마음이 간절하였다. 객지에서 못 먹고 힘들게 눈칫밥을 먹으며 지내는 처지에서도 꼬박꼬박 돈을 보내드렸다.

일요일이 되면 가끔 큰언니가 와서 조개찌개를 끓여 밥을 해 주곤 하였다. 그런 날이면 너무나 행복하였다.

그러던 중, 양장점 주인 언니가 나보고 가게에서 심부름을 하라고 하였다. 그러면 월급을 더 주겠다고 하면서. 그래서 생각을 해보니 미싱을 배우면 그 기술로 어딜 가도 먹고는 살겠지만, 어차피 심부름 과정도 경험해 보는 것이 장기적으로는 내게 좋을 것 같았다. 심부름이란 손님들이 오면 그 사람에게 맞는 옷을 맞추어 주는 일로, 손님에게 맞는 옷감을 고르고 디자인을 선택하여 예쁘게 꾸며줄 수 있다. 용기가 나지 않았지만, 그래도 한번 해보자 마음먹고 가게 심부름을 시작하였다.

이 일을 하고 보니 왜 그리 영어를 많이 쓰는지……. 물론, 기초 단어를 알고 있어서 그렇게 큰 불편 없이 일을 하기는 하였지만, 어쨌든 영어 공부를 안 할 수가 없었다.

그 일이 좋은 점은 내가 모델처럼 옷을 입어야 하니까 샘플도 입어

보고, 이것저것 예쁜 옷도 많이 입어보았다. 먹을 것이나 간식도 풍성하고 점심도 주니 내 적성에 딱 맞는 일이라고 생각하였다.

배운 것 없고 가진 것 없으니 죽을 만큼 열심히 일을 하여 마음에 쏙 들게 눈치껏 척척 하니 주인 언니가 좋아하였다.

그러던 중, 어느 날부터 기운이 없고 입맛도 떨어졌다. 먹기만 하면 화장실에 가니 살이 쏙 빠졌다. 힘이 없고 사는 게 귀찮을 정도로 피곤하였다. 병원에 갔더니 결핵이라고 한다. 하늘이 무너져 내리는 것 같았다. 얼마나 울었는지 모른다. 제일 걱정인 것은 어머니, 아버지한테 짐이 되는 것이었다.

그때 하나님을 얼마나 원망하였는지 모른다. "하나님은 이 딸이 불쌍하지도 않으세요? 나를 조금이나마 사랑하시기는 하세요? 난 어떻게 살라고요. 제발 대답 좀 해 주세요." 하면서 울었다.

그래도 어쩌겠나. 시골에 계신 어머니, 아버지한테 가는 수밖에 없었다. 부모님 품은 언제나 돌아갈 고향이요, 기댈 수 있는 언덕이다.

집에서 일 년 넘게 약을 먹으며 공주요양원에도 가고 보건소에도 다니며 치료를 받았다. 치료를 하다 보니 어느새 결핵이 다 나았다.

결핵이 다 나으니 시골에 그냥 더 있을 수가 없었다. 서울에서 일하고 있던 작은언니한테 나 좀 데려가 달라고 편지를 썼다.

작은언니는 서울 중림동의 한 가발 공장 기숙사에 있으면서 돈을 벌고 있었다. 작은언니가 나를 데려오려고 한다고 친구한테 말하였더니 그 친구도 동생을 데려온다고 하여 둘이서 돈을 모아 방을 얻기로 하였단다. 작은언니는 자그마한 방을 하나 얻어 놓고 나를 데리러 왔다.

언니 따라 서울 올 때에 어머니가 쌀을 한 말 주셨는데, 그걸 둘이서 들고 한참을 걸어왔다. 서울의 버스 정류장으로 치면 열 정류장도 넘는 거리를 걸어서 종촌에서 버스를 타고 조치원역까지 와서 기차를 탔다. 서울역에 도착하여 버스를 타고 중계동까지 갔다. 고향 집을 떠나 서울 자취방에 도착하기까지 나와 작은언니는 많은 고생을 하였다.

다시 힘겹게 시작한 타향살이, 다시금 나의 제2의 서울생활이 시작되었다.

중계동의 부엌 딸린 방 하나에서 언니와 나, 언니 친구와 동생 넷이 자취생활을 하였다. 거기서 지내며 취직자리를 기다리며 하염없이 시간을 보내야만 하였다.

자취집 옆에 한독약품과 동아제약 공장이 있었는데, 작은언니는 거기서 사람을 모집하면 가라고 하였다. 사원 모집 공고를 학수고대하며 한 3~4개월 정도 보낸 것 같다.

하지만 그저 빈둥거리며 마냥 기다리기만 할 수 없었다. 혹시나 하는 마음으로 이화여대 앞에 있는 양장점에 취직자리를 알아보았다. 마침 공장에 마도메(끝손질, 마무리 일을 하는 사람) 자리가 비어서 마도메사로 취직을 하였다. 손으로 마감하는 일을 하는 거였다.

마도메 일을 하면서 계속 일자리를 알아보았다.

때마침 충무로에 자리가 생겨서 옮겨가 새롭게 일을 시작하였다. 아침에 출근하여 가게 청소를 하고 손님이 오면 이것저것 심부름하는 일을 하였다. 공장에 만들 옷 샘플을 가져가고 다 만든 옷은 가져왔다. 때로는 동대문 시장에 가서 단추나 실 등을 사왔다. 단춧구멍도 뚫어오고 복잡하고 소소한 일들을 참 많이 하였다.

그러면서 가봉(옷을 만들어서 완성되기 전에 중간에 한 번 입어보고 고칠 곳이 있으면 표시해 두는 일)도 하였다. 어쩌다 혼자 있을 때에 손님이 오면 직접 맞춤옷을 주문받기도 하였다. 이 일 저 일 하면서 양장 만드는 일을 많이 배웠다.

분주히 시간을 보내고 있자니 이화여대 앞 양장점에서 사람을 구한다는 소식이 들렸다. 감사하게도 경력을 인정받아 일자리를 옮기는 것이 수월하였다. 사실 이화여대 앞 양장점으로 일자리를 옮긴 가장 큰 이유는, 월급이 충무로 양장점에서 받는 것보다 조금 더 많았기 때문이다.

어린 나이에 부모님 품을 떠나 고생하면서 한 푼이라도 더 벌어 부모님께 조금이라도 더 보내드리고픈 마음이 컸다.

열아홉 살 처녀,
그 시절의 약속

열아홉 살 때쯤으로, 충무로 아가페 양장점에 다닐 때의 일이다. 같이 일하던 사람이 나까지 여섯 명이었다. 나이는 제각기 달라도 다들 친구처럼 지냈다. 다섯 명은 형편이 나보다는 훨씬 좋았다. 부모님과 같이 살고 있는 한 친구 집에 놀러 갔더니 여러 가지 반찬을 많이 해 주셔서 밥을 맛있게 많이 먹었다. 속으로 얼마나 부러웠는지.

한 친구는 언니가 시집을 그런대로 잘 가서 돈 걱정 없이 산다고 도시락 반찬도 아주 좋았다.

또 한 친구는 언니네 집에서 다녔는데, 그 애는 더 부잣집이라서 그 친구 덕을 많이 보았다. 여름 휴가철에는 고향 밀양에 여섯 명이 모두 같이 가서 신나게 잘 지냈다. 낙동강에서 회도 먹고 부산 용두산도 다녀오고. 나는 돈 한 푼 없이 몸만 따라다니면서 잘 먹고 잘 놀다 왔다. 서울에서 일요일에 등산을 갈 때도 몸만 오라고 하여 정말 빈손으로 다녔다.

연말에는 여의도에도 놀러 갔다. 눈이 많이 와서 거의 무릎까지 빠질 정도로 쌓였는데도 가자고 하여 따라갔다. 그 추운데 뭐 그리 재미있다고 눈사람 만들고 눈을 뭉쳐서 서로 던지고 신난다고 웃고 떠들며 놀았다. 순진한 처녀들의 한겨울 소풍이었다. 그러고는 마포대교를 걸어서 건너 마포로 왔다. 헤어지면서 2000년 1월 1일 오후 1시에 무조건 마포대교 앞에서 만나자고 굳게 약속하였다. 어디서 어떻게 살든지 꼭 만나자고 약속을 하고 헤어졌다.

그 후에도 나는 살기가 워낙 힘들어서 그런 기억을 아예 잊고 살았다. 다른 친구들은 약속한 그날 그 장소에 나왔을까? 내게 위로가 되어 준 친구들은 지금 잘 지내고 있는지 무척 궁금하다. 그들도 행복한 노년의 삶을 누리고 있기를 기도드린다.

주경야독 젊은 날,
평생의 반려자

이화여대 앞 양장점 주인 내외는 많이 배운 분들이셨다. 명문대 출신이라 그런지 손님들도 유명한 분들이 많이 오셨다. 두 분 모두 훌륭하고 인자하셨다. 마음도 정말 따뜻한 분들이라 금방 마음의 안정을 찾을 수 있었다.

그런데 양장점에 도둑이 들 것이 염려되어 밥값을 따로 줄 테니 그곳에서 잠을 자며 지내라고 하였다. 양장점 안에서 먹고 자라는 것이다. 그래서 작은언니는 다시 기숙사로 들어가고, 나는 그 양장점에서 지냈다.

양장점은 저녁 9시면 끝났다. 퇴근 후 잠자기 전까지는 시간이 많이 남았다. 할 일 없는 저녁에 나는 무엇을 하며 지내야 할까 고민하다가 책을 사서 읽기 시작하였다.

『잘 사는 게 복수다』 책은 제목 그대로 잘 살아야 된다는 내용이었는데, 지금은 내용이 잘 기억나지 않는다. 『실패하라 그리고 성공하라』 책은 실패를 해보아야 성공할 수 있다는 것으로, 실패를 하였을 때 다시 일어설 수 있는 사람이 되어야 한다는 내용이다. 실패하였다고 주저앉아서 포기하면 안 된다는 내용이지만, 읽은 지 너무 오래 되어서 이 책 또한 구체적으로 잘 기억나지 않는다.

또 친구들에게 편지도 썼다. 특히 한 친구와는 계속 편지를 주고받으며 지냈다. 친구들에게 보낸 편지는 특별한 내용은 별로 없고 일상적인 일과 단순한 안부 인사 정도다. 지금은 전화나 핸드폰이 일상화되었지만, 그때는 손 편지로 서로의 안부를 물어야만 하였다. 지금 생각해도 웃기는 기억은 김정호 노래 중에 "캠퍼스 잔디 위엔 또다시 황금물결"이라는 구절의 가사를 적고 주소를 '잘남 멋지군 만나면 좋으리'라고 적어 보내면서 장난도 쳤다.

그때 한 친구가 책을 한 권 선물해 주었다. 시집이었다.

내용 중에 러시아 문호 알렉산드로 푸시킨(1799~1837)의 시, 「삶이 그대를 속일지라도」가 가장 내게 힘이 되고 위로가 되었다.

「삶이 그대를 속일지라도」

삶이 그대를 속일지라도
슬퍼하거나 노여워하지 마라
슬픔의 날을 참고 견디면
머지않아 기쁨의 날이 오리니

마음은 미래를 바라느니
현재는 한없이 우울한 것

모든 것 하염없이 사라지나
지나가 버린 것은 그리움이 되리니

삶이 그대를 속일지라도
노여워하거나 서러워하지 마라
절망의 나날을 참고 견디면
기쁨의 날 반드시 찾아오리니

마음은 미래에 살고
현재는 언제나 슬픈 법
모든 것은 한순간 사라지지만
가버린 것은 마음에 소중하리니

삶이 그대를 속일지라도
슬퍼하거나 노여워하지 마라
우울한 날들을 견디며 믿으라
기쁨의 날이 곧 오리니

마음은 미래에 살고
현재는 늘 슬픈 것
모든 것은 순간에 지나가고
지나간 것은 다시 그리워지나니

삶이 그대를 속일지라도
슬퍼하거나 노여워하지 마라
설움의 날을 참고 견디면
기쁨의 날이 반드시 오고야 말리니

"삶이 그대를 속일지라도 슬퍼하거나 노여워하지 마라. 사노라면 좋은 날 있으리라."는 푸시킨의 시를 거의 매일 스스로에게 말해주었다.

'그렇지. 지금은 힘들고 슬프고 우울하기도 하지만, 사노라면 이 또한 지나가고 웃을 날, 기쁠 날이 올 거다. 노하거나 슬퍼하지 말고 참고 견디자. 먼 훗날 이 날들을 되돌아보며 그래도 참 소중한 나의 인생 여정이었다고 고백할 날이 올 거다.'

당시는 비싼 책은 사지 못하고 문고판을 사서 읽고 또 외판원한테 월부로도 사서 읽었다. 뭐가 그리 재미있었을까? 거의 밤을 새우다시피 책을 읽는 날도 있었다. 그중에 『팔자』라는 책이 있다. 팔자는 타고난다고 하여 김구 선생님을 예로 들었는데, 선생님은 얻어먹을 팔자라서 평생을 얻어먹고 살았지만 멋지게 얻어먹고 살았다는 것이다. 그러니 팔자를 알면 거기에 맞게 잘 고쳐서 살 수 있다. 운명은 못 바꾸어도 팔자는 바꿀 수 있다는 내용이었다. 외판원한테 샀는데, 유명한 사람들의 삶을 다루고 있었다.

문고판으로 애거사 크리스티(1890~1976)의 추리 소설을 열심히 읽었다. 『나일강의 죽음』, 『오리엔탈 특급 살인』을 읽으면서 범인을 알아맞히겠다고 날밤을 새기도 하였다.

제일 기억에 남는 것은 에디트 피아프(1915~63)의 삶에 대해 쓴 책이다. 프랑스 최고의 가수라는데, 지금은 별로 내용이 생각나지 않는다. 마를린 먼로(1926~62)의 삶에 대해 쓴 책도 있었다.

제도권 안에서 여느 친구들처럼 공부를 하여 학위를 받은 것은 없었지만, 일을 하면서 책을 가까이한 그 시간들은 내게 소중한 것이었다. 마음과 생각을 풍성하게 해 주었고, 희망을 가지고 살도록 해 주었으니 말이다.

> 힘들고 우울하지만,
> 살다 보면 모두 지나가고
> 웃을 날, 기쁠 날이 올 거다.
> 이 또한 소중한 여정이다.

소위, 주경야독하며 직장생활을 하던 중에 평생의 반려자인 지금의 아이들 아빠가 될 사람을 만났다. 고향 오빠인데, 내 눈에는 그 오빠가 그 동네에서 제일 잘생기고 제일 멋있었다.

설에 고향 집에 내려갔다가 주민등록증이 잘못되는 바람에 다시 고쳐 만드느라 며칠 더 있게 되었다.

시골에서는 설이 지나 보름달이 뜨는 보름날 밤이면 아이들이 여러 집 밥을 몰래 가져다가 비벼 먹는 재미난 풍습이 있었다. 집집마다 나물이나 밥을 가져가라고 쇠솥단지 안에다 넣어둔다. 그러면 젊은 이들이 모여 놀면서 그것을 몰래 가져다 맛있게 먹었다.

보름날 밤을 친구들과 재미있게 보내고 있었는데, 지금 우리 아이들 아빠도 같이 놀았다. 알고 보니 엄청 재미있는 사람이었다. 얼굴도 잘생긴데다 남들을 배려하면서 세심하게 챙겨주었다. 나는 그 모습에 홀딱 반해버렸다. 그렇게 놀다 밤이 이슥해지자 모두 집으로 돌아갈 채비를 하였다. 그런데 우리 집이 조금 멀다며 나를 데려다주겠단다. 집 앞에서 헤어질 때에 그 오빠가 꿈에서 만나자고 하였다. 정말 희한하게도 그날 꿈에 그 오빠가 나타났다. 꿈속에서도 가슴이 쿵쿵거리고 그렇게 좋을 수가 없었다.

가만히 생각해 보니 내가 결핵으로 집에 내려와 지낼 때에 은행나무 밑에 앉아 있으면서 둑길로 군복 입은 사람이 자전거를 끌고 가는 것을 보고 멋지다고 생각하였던 기억이 떠올랐다.

'아니, 이 시골에도 저렇게 멋진 사람이 다 있네. 한국판 알랭 드롱(1935~ , 프랑스 배우)이네.' 하고 생각하였던 사람이다. 그 멋진 사람이 바로 그 오빠였다.

며칠 후 면사무소에서 또 그 오빠를 만났다. 동네 언니와 내게 밥을 사준다고 하여 밥을 얻어먹고 셋이서 열 정류장이나 되는 거리를 걸어 집으로 돌아왔다. 그때 오빠는 우리와 같이 걸어오느라 자전거를 타지 않고 그냥 끌고 왔다.

나도 좋아하지만, 저 오빠도 나를 좋아한다고 생각하였다. 그다음 날 서울로 돌아간다고 하였더니 조치원역까지 바래다주었다. 조치원역 근처의 한 다방에서 커피를 마시고 헤어져 서울행 기차를 탔다.

기차를 타고 서울로 오는 내내 그 오빠 생각이 머리에서 떠나지 않았다. 그런 것이 사랑인가 보다.

서울로 돌아와 곧장 나는 그 오빠에게 편지를 썼다. 자존심이고 뭐고 다 버리고 오빠를 좋아한다고 사랑을 고백하였다. 그리고 하루가 멀다 하고 편지를 보냈다. 그 후 시간이 얼마간 흐르고 나서 그 오빠도 동생들하고 서울로 올라왔다. 그때부터 나는 거의 매일 그 오빠 집에서 살다시피 하였다. 12시 전, 통행금지 직전에야 집으로 돌아왔다. 일요일에는 무조건 아침부터 가서 시간을 보냈다.

마침내 결혼하게 되었다. 아무리 생각해 보아도 오빠는 너무 멋진 남자다. 오빠와 있으면 나는 무조건 좋았다. 세상이 다 좋아 보이고 아무 이유 없이 모든 게 그냥 다 좋았다. 무엇을 먹든 무엇을 하든 다 그냥 좋았다.

그래서 무조건 같이 있고 싶어서 양장점을 그만두고 같이 살았다. 그 시간이 꿈결 같았다. 오빠 옆에 누우면 거짓말처럼 몸이 사르르 녹는 것 같고 피가 막 도는 것이 느껴졌다. 하나님께서 남편의 갈비뼈 하나로 나를 만드셨기에 그 갈비뼈가 남편의 원래 그 뼈 자리를 채우나 보다 하는 생각이 들었다. 세상에서 자기 짝을 만나 사랑하며 사는 것이 얼마나 행복하고 감사한 일인가!

헌순이
십계명

십대 초반에 낯선 서울에서 시작한 생활이 이십여 년 지나면서 나름의 가치관, 철학 같은 것이 형성되었다. 인생관이든, 좌우명이든 간에 '헌순이 십계명'을 만들어 이를 지키려고 노력하였다.

혈혈단신 여성의 몸으로 나를 지켜가며 어느 정도 삶에 대해 자신감을 가진 시기였다. 지금, 즉시 최선을 다하리라는 다짐, 헌순이 십계명은 다음과 같다.

1. 지금 이 순간 어떻게 사느냐가 인생을 결정한다.

2. 지금이야 말로 기반을 다질 때다.

3. 자신의 향상을 위해 지나친 노력은 없다.

4. 작은 일이라도 소홀히 대하지 않는 사람은 꼭 성공한다.

5. 휴식을 취하면서 자신을 향상시켜라.

6. 한 가지 일에 온 정성을 쏟아라.

7. 자신이 몸소 배운 지식이 참된 지식이다.

8. 허영심을 향상심으로 승화시켜라.

9. 언행은 부드럽게, 의지는 굳건하게, 강하지 않으면 살아가기
   힘들다.

10. 용서받을 수 있는 거짓말을 재치 있게 사용할 수 있어야 한다.

지금도 이것을 읽어보며, 초심을 잃지 않으려고 노력한다. 딸아이
들에게도 가르치며, 보다 나은 삶이 되도록 기도드린다.

사람답게
사는 일이 최고

큰딸 단비 같은 소중한 아이를 키우던 중, 아무래도 돈벌이를 해야만 할 것 같았다. 하지만 가방끈이 긴 것도 아니고 제대로 된 기술을 배운 것도 아니라 어디 마땅히 취직할 데가 없었다.

그런 내게 한 친구가 화장품 장사를 해보라고 하였다. 그 친구는 양장점에서 미싱을 배워 바느질 대장을 하고 있어서 돈을 잘 벌고 있었다. 그 양장점에 화장품 파는 아줌마가 오는데, 자기가 화장품을 사면서 슬쩍 물어보니 열심히 하면 돈을 많이 벌 수 있다고 하였다는 것이다. 내 장사니까 시간도 마음대로 할 수 있단다. 나보고 잘할 거라고 한번 해보라고 하였다. 보증인이 필요한 일이었는데, 그 친구가 자기 남편을 보증인으로 세워 주어서 덕분에 화장품 장사를 시작하게 되었다.

친구라는 존재가 새삼 고마웠다. 어떤 친구는 형제보다 더 친밀하고 친구는 사랑이 끊기지 아니한다는 성경의 잠언 말씀을 피부로 경험한 때였다.

화장품 장사를 한 첫날, 외상으로 화장품을 팔고 돌아왔다. 집으로 돌아와서는 외상으로 준 그 집을 다시 못 찾을까 봐 잠을 설쳤다.

외판원이니 집집마다 돌아다니면서 초인종을 눌러 사람을 만나면 화장품을 소개하고 팔 기회를 얻는다. 판매 초기에는 마사지해 주는 미용사와 동행하도록 해 주었다. 그래도 둘이 다니니 혼자가 아니라서 용기가 좀 났다.

하루에 서른 집 정도 가면 열 집 정도는 문을 열어준다. 그것도 마사지 받아보고 안 좋으면 사지 않아도 된다고, 샘플도 많이 주겠다고 해야 겨우 열어준다. 그래도 정성껏 마사지해 주고 샘플도 주고 하니 한두 개씩 팔아 주었다.

화장품을 들고 집집마다 방문하여 팔면서 정말 여러 유형의 사람을 만났다. 부잣집 사모님, 가난한 집 사모님, 혼자 사는 사람, 술집에 다니는 아가씨, 공장에 다니는 사람, 학교 선생님, 의사, 약사, 댄스 교실 강사 등등. 정말 별의별 사람을 다 만나서 화장품을 팔았다.

만나 본 사람들은 어떤 일을 하든, 어떤 위치에 있든, 공부를 많이 하였든 못 배웠든 다 똑같은 사람이지만, 인간성은 천차만별이었다.

어떤 사람은 마사지를 받고 나서 한 세트에 4~5개 든 화장품을 다 사준다. 그럴 때면 얼마나 좋은지 힘이 절로 나고 세상 사는 맛이 났다. 이런 사람은 대개 화장품 값도 떼먹지 않고 제대로 준다.

하지만 사람들 중에는 화장품을 받아 놓고 나중에 돈을 받으러 가면 여태 잘 쓰고 있다가 피부에 안 맞는다고 불평하며 반품을 요청하기도 한다. 피부에 안 맞는다고 떼를 쓰니 어쩌겠나. 쓰던 화장품을 그대로 반품 처리하여 가져오면 이미 쓰던 거라 다시 팔지도 못하고 폐기 처분해야 한다.

어떤 사람은 나중에 외상값을 받으러 가 보면 다른 데로 이사를 가 버리기도 하였다.

어떤 사람은 화장품이 떨어졌다고 겨우 몇 천 원을 주면서 만 원짜리 화장품을 달라고 떼를 쓴다. 그래서 미수금이 자꾸 쌓여만 갔다.

어떤 사람은 사지도 않을 거면서 매번 다음에 오라고 한다.

별의별 사람을 상대하며 장사하다 보니 돈을 벌기는커녕 화장품 대리점에 갚아야 할 빚만 늘어갔다. 그렇게 적자를 보며 장사라고 하고 있는데, 대리점이 문을 닫는 바람에 본사에다 직접 대금을 입금하게 되었다. 그런데 너무 감사하게도 본사에서 대금 결제를 무기한으로 연장해 주는 것이 아닌가! 그래서 미수금을 받아 대금을 납부할 수 있었다.

지금 생각하면 하나님이 보시기에 내가 너무 안쓰러우셨나 보다. 그대로 가다가는 큰일 날 것 같으니까 그런 상황으로 보호 인도해 주셨으니 말이다.

화장품 장사를 하면서 화장품값도 많이 떼이고 이런저런 일들을 많이 겪었지만, 지금도 생각나는 아주 못된 사람, 생각하면 욕이 절로 나오는 사람이 하나 있다.

생활용품을 다섯 개 팔면 내게 한 개를 주겠다는 데가 있었다. 밥상이며 커피포트, 프라이팬, 그릇 등 여러 가지 물품들이 있었는데, 그것을 다섯 개 팔면 내게 한 개를 주는 조건이었다. 그것도 돈벌이가 되겠다 싶어 화장품을 팔며 그것들도 함께 팔았다.

그러던 중, 어떤 사람이 자기도 팔아 보겠다며 그 일에 자기를 소개시켜 달라고 부탁을 해왔다. 거절하지 못하고 그 사람을 소개시켜 주었는데, 그 사람이 내 이름으로 물건을 가져가고는 흔적도 없이 사라져 버린 것이다. 그 사람을 주소대로 찾아가 보니 이사를 가고 찾을 길이 없었다. 그를 아는 사람도 없어서 만날 길이 전혀 없었다. 결국 화장품값에다가 그릇값까지 내가 물어주어야 할 판이었다. 불행 중 다행으로 반만 갚도록 선처를 해 주어서 그나마 한숨 돌렸다. 그렇게 못된 인간이 잘살고 있으면 안 된다는 생각이 든다. 가끔 곱씹어 볼 때마다 울화가 치밀어 지금도 절로 욕이 나온다.

그 일을 하면서 사람은 돈이 많든 없든 간에 사람답게 사는 것이 제일이라는 것을 절감하였다.

고생고생하며 돈을 벌던 화장품 장사를 정리하고 동네 작은 공장에서 주는 부업을 하기도 하였다. 부업이라는 게 돈을 많이 벌지는 못하였지만, 그래도 집에서 애들을 키우며 열심히 하여 알뜰살뜰 돈을 모으고 살았다.

어린 나이부터 돈을 벌고 결혼하여 아이들을 낳고 살면서도 참 여러 일들을 하였다. 그때는 내 또래의 대부분 여자 아이들이 가난한 집을 떠나 공장이나 식모살이, 버스 안내양, 식당 종업원 등과 같은 힘겨운 일들을 하며 생계를 꾸려갔다.

그런 수고와 희생 덕분에 한 가정이 지켜졌고, 시동생들이 상급학교에 진학할 수 있었다.

양고기
시식해 보세요!

어릴 때 "시집 안 가고 어머니랑 살 거야."라고 하면 어머니는 "그래도 시집은 가야지." 하면서 웃으셨다. "그래, 그럼 시집가도 엄마랑 살 거야."라고 하였다.

그 말대로 결혼하고도 친정어머니와 같이 살게 되었다. 다행히 나랑 결혼한 사람이 한 동네 사람이어서 우리 집 형편을 잘 알았다. 그러니 친정어머니와 사는 것을 당연한 것처럼 생각하며 군소리 없이 모시게 되었다.

우리 집에 같이 살게 된 어머니는 나보고 집에서 그냥 있지 말고 뭐든 일을 하여 돈을 벌라고 하셨다. 대신 어머니가 살림을 맡아서 해 주신다고 하셨다.

어머니의 적극적인 가사 분담에 힘입어 나는 일을 찾아 하기 시작하였다.

처음에는 동네 정육점에서 파트타임으로 하루에 세 시간씩 고기 손질하는 일을 하였다. 나는 무슨 일이든 열심히 하는 성격이다. 세 시간 동안 몇 킬로그램을 손질하였는지 모르겠지만, 일하는 사람 중에서 제일 많이 하였다. 다른 사람들은 내가 한 것의 절반 정도 밖에 하지 못하였다.

그걸 본 가게 주인이 시간제가 아니라 1킬로그램에 얼마씩 정해서 능력제로 임금을 지불해 주겠다고 하였다. 능력제로 준다는 말에 시간제로 할 때는 나보다 훨씬 일에 속도가 안 나던 이들 중에서 나보다 더 많은 성과를 내는 사람들이 속속 나왔다.

그런 모습을 본 나는 혼잣말로 중얼거렸다.

'사람들이 남한테 돈을 받으려면 열심히 하지. 시간제로 할 때는 반도 못하더니 킬로그램을 달아서 일한 만큼 돈을 준다니까 잘 하네.'

참 나쁘다고 생각하였다. 그런 존재가 인간이고 인간의 본성 아닐까 싶었다.

정육점에서 일한 지 몇 달이 지나자 주인이 백화점에서 양고기를 팔아 볼 생각이 없느냐고 물었다. 맡아서 해 줄 사람이 없으니 같이 일할 사람을 구하여 한번 시작해 보자고 하였다. 판매 일은 한 번도 해본 적이 없고, 더구나 이 나이 되도록 백화점이란 곳에는 가 본 적이 없었던 터라 과연 잘 해낼 수 있을지 걱정도 되었다.

그럼에도 불구하고 어쨌든 일을 해야 되니까 하나님께 지혜와 능력을 구하며 하나님만 의지하여 그 일을 시작하였다.

백화점은 상계동에 있는 미도파였다. 우리 집에서 거기까지 가려면 엄청 먼 거리였다. 마을버스를 타고 가다 지하철을 두 번 갈아타고 한 시간 이상 걸려서 가야 되는 곳이었다. 나랑 같이 일할 사람은 미아리에 사는 동창생이었는데, 그 친구 집에서 백화점까지는 가까운 거리였다.

그 친구는 고등학교도 졸업하고 남편도 좋은 사람 만나서 그럭저럭 어렵지 않게 사는데, 더 부자가 되고픈 욕심이 있어서 일하려고 하였다.

그 친구는 일을 처음 해보고 나도 백화점에서는 처음 일을 하는 것이었다. 그렇지만 매일매일 죽을 만큼 열심히 일을 하였다. 주인이 나를 믿고 맡겨 준 것이라 책임감도 있었다. 고마움도 있지만, 내 마음속에는 항상 배운 것도 없고 가진 것도 없으니 남들보다 더 열심히 해야 된다는 강박감 같은 것이 있었다.

일을 하면서 힘들 때도 많았지만, 결국은 나 자신과의 싸움이라고 생각하였다.

그런데 그때도 항상 주님이 함께하셨음을 안다. 주인이 백화점에 와서 "오늘은 얼마나 팔겠습니까?" 하고 물어보면 나도 모르게 "얼마쯤 팔 것 같아요."라고 대답하면 영락없이 꼭 그만큼 팔게 해 주셨다. 그것이 바로 하나님이 해 주시는 거였는데, 그때는 주님의 도우심이라고 생각지 못하였다.

열심히 하다 보니 강남 갤러리아 백화점에서도 팔아 보겠느냐는 제의가 왔고, 거기로 출근을 하게 되었다.

갤러리아 백화점으로 출근하는 첫날, 지리를 잘 몰라서 택시를 타고 갔다. 강남 사람들은 특별히 옷도 잘 입고 거리도 강북과 많이 다를 줄 알았는데, 그리 달라 보이지 않았다.

평소에 강남은 부자만 산다고 생각했는데, 한참을 가도 강북과 같은 모습을 보고 택시 기사한테 "기사님, 왜 똑같아요?" 하고 물었다.

"뭐가요?"

"강남은 특별히 뭔가 다를 줄 알았어요."

그랬더니 택시 기사가 한참을 웃더니 "사람 사는 게 다 똑같죠." 한다. 나는 멋쩍어하며 "아하, 그렇구나."라고 하였다.

그날 한 가지 중요한 사실을 배웠다. 어디든 사람 사는 모습은 똑같다는 것을.

그렇게 택시를 타고 가다 내려 갤러리아 백화점을 찾아갔다.

용기 있게 입점을 하고 양고기 시식행사를 열심히 하였다.

시식 행사는 양고기를 얇게 썰어 양념한 후 집에서 가져온 부르스타(휴대용 가스버너)에 불을 붙여 프라이팬에 구워 손님들에게 시식을 해보게 하는 행사다. 그곳에서 몇 달 동안 양고기를 팔고 강남 뉴코아로도 진출하였다.

그때는 세상을 다 얻은 것처럼 좋았다. 집에서만 있다가 세상 구경, 부자 동네 사람들 구경 많이 하고 어디서 그런 용기가 나는지 사람들이 근처에 없으면 시식 행사 한다고 소리도 크게 질러가면서 신바람 나게 또 그 일을 몇 달 동안 하였다.

고기 판매원에서
식당 책임자로

양고기 파는 일을 정말 열심히 하였다. 큰 소리로 호객행위를 하며 양고기 효능을 홍보하였다. 화장실 가는 시간도 아끼면서 내 일처럼 열중하였다. 퇴근 시간이 되면 몸이 노곤하고 힘이 빠져서 기진맥진하였다. 다리가 후들거릴 정도였다.

그런데도 회사 입장은 달랐다. 목표치로 정한 만큼의 판매량에 도달하지 못하였다는 것이다. 그들로서는 많이 팔리지 않는다고 판단한 것이었다. 공장에서 고기 손질하는 사람 월급, 내 월급까지 어쨌든 운영비가 안 나온다고 양고기 판매를 돌연 중단하였다.

나는 졸지에 직장을 잃었다. 새로운 일에 대한 설렘과 아이디어, 판매 실력이 나날이 향상되어 희망을 갖고 일하였는데, 갑자기 직장을 잃으니 허탈하고 막막하였다. 새 일자리 허락해 주시길 기도드렸다. 심신의 휴식을 취하면서 한 달 정도 지내니 고기 공장에서 다시 연락이 왔다.

고기 손질하는 작업인데, 수입 쇠고기, 돼지고기를 작업하여 큰 매장에 1킬로그램씩 포장 판매하는 일이었다. 그렇게 포장육 만드는 작업을 해서 큰 매장에 납품하는 일을 맡았다. 이 방면에도 전혀 경험이 없었고 할 줄도 모르니 시키는 대로 따라하며 집중하였다.

실직한 경험이 있으니 두렵기도 하였다. 일을 잘해야 직장을 안 잃으니 죽을 만큼 열심히 할 수밖에 없었다.

아침에 큰 매장에 갔다 오면, 공장에서도 원가 판매한다고 장사를 하라고 하였다. 이 동네 음식점, 저 동네 식당, 함바집들도 찾아다니면서 명함을 돌리며 영업을 하였다. 요즘처럼 회사 업무용 차량이 있는 것도 아니고 순전히 걸어서 다니며 해야 하는 고된 일이었다. 가정집들로 배달까지 하며 쇠고기, 돼지고기 판매를 하였다.

열심히 한다고 하였지만, 그 일도 회사가 원하는 만큼 실적을 올리지 못하여 그만두게 되었다. 이후에는 회사에서 운영하는 식당 책임자로 일하라고 해서 식당으로 출근하였다.

그곳에서도 몸 사리지 않고 열심히 하는 나를 보고 나만큼 일하는 사람 둘만 있으면 좋겠다고 주인이 칭찬을 하였다.

그러더니 다른 사람이 맡아서 하고 있는 식당으로 나를 파견 보냈다. 매출이 항상 똑같다며 매출을 더 많이 올려보라며.

기존 식당 책임자가 있는데, 나이도 어린 내 입장이 난감하였다. 그 식당에서도 가끔 주인이 "이달엔 얼마나 팔겠습니까?" 하면 "대충 얼마쯤 팔 것 같아요." 하면 딱 그만큼이 팔렸다.

사장은 매출을 올려보라고 채근을 하지만, 기존의 책임자보다 앞에 나서서 열심히 하는 것도 은근히 눈치가 보이고 불편하였다. 부딪치지 않는 범위에서 한다고 생각하였는데, 결과는 훨씬 좋았다.

그때는 몰랐다. 지금 생각하면 모든 것이 주님의 은총이었다. 우리 주님이 내게 지혜를 주시고 열심히 일할 의욕과 밤낮 가리지 않고 일할 수 있는 건강을 주신 것이다.

"내가 누려왔던 모든 것들이
내가 지나왔던 모든 시간이
내가 걸어왔던 모든 순간이
당연한 것 아니라 은혜였소"
　　　　- 복음성가 「은혜」, 손경민

지금이야 양고기 파는 유명 식당을 운영하는 사장이지만, 그때 식당에서 처음 일해야 할 때는 출근 전날부터 걱정이 많았다. 그 당시 카드 기계는 카드를 밑에 놓고 위에서 문질러서 결제를 하는 방식이었다. 생전 처음 해보는 거라 걱정도 되고 또 남자 손님들이 농담이라도 하면 어쩌나 그것도 걱정이었다.

식당 일은 처음 하는 거라서 무슨 일을 어떻게 해야 할지 걱정을 하다 출근을 하였다. 주인이 가게에서 돈만 받으라고 해서 첫 출근 날에는 원피스를 입고 예쁘게 하고 갔다.

그런 내게 식당에 먼저 와서 일하던 사람이 빗자루와 걸레를 주며 청소부터 하라는 거다. 또 수저를 숟가락집에 꽂는 일도 하였는데, 제대로 못 낀다고 자기네들끼리 수군거리고 흉보는 소리를 듣자 오기가 발동하였다.

'어디 두고 봐라. 너희들이 하는 것 얼른 배우고 더 연구하여 세 달 뒤에는 너희들보다 더 잘할 거다.'

그렇게 다짐을 하면서 일을 하였다.

음식 만드는 것도 배우고 손님들 오면 친절하게 대접하는 것도 배웠다. 신기한 것은 한 번 온 손님들을 기억하여 대하니 손님들이 좋아하였다.

나는 그날 오는 손님들에게는 칭찬을 한 마디씩 하곤 하였다. 그랬더니 손님이 늘고 장사가 잘되었다.

하지만 남의 집 장사를 책임져서 하는 것은 정말 힘들다. 돈은 벌어도 주인의 것이니 내 마음대로 쓸 수 없었다.

힘들게 같이 일하는 사람들에게 음료수라도 사주고 싶어도 내 돈으로 사주어야 하였다. 책임만 있고 권한이 없는 위치에서 일하는 것, 중간 리더의 고충이 그런 거였다. 나는 그것이 속상하고 마음이 힘들었다. 그래도 그럭저럭 그 일을 거의 일 년 정도 해 나간 것 같다. 때마침 주인의 장인이 가게 책임자로 오게 되었고, 나 또한 너무 힘들었던 터라 그길로 사표를 내고 그곳을 떠나왔다.

속 깊고 마음씨 고운
생활인이셨던 친정어머니

어머니와 아버지의 만남은 여느 사람들과 사뭇 달랐다. 아버지는 첫 번째 결혼에서 아들 셋을 낳고 사별하셨다. 두 번째 장가를 가서 큰언니를 낳고, 두 번째 어머니는 6.25 전쟁 때에 돌아가셨다.

어머니는 아버지의 세 번째 부인이다. 어머니는 첫 번째 결혼에서 사내아이 한 명을 낳고 살다가 남편과 사별하였다. 옛날에는 여자들이 딱히 일할 데가 없었다. 더군다나 남편 죽은 여자가 할 일이 있을 턱이 없다. 그러니 살기가 참 어려웠다. 그런 어머니를 보고 동네 아주머니가 고생하지 말고 재혼하라며 아버지를 중매하셔서 살게 되신 것이다. 아버지와 재혼한 어머니는 나와 작은언니를 낳으셨다. 그러다 보니 오빠들과는 나이 차이가 많이 난다.

어머니는 농사지을 땅도 없고 돈도 없는 아버지에게 시집 와서 돈되는 일은 닥치는 대로 뭐든 다 하고 사셨다고 한다. 베를 5일에 하나씩 짜서 내다팔아 돈을 버셨다고 한다. 그렇게 열심히 집안을 위해 일을 하며 사셨지만, 전처소생 큰아들들 눈치가 자꾸 보여 함께 살기가 많이 불편하였다고 하신다. 그래서 나와 작은언니를 고아원에 데리고 가서 일하면서 거기서 키워달라고 하였더니 부모 있는 아이들은 안 된다고 하여 다시 집으로 데려와 그냥 살았다고 하셨다.

아무리 생각해도 어머니는 참 훌륭한 분이시다. 마음이 하늘땅만큼 넓으시고 바다만큼 깊으시다. 그런 복잡한 가정에서 사시면서도 고운 말만 하셨다.

큰오빠와 둘째 오빠가 한 동네에 살았으므로 어머니는 그 두 집에 가서 일을 많이 해 주셨다. 어린 나는 그런 어머니를 보며 마음속에

일만하고 사느라 친정어머니 모시고 가 본 곳이 없다. 마침 청와대 구경할 수 있는 기회가 있어서 모시고 갔다.

불만이 생길 때도 있었다.

자기가 낳은 자식이 아닌데도 여러 자녀들과 불화 없이 원만하게 잘 지내셨다. 오빠네 자녀들인 손자, 손녀들이 왜 "우리 할머니 최고!"라며 따르고 좋아하였는지 알 것 같다.

내 기억으로 부모님은 대체로 화목하게 지내셨다. 아버지는 다른 일로 화가 났다가도 어머니가 잘 이야기하시면 화가 풀려서 어머니가 말씀하시는 대로 하셨다. 일 년에 딱 한 번 큰 소리 내며 다투시는 날은 매년 음력 10월 1일, 서원 제사 때였다. 제사 지낸 다음 날이면 어머니가 너무 힘들어서 더 이상은 못하겠다고 하신다. 아버지는 조상 모시는 일이니 힘들어도 해야 된다고 하면서 역정을 내셨다. 어머니가 힘드실 수밖에 없었다. 전국에서 부안 임씨 전서공파 후손인 모든 종친이 모이는 대규모 행사였기 때문이다.

제사 전날부터 대략 20~30명은 와서 자고 먹고, 다음 날 오전 10시에 제사를 지냈다. 게다가 아침에 오는 사람들도 많았다.

나는 그 동네를 '임씨 모판'이라고 말한다. 거의 다 임씨고 어쩌다 몇 집은 김씨, 윤씨, 조씨 이렇게 손가락으로 꼽을 정도다. 그날은 동네 아주머니들이 다 와서 음식을 해 주는데, 온 동네 잔칫날이다.

제사상에 올리는 음식은 뭐든 최고 품질의 싱싱한 것으로 올린다. 시루에 쌀도 찌고 좁쌀도 찌고 다른 것들도 깨끗하게 손질하여 올려놓는다. 아무튼 어머니는 며칠 전부터 준비를 하시니 너무도 많이 힘드셨을 것이다.

CHAPTER
03

버스야,
빨리 좀 가자!

이웃을 언제나 같은 깊이로 사랑하는 일은
영원을 사랑하는 일이다.

– 모리스 메테를링크(Maurice Maeterlinck, 1862~1949)

몹시 절약하며 일하는
엄마로 살아온 세월

어린 나이에 서울로 올라와 식모살이부터 이 일 저 일을 하며 고생도 많이 하였다. 결혼하여 애도 낳아 키우고 살림을 하면서도 돈 버는 일을 하지 않은 날이 별로 없었다.

"한 푼이라도 아끼고 근검절약하자."는 것이 내 삶의 철학이다. 어여쁜 우리 딸들에게 옷도 잘 사주지 않고 만들어 입히거나 얻어다 입히곤 하였다. 물론, 내 옷도 얻어다가 입었다. 헌 옷 얻어오는 날이면 애들은 서로 이것저것 골라 입으면서 좋아하였다. 반찬도 애들한테 제대로 해 준 것이 없다. 그래서인지 애들은 콩나물 넣은 김칫국과 아욱국을 좋아한다. 김칫국에 국수 넣은 것도 어릴 때 먹던 추억의 음식이라고 좋아한다.

큰딸에게 제대로 된 옷을 사준 것이 중학교 졸업식 때였다. 백화점 가서 처음으로 가죽점퍼를 사주었다. 언제 옷을 사준 적이 있었나? 백화점을 몇 바퀴나 돌았다. 어떤 옷이 딸에게 잘 어울리는지 결정하기가 어렵기도 하였지만, 백화점 옷들이 당시의 내 경제 사정을 감안할 때에 너무 비싸서 큰마음 먹고 사야 하기 때문이었다.

딸의 마음에 꼭 드는 가죽점퍼를 사주자 딸은 매일 그 옷만 입고 다녔다. 교회를 갈 때나 친구들을 만날 때나 늘 그 옷만 입으니까 친구들이 옷이 그것 밖에 없느냐고 그랬단다.

그래도 우리 두 딸들은 너무도 착하게 잘 자랐다. 어릴 때도 뭘 사 달라고 조른 적이 없었다. 그래도 큰딸은 "엄마, 이다음에 돈 많이 벌면 나 저거 사줘."라고는 하였다. 하지만 작은딸은 아예 그런 말조차도 하지 않고 컸다. 혼자 놀면서 녹음테이프 듣는 데 심취하여 테이프를 사려고 하니 오백 원만 달라는 정도였다. 그 애는 오백 원이 제일 큰돈인 줄 알았던 것이다. 어쨌든 엄마가 집에 없으니 뭐라도 사려면 돈이 필요하였을 것이다.

엄마가 일하는 집들은 사정이 거의 비슷할 것이다. 엄마가 애들을 보살필 시간이 별로 없다. 그나마 다행인 것은 우리 집은 친정어머니가 집안일을 거의 다 해 주신다.

언제인가 친정어머니가 외출하셨는데, 그날 마침 비가 내렸다. 애들이 학교에서 비를 맞고 돌아올 것을 생각하니 마음이 아팠다. 일을 하는 중이니 애들에게 우산을 가져다 줄 수 없어 용기를 내서 애들 담임선생님께 전화를 하였다.

"우리 애들에게 우산 좀 빌려주실 수 있을까요?"

선생님도 우산이 하나 밖에 없다며 난감해 하셨다. 그날 우리 딸들은 비를 쫄딱 맞고 집으로 돌아왔다. 말할 수 없이 속이 상하였다.

퇴근 후 아이들에게 "엄마가 돈 번다고 엄마 노릇도 못하네. 정말 미안해."라고 진정 어린 마음으로 사과하자 딸들은 "엄마도 힘들게 일하시잖아요. 괜찮아요."라며 오히려 나를 위로한다. 엄마가 고생하는 것을 알아주는 딸들이 얼마나 고마웠는지 모른다.

작은딸 졸업식 날이었다. 그때는 어묵 회사에 다닐 때라 빠질 수가 없어 졸업식에 못 갔다. 작은딸한테 미안하기도 하고 나한테 화도 났다. 그래도 쉬는 날에는 반찬도 만들고 간식도 사서 시부모님 댁에 가서 진짓상을 차려드린다.

스스로 생각해도 좀 놀라운 모습이 있다. 어디 가서 맛있는 거 먹으면 친정어머니나 애들보다 시부모님이 먼저 생각났다. 시부모님께 제일 먼저 해드리고 싶다. 그래서 우스갯소리로 "전생에 특별한 인연이 있었나 봐요."라고 말하곤 하였다.

> "엄마도 힘들게
> 일하시잖아요.
> 괜찮아요."라며
> 오히려 나를 위로한다.

내가 휴무인 날은 친정어머니도 일에서 해방되시는 날이라서 종일 마음껏 놀러 다니실 수 있으니까 신나하셨다. 딸들은 엄마가 집에서 기다리고 있다가 학교에서 오는 자기들을 맞이해 주는 날이라 무척 좋아하였다.

그래서 친정어머니도 쉬시고 애들도 좋아하는 내 휴무일에는 집에 틀어박혀서 즐겁게 지내곤 하였다.

회사 친한 동료들이 쉬는 날이라고 어디 놀러 가자고 조르면 "나는 너희들보다 할 일이 더 많아. 너희들은 아내 노릇, 엄마 노릇만 하면 되잖아. 나는 며느리 노릇, 딸 노릇도 해야 돼. 그러니 일이 두 배는 더 많아. 내가 어딜 놀러 가겠어. 지금은 할 일이 많아서 늙으면 놀러 다닐 거야."라고 말하며 살아왔다.

나와 달리, 우리 친정어머니는 활동적이시다. 경로당 회장 일도 맡아 하셨다. 하고 싶은 대로 하며 사셨다. 우리 애들이 크니 좋은 점이 많았다. 애들 돌보는 일에서 해방되신 친정어머니는 마음껏 돌아다니시며 사고 싶은 거 있으면 사시고, 먹고 싶은 거 있으면 드시며 지내셨다.

반대로 우리 시어머니는 집에만 계셔서 어린 아이 같으시다. 그래서 더 마음을 써서 보살펴드렸다. 아무리 일이 힘들고 바빠도 자주 들러서 안부를 물었다. 그런 나를 시어머니는 예쁘고 똑똑하다고 항상 칭찬해 주셨다. 그럴 때면 나는 부모 복이 정말 많다고 생각하였다. 시어머니가 뭘 해드려도 좋아하시는 걸 보면 내가 더 기쁘다. 이런 것이 일상의 행복이었다.

친정어머니와 나는 서로 많이 의지하였다. 가끔 친정어머니가 나를 보면서 "너를 잘만 가르쳤으면 판사나 검사가 되었을 거다."라고 하셨다. 친정어머니 눈에는 내가 세상에서 가장 똑똑하게 보였나 보다. 그런 말을 들으면 "엄마, 그랬으면 내가 고기 집 사장이 못 되었지." 하면서 서로 행복한 웃음을 짓곤 하였다. 이런 것들이 진짜 행복이다. 요즘 돌아가신 부모님 생각이 많이 나서 더 그분들이 그립다.

우리 딸들을 기를 때에 마음 아픈 기억이 있다. 딸애들을 깨워 학교를 보내놓고 출근을 해야 되는데, 출근 시간이 딸들 등교 시간보다 더 빨랐다. 내가 먼저 출근을 하고 난 후 친정어머니가 애들을 챙겨 보내셨지만, 지각하는 날이 많았다.

하루는 담임선생님이 나한테 반성문을 써서 학교에 오라고 하셨다. 아침에 일어나서 애들 깨우는 것부터 시작하여 내 출근 준비하는 것까지 소상하게 써서 들고 조마조마한 마음으로 찾아갔다. 반성문을 읽으신 선생님이 웃으시며 "저랑 똑같이 사시네요."라고 하셨다. 나는 "엄마들이 돈 벌러 아침에 출근하면 다 똑같죠. 뭐~ 전쟁 아닌 전쟁이에요." 하며 웃었다.

시어머니가 치매에 걸리시고 난 후인 것 같다. 고등학교 다니는 딸애를 흔들어 깨워서 준비하고 학교 가라고 한 후 노인주간보호센터에 시어머니를 모셔다 드리고 집으로 돌아왔다. 그때까지 딸은 자고 있었다. 깜짝 놀라서 등교 준비를 시키고 있는데, 담임선생님이 전화를 해서 화를 내셨다. "어떻게 학생이 무단결석을 하느냐."면서 못마땅해 하셨다. 나는 애를 데리고 학교에 가서 선생님께 싹싹 빌며 사정을 말하였다. 내 말을 들으신 선생님은 "애가 매일 밤 나쁜 짓을 하고 늦게 다녀서 학교에 늦는 줄 알았다."고 하셨다. "아닙니다. 애는 착해요. 아침잠이 많아서 그렇지. 제가 깨워서 학교 갈 때까지 챙겨줘야 하는데, 그 시각에 시어머님을 노인주간보호센터에 모셔다 드려야 해서…… 혼자서 해야 되는데 잘하다가도 가끔 그러네요. 아침잠이 많아서 아침에 일어나는 것을 힘들어 해요." 그렇게 해서 우리 아이가 불량 학생일 거라는 선

그렇게 사정을 말씀드려서 우리 아이가 불량 학생일 거라는 선생님의 오해가 풀렸다. 그후 선생님과 친하게 되었다.

생님의 오해가 풀렸다. 그 후로는 선생님과 친하게 잘 지내게 되었다.

식당을 하고 얼마 지나지 않아 시어머니가 치매에 걸리시고 애들이 학교 다니고 할 때가 제일 힘들었다. 아침에 일찍 일어나서 애들 도시락 싸고 시어머니를 노인주간보호센터에 보내드리고 식당에 와서 고기 손질하는 일을 하였다.

점심 장사하고 잠깐 짬이 나면 30분 정도 쉬고 나서 저녁 장사를 시작한다. 새벽 2시나 3시까지 일을 하고 집에 오면 너무 피곤하여 만사가 다 귀찮아 그냥 쓰러져 자곤 하였다.

그래도 아침이면 아무리 늦어도 7시에는 일어나서 또 하루 일과를 시작하였다.

어떤 날은 걸으면서 눈을 감고 걷는 날도 있었다. 눈을 감고 걷다가 눈을 뜨고, 또 눈을 감고 걷다가 눈을 뜬다. 그렇게 하면 피로가 조금은 풀렸다.

이렇게 힘든 시간을 지나 장사가 조금씩 잘되면서 밤 10시면 일을 마치니 그전보다는 덜 힘들다.

세상에서
제일 행복한 사장

하고 싶은 걸 일부러 찾아다니다 보니 가게 매출이 떨어졌다.

어떤 손님은 "사장님, 가게에 손님이 많을 때 잘 해야 돼. 잘못하면 어느 순간 혼자 남아."라고 조언해 주기도 하였다.

어떤 손님은 가게 문을 안 닫으려면 사장이 나와야 된다고도 하였다. 낮에 오면 분위기가 썰렁하고 이모들은 수저 물고 일을 하고 있다고 하였다. 그게 무슨 말인가 하였더니 골라서 일을 한다는 뜻이었다.

결국 또다시 나는 예전처럼 아침부터 식당에 나오기 시작하였다. 어느 날, 가게로 걸려온 전화를 받으니 어떤 분이 "사장님 목소리 들으니까 너무 반갑네요. 아프다고 해서 걱정 많이 했는데 말이에요."라고 하셨다. 그 말을 들으니 얼마나 고맙던지. 그분은 사회적으로 명망 있으신 분으로, 내가 양고기 식당을 하지 않았다면 얼굴도 볼 수 없는 분이시다.

그런 전화를 받으니 고맙고 다시 식당에 나와서 일하는 것이 다행이라고 느꼈다. 다른 손님들도 이구동성 낮에 오면 사장님이 없어서 허전하였는데, 사장님 얼굴 보니 무척 좋다고, 내가 있어야 음식 맛도 더 좋다고 하셨다.

그때 절실하게 깨달은 것이 있다. 좋은 옷을 사거나 예쁘게 파마하고 목걸이, 귀걸이, 팔찌를 사서 치장하거나 고급진 비싼 음식을 먹으러 다닐 때도 손님들이 가게에서 나를 반겨주는 것만큼 기쁘지 않다는 사실이다.

주변 사람들은 일만 하지 말고 놀러도 다니고, 하고 싶은 것도 하란다. 안 그러면 나중에 후회한다고. 하지만 나는 식당 안에서 사람들을 만날 때가 제일 즐겁고 편안하며 행복하다.

평생 일만 하고 살아서 딱히 잘하는 것도 없다. 내가 잘할 수 있는 것은 일이다. 일하는 게 제일 적성에 맞는다고 할 수 있다.

가게 식구들은 너무나도 고마운 사람들이다. 내가 힘들까 봐 말하지 않아도 알아서 가게 일을 맡아서 해 준다. 나는 그날 번 돈만 가지고 가면 되는 셈이다.

마음으로도 나를 얼마나 위하는지 자기들이 일을 세 배로 더 할 테니 나보고 건강관리나 잘하라고 한다. 그보다 더 고마울 수가 있을까. 내가 아무리 잘 대해준다고 하여도 직원들 입장에서 보면 서운한 것이 있을 수도 있는데, 그런 마음 다 접어두고 동기간처럼 대하니 그보다 더 고마울 수가 없다.

내가 직원 식구들에게 해 줄 수 있는 것은 돈 벌러 나왔으니 다른 데보다 급료를 조금이나마 더 주고 힘든 일을 줄여주는 것이다. 개인적으로 어려운 일이 있으면 위로해 주고 내 경험담을 함께 나누며 격려하고 기도해 주는 일이다.

직원들은 스스로 맡은 일을 열심히 하니까 거의 잔소리를 안 한다. 오히려 뭘 하려면 내가 물어보아야 한다. 뿐만 아니라 내 눈에는 그들이 다 예쁘게 보인다. 예쁘다고 칭찬하고 일을 잘한다고 칭찬한다. 또 개인적으로 좋은 일이 있으면 두 배로 기뻐해 준다.

아침부터 저녁까지 온종일 같이 일하고 밥도 같이 먹다 보니 어쩌다 실수하여 손님이 화를 내시면 내가 얼른 가서 수습을 한다.

"실수한 사람은 얼마나 미안하고 속상하겠어요. 봐 주실 수 있는 분이 봐 주셔야죠. 제가 세 배로 잘해드릴 테니 화내지 말고 용서해 주세요."

그러면 손님도 조금 후에는 화가 풀려서 자기가 화내서 미안하다고 말씀하신다.

손님들은 종종 직원들과 내가 친척이냐고 물어본다. 오래 같이 있다 보니 닮아가나 보다. 가게 식구들과 같이 있을 때에 나는 마음이 편하고 좋다.

그리고 식당 오신 손님들이 음식이 맛있다고 하실 때에 참 행복하다. 언젠가는 연세 드신 내외분이 우리 집 음식을 드시며, 아주 행복해 하시는 걸 보았다. 그분들의 행복해 하시는 모습이 얼마나 정겹던지……. 퇴근 시간이 지났지만, 차마 그만 가시라고도 못하고 그분들의 행복한 시간을 방해할까 봐 기다려 드린 적도 있다. 그럴 때는 나도 기분이 좋다.

모든 자금을 끌어 모아
마련한 전세 빌라

신혼살림을 시작한 집은 보증금 30만 원에 월 3만 원씩 냈던 것 같다. 3년 정도 지나 보증금 50만 원에 월 7만 원을 내는 집으로 이사하였다. 여기서 5년 정도 살다가 그 집 2층 전체를 보증금 300만 원에 월 40만 원씩 지불하고 이사하였다. 2층 전체를 얻었으므로 집의 반을 다시 월세로 돌려 세입자에게 20만 원씩 받았다. 월세 단칸방에 살다가 친정어머니가 같이 살게 되셨을 때에 돈을 조금 가지고 오셔서 독채를 월세로 얻게 된 것이다. 그 덕분에 방 두 개는 세를 놓고 살았다.

세 들어 산 아주머니가 식당을 하던 사람이라 반찬 솜씨도 좋고 음식도 많이 하여 나누어 먹기도 하였다. 그분은 어딜 가도 우리 친정어머니를 모시고 가서 대접하면서 아주 친절하게 대해주셨다.

그렇게 좋은 이웃과 살다가 이사를 갔는데, 싸고 좋은 집이 어디 있겠는가. 겉으로 보기에는 이층이지만, 밖으로 난 계단으로 올라가야 하였다. 집이 넓고 창도 넓어서 계약을 하고 이사를 하였다.

하지만 수압이 약해서 수돗물이 잘 나오지 않았다. 밤에 남들이 물을 쓰지 않을 때에 물통에 물을 받아 놓고 써야 하였다.

그때는 연탄을 때던 시절인데, 지하실에 연탄아궁이가 있어서 지하실에 내려가서 연탄불을 갈아야 하였다. 문제는 지하에서 2층까지 온수가 공급되는 것이 약해서 따뜻한 물을 쓰는 게 어려웠다. 전기온수기를 달았더니 온수기만 쓰면 전기가 딸려서 차단기가 내려가곤 하였다. 오죽하면 펌프기를 사다가 돌려봤을까. 그래도 따뜻한 물 사용이 용이하지 않아서 생활이 많이 불편하였다. 어쩔 수 없이 살고 있는데, 집이 워낙 낡아서 바람에 문이 저절로 쓰러져 유리가 깨지는 일이 생겼다. '사람이 다치지 않은 게 천만다행이구나.'라고 생각하였는데, 놀랍게도 집주인은 사는 사람이 깨진 유리를 끼워야 한다고 하였다. 유리를 새로 끼워도 문짝을 고치지 않으면 유리가 또 깨지기 마련이어서 문짝을 고쳐달라고 하였더니 사는 사람이 다 고치라는 거였다. 비상식적인 처사에 화가 나서 몰상식한 집주인과 한바탕 싸우고 복비를 물고 이사하였다.

그 무렵, 시동생이 결혼을 한다며 장모될 사람을 만나달라고 하였다. 그때는 내가 특별히 하는 일이 없어서 시동생이 결혼 후 맞벌이를 하게 되면 애는 내가 봐 주겠다고 예비 장모에게 말을 하였다. 당시 뉴스거리 중 하나가 애를 봐 주는 사람들이 아기에게 수면제를 먹여 재우고 외출을 한다는 거였다.

집을 옮길 때 시동생이 돈도 보태주었는데, 시동생이 결혼하여 애를 낳았지만 여러 사정상 아기를 맡아 길러 준다는 약속을 지키지 못하였다. 그걸 생각하면 지금까지도 죄스러운 마음이 든다. 평소 남들에게 "죽지 않는 이상 약속은 지키라. 못 지킬 약속은 하지 마라. 약속은 지키라고 하는 거다."라고 큰 소리를 쳤기 때문이다. 그런데 애를 길러 주겠다고 약속하였다는 말을 듣고 주변 사람들이 뜯어 말렸다.

애들이 감기만 걸려도 호들갑을 떨며 야단하는 애들 아빠 때문이라도 아이들을 봐 주는 것은 안 되겠다는 생각이 들었다.

그래서 사부인이 애들을 봐 주셨다. 그것이 항상 미안하고 세월이 지나도 그분을 볼 때마다 죄인 같은 기분이다.

이층집 집주인과 싸운 후 이사 간 곳은 반지하였다. 작기는 하여도 애들이 아직 어리니 마음껏 뛰어도 되는 집이었다. 2층에서 살 때는 층간 소음 문제 때문에 마음껏 뛰어 놀지 못하였다. 그럴 때마다 작은 딸은 내게 "우리가 사는 집이니 우리 집도 되는데, 왜 아래층 주인아주머니는 뛰지도 못하게 하느냐?"고 따지곤 하였다.

그런 소리를 들으면 엄마로서 참 할 말이 없었다. 하지만 반지하에서는 이제 줄넘기를 해도 되고 마음껏 뛰어 놀아도 된다.

우리가 반지하에 살고, 2층에는 친한 동네분이 이사 와서 살고, 옆집도 전에 같이 살던 친한 분이 이사를 와서 우리는 한 집 식구처럼 문을 모두 열어 놓고 마음 편하게 살았다.

먹을 것도 만들어 서로 나누어 먹고 애들도 이 집에서 놀다 저 집에서 놀다 하면서 지냈다. 지금은 생각할 수도 없는 생활이었다. 한마디로 거의 공동체 생활이었다. 그래서 애들 키우는 것도 편하였다. 골목에 나가면 이 집 저 집 애들이 다 나와서 놀았다. 어른들은 어른들대로 모여 이야기꽃을 피웠다.

우리 집이 동네 놀이터가 되었다. 동네 할머니, 새댁, 애들 친구 엄마, 야쿠르트 아줌마, 우유 배달 아줌마까지 다 모여 놀다 보면 저녁이 된다. 저녁이니 이제 집에 가라고 할 수가 없어서 김치에다 밥을 넣거나 밥이 모자라면 라면이나 국수를 넣어 한 솥 끓여서 맛나게 나누어 먹었다. 그 음식이 얼마나 맛있던지!

그것 먹으려고 산모도 오고, 노인들은 세상에서 제일 맛있다며 빈 그릇을 가져와 담아가기도 하셨다. 이렇게 여러 사람이 먹어야 하니 우리는 적어도 김장을 50포기씩 담그고 동치미도 제일 큰 고무통으로 한 통씩 담갔다. 특히 동치미는 별미였는데, 내가 만든 거지만 내가 먹어보아도 무척 맛있다. 무를 독에 넣고 그 위에 무청은 절이지 않은 채 통마늘, 대파, 갓, 생강 등과 함께 넣은 다음 소금물 간을 잘 맞추어서 부은 후 한 달쯤 지나면 사이다보다 더 짜릿하고 시원한 맛난 동치미가 되어 있다.

국수를 삶아서 동치미 국물을 부어 국수를 말아주면 아주 맛있다고 입을 모아 칭찬을 하곤 하였다. 교회 구역예배 드리는 날도 이런 음식을 해서 맛나게 나누어 먹곤 하였다. 은혜 가득한 시간이었다.

반지하에서 살았지만, 사람 온기를 느끼며 따뜻한 정을 나누면서 지냈다. 그러다가 우리 동네에 빌라가 들어섰고 잘 지었다는 소문이 돌았다. 그래서 구경을 갔더니 외관도 예쁘고 실내 인테리어도 아주 세련되었다. 그 집을 보면서 전셋돈을 더 마련하여 그 집으로 이사를 해야겠다고 마음을 먹었다. 그때는 지금 운영하고 있는 램랜드와 관련된 일을 하고 있을 때였다.

그 집으로 이사하려면 돈이 필요하였다. 우선은 2층에 사는 할머니께 든 곗돈을 순번을 당겨 받았다. 그래도 돈이 모자랐다. 언제인가 시아버지가 용돈 모아 놓으신 게 있다고 자랑하셨던 생각이 나서 체면 불구하고 돈을 좀 보태달라고 부탁을 드렸다.

이렇게 돈을 마련하여 드디어 방이 세 개나 있는 넓고 예쁜 빌라로 이사를 갔다. 이사 때 긁어모은 돈 중에는 아마도 시어머니가 머리카락 잘라서 마련한 돈도 섞여 있었을 것이다. 옛날에는 할머니들 머리를 길러서 머리카락을 잘라 팔아 돈을 마련하곤 하였다. 우리 친정어머니도 그랬으니 시어머니도 그렇게 하셨을 것이다.

당시 친정어머니는 남의 집 애를 길러주러 시골에서 올라와 중곡동에 살고 계셨다. 피아노 선생님인 분의 아이 둘을 애지중지하면서 키워주셨다.

회사원인 그 집 남편은 우리 친정어머니를 '엄마'라고 불렀다.

간혹 회사 직원들이 집에 오면 우리 친정어머니에게 제일 먼저 술을 따라 드리고 큰 절을 올렸다. 평소 식사 때는 겸상을 하였고 가끔 맥주 한 잔을 같이 마시면서 "어머님이 우리 돈벌어 주시는 거예요."라며 위해 주셨다고 한다. 외식을 해도 우리 친정어머니를 꼭 모시고 갔다.

피아노 선생님은 나랑 동갑인데, 그녀 역시 엄마라고 부르며 돌아가실 때까지 잘 지내다 돌아가시면 자기도 상복을 입게 해달라고까지 할 정도로 각별하게 지냈다.

한 7년 정도, 친정어머니가 그 집에서 애들을 맡아 키우며 생활하신 것 같다. 그러다 다리가 자꾸 아프서서 그 일을 내려놓고 우리 집에 와서 함께 살게 되었다. 친정어머니는 아이 키우며 버신 돈을 우리가 빌라로 이사할 때에 모두 내놓으셨다.

시어머니(고 이팔준 선생)가 머리카락 잘라서 팔아 번 돈, 친정어머니가 남의 집 살이 하여 번 돈, 시아버지가 모으신 용돈, 내가 일해서 모은 돈, 애기 아빠가 번 돈까지 끌어 모아서 빌라로 이사 간 것이다. 비록 전세일망정 시아버지가 얼마나 좋아하셨는지 모른다. 그 집 전세가 9,500만 원이었는데, 시아버지 말씀이 "그 집 전셋값이 시골 땅 몇 마지기에 해당되는지 아느냐?"며 나한테 장하다고 활짝 웃으시며 좋아하셨다.

시어머니가 치매에 걸리시기 전이었다. 대문 벨을 빨간색으로 칠하고 시어머니께 우리 집에 오시면 빨간 벨을 누르시면 된다고 알려 드렸다. 시어머니는 언제고 오고 싶으실 때에 오셔서 벨을 누르셨다.

빌라로 이사하자 집이 넓고 깨끗하다며 친정어머니가 제일 좋아하셨다.

작은딸 초등학교 2학년 때였는데, 집이 넓어서 무섭다며 귀신을 보았다고 하였다. 애들 아빠가 무척 화를 내면서 나가라고 야단을 쳤던 기억이 난다. 하지만 나는 애가 안쓰러웠다. 전에 살던 집에서는 2층에 사는 분들과 옆집 사람들 모두 한 식구처럼 지냈는데, 넓은 집에 혼자 있어야 될 때도 있었으니 아이 입장에서는 얼마나 무서웠을지 충분히 짐작하기 때문이다. 어머니는 감성으로 애를 키우고, 아버지는 이성으로 애를 키운다는 말이 이런 것인가.

버스야, 빨리 좀 가자!
– 내 집 마련의 안정감

넓은 집에 몇 년을 전세 들어 살다 보니 친정어머니는 대출을 받아서라도 그 집을 사라고 재촉하셨다.

우리 집이 303호고 분양 사무실은 304호여서 친정어머니가 가끔 놀러가셨는데, 분양 사무실에 있는 아가씨가 모자라는 돈은 대출받으면 되니 매입하라고 하였다는 거다.

이제 이사 다니는 것도 지겹지 않느냐며 얼른 사라고 하셨다. 친정어머니 말씀을 듣고 부동산에 알아보았더니 집 바로 앞에 있는 ○○아파트와 가격 차이가 별로 나지 않았다. 이왕이면 아파트가 더 좋을 것 같았다. 사람들도 살 거면 빌라보다는 아파트가 낫다고 하였다. 어째야 하나 고민 중에 있는데, 부동산중개업자가 단독 주택 매입을 권해왔다. 시세가 많이 오르긴 하였지만, 단독 주택을 사서 방 하나를 월세로 놓으면 되겠다 싶어 애들 아버지에게 그 집을 사자고 권하였다. 하지만 애 아버지가 그 집을 가서 보고 오더니 차라리 지금 살고 있는 빌라를 사자는 거다. 결국 살고 있던 빌라를 샀다.

은행에서 5,500만 원 융자를 받았다. 매달 60만 원이 이자로 나갔다. 월급을 타서 은행 이자를 내고 나면 남는 돈이 별로 없었다.

애들 아버지도 월급을 많이 받지 않을 때인데, 마침 큰딸이 상업고 등학교를 졸업하고 초등학교 행정실에 취직하여 받은 돈을 내게 가 져다주어서 살림에 큰 보탬이 되었다. 큰딸은 철이 일찍 들었다. 중학 교 2학년 때에 벌써 "저는 상업고등학교를 갈 테니 나 학원 보내느라 돈 쓰지 말아요. 제가 나중에 돈 벌어서 형편이 좋아지면 대학에 갈게 요."라고 선언하였다.

큰딸은 어릴 때부터 '효녀 심청이'였다. 간혹 누가 와서 100원이 라도 주면 그 사람이 빨리 가기를 바랐다. 그 돈을 얼른 내게 주고 싶 어서다. 회사에서 보너스를 탔을 때도 얼른 집에 와서 내게 돈을 주고 싶었단다. 평소처럼 버스를 탔는데, 그날따라 왜 그리 버스가 느리게 가는 것 같은지 '버스야, 빨리 좀 가자!'라고 조바심을 치며 왔다고 하 면서 웃었다.

훗날 딸애와 이야기하면서 그때 그 아이가 왜 그랬는지 알게 되었 다. 자기가 돈을 안 벌어다 주면 살고 있는 빌라에서 쫓겨나는 줄 알 았다는 것이다. 정말이지 얼마나 마음이 아팠는지 모른다. 나중에 큰 딸은 4년제 대학을 마쳤다.

시아버지가 돌아가시고 나서인가 큰딸이 대학교를 가겠다고 하기 에 "노인복지학을 공부해 봐라."라고 하였다. 내가 일을 하다 보니 부 모님을 곁에서 잘 모시지 못하였다. 그래서 돈을 벌면 양로원을 차려 서 친한 할머니, 할아버지들을 다 모셔다가 편히 살게 해드리고 싶었 다. 그런 마음 때문인지 큰딸에게 노인복지학을 권하게 된 것 같다.

큰딸은 노인복지학과 4년제를 마치고 마포 노인지회에서 어르신 보살피는 일을 하였다. 결혼하여 출산 임박할 때까지 그 일을 하고, 지금은 애를 키우느라 쉬고 있다.

그렇게 몇 년 흐르는 동안, 식당에 오는 손님들이 이렇게 열심히 돈 벌어서 뭐할 거냐고 하면 농담 반, 진담 반으로 "양로원 할 테니까 나중에 오세요." 그랬더니 어떤 분은 땅을 기증하겠다고 하고, 어떤 분은 건물을 지어주겠다고 하였다. 하지만 속절없이 세월이 흘러 나도 늙어서 이제 이루지 못할 것 같다.

당시 아파트를 사지 않고 빌라를 산 이유 중 하나는 아파트는 관리비를 내야 하고, 또 하나는 시부모님을 부양해야 하기 때문이었다. 시부모님이 편찮으시면 병원에 모시고 가고, 연세가 워낙 있으시니 종종 영양제 주사도 놓아 드려야 한다. 기운이 없으실 때에 영양제 주사를 맞으시면 훨씬 기운이 난다고 하신다.

이리저리 들어가는 돈이 많기도 하였지만, 혹시라도 시어머니가 아파트를 못 찾아오실 것 같아서기도 하다. 빌라는 시부모님이 살고 계시던 집에서 가깝고 현관 벨에 빨간색을 칠해 놓아서 찾기가 쉬웠다. 또 삼층짜리 건물이라서 아파트보다 덜 헷갈리신다. 아파트를 찾아오시려면 횡단보도도 건너야 하고 층수도 많고 현관도 복잡하다. 게다가 엘리베이터를 두려워하시니 아무래도 살던 빌라에서 사는 게 나을 것 같았다.

하지만 빌라를 샀어도 죽어라 번 돈이 거의 다 대출 이자로 나가니 재미가 없었다. 그래도 빌라는 우리 거라 이사 가라는 사람은 없으니 그 점은 좋았다. 그 집에서 큰애가 열세 살부터 서른여섯 살까지 살았으니 오래 살았다.

열네 살에 고향을 떠나와서 그런지 항상 고향이 그리웠다. 어쩌다 고향 가는 길에 조치원역에 내리면 엄마 품처럼 아늑하고 마음이 평안하고 좋았다.

고향에 대한 그리움이 늘 있던 차에 식당에 온 손님이 조치원에 아파트를 분양한다는 홍보지를 들고 온 것을 보았다. 그걸 보니 사고 싶었다. 고향에 가고 싶어도 집안 어른이 안 계시니 거처할 곳이 없다. 거기에 집을 사 놓으면 가고 싶을 때에 언제라도 가서 쉬고 올 수 있을 것 같았다. 또 빚을 져야만 하였다.

시부모님 봉양하기에는 작은 규모의 빌라가 좋았다. 영양제 주사도 놓아 드려야 한다.

대출을 받으면 중도금도 다 해결되는 시절이어서 분양을 받을 수 있었다. 하지만 수중에 쥔 돈이 없으니 전세를 주고 벌어서 대출을 다 갚으면 세입자를 내보내고 일요일에라도 한 번씩 가서 쉬다 오고 싶었다. 당장은 못 가도 언젠가는 갈 수 있다는 희망도 있고, 고향에 집이 있다는 것만으로도 위안이 되었다.

그곳에 아파트를 분양받을 때에 애들 아버지도 나와 고향이 같으니 내 마음과 같을 줄 짐작하였다. 그래서 남편 모르게 큰애하고 가서 분양을 받고 나서 나중에 남편에게 환갑 선물이라고, 나이 먹어 늙으면 고향에 가서 살자고 제안하였다.

어릴 때 가난하게 자라며 고생하고 살았으니 늙어서는 돈 벌어 고향에 가서 그리웠던 동네 산책도 하고 추억의 음식도 먹으며 누리고 싶었다. 향긋한 고향의 공기를 마시면서 살고 싶었다. 그렇지만 내 꿈대로, 내 마음대로 살지 못하고 있다.

지금은 가끔이라도 가보고 싶었던 마음을 아예 포기하고 산다. 남편이 식당에 주인이 없으면 안 된다고 하니 말이다. 용기 있게 과감한 결단을 내려서 나름 여유롭고 즐거운 삶을 누리는 것이 아직은 내게 사치인가!

친모·시부모 공양의 즐거움 속에 '램랜드' 개업 감사!

시골에 계신 시부모님을 서울로 모셔와 살게 되었다. 연로하시므로 시골에 계시면 편찮으실 때에 잘 보살펴드릴 수가 없기 때문이다. 우리 집에서 5분 거리쯤 되는 곳에 전세를 얻어드렸다. 가까이 있으니 마음도 놓이고 자주 찾아뵈니 마음도 참 좋았다. 아버지가 일찍 돌아가셔서 아버지를 많이 불러보지도 못하고 항상 그리웠는데, 시아버지를 그냥 '아버지'라 부르면서 친딸처럼 지냈다. 아버지라고 부를 수 있는 아버지가 가까이에 계셔서 너무 좋았다. 그래서 무조건 잘해드리고 싶었다. 시부모님을 만날 때마다 많이 행복하였다.

시쳇말로 며느리는 시댁을 생각나게 하는 시금치도 안 먹는다고 하던데, 오히려 나는 며느리로 살게 된 것이 참 감사하고 기뻤다.

실적도 좋았던 어묵 판매 일을 어느 정도 하다 보니 장사를 해볼까 하는 생각이 들었다.

그동안의 다양한 경험을 살려 내 사업을 해보고 싶었던 것이다. 이것저것 생각을 해보았다. 식당을 해볼까 하는 생각에 곱창집도 생각해 보고, 김치국숫집도 생각해 보았다.

김치국수 음식은 그래도 맛있게 잘할 자신이 있다. 내가 김치 넣고 밥 있으면 밥 넣고 국수 넣고 뚝딱 끓여 내면 다 맛있게 잘 먹었기 때문이다. 곱창전골도 많이 해서 나누어 먹었다. 그래서 곱창이랑 김치국수 장사를 해볼 생각이 들었다. 처음에는 이 두 가지를 식당 메뉴로 생각하였다. 이리저리 궁리만 하며 회사를 다니던 차에 함께 일하던 아줌마가 지금 운영하게 된 '램랜드'(양고기 식당)를 해보라고 권하였다.

'아, 그래. 한번 해보자.'

> 가게를 하게 되었을 때에
> 꿈만 같았다.
> 너무 좋아서 말로 다
> 표현할 수가 없었다.

나는 용기를 내서 개인 식당을 시작하였다. 이 가게를 하게 되었을 때에 꿈만 같았다. 너무 좋아서 말로 다 표현할 수가 없었다. 우선 사람을 두 명만 데리고 시작을 하였다.

첫 달에는 적자만 겨우 면하고 일 년이 지나니 점점 잘되었다. 장사를 하면서 너무 바빠진 탓에 직장을 다니던 큰딸에게 직장을 그만두고 할머니, 할아버지를 보살펴드리라고 말하였다. 우리 집 살림은 친정어머니가 해 주셔서 마음 편히 열심히 일만 하면 되었지만, 시어머니가 치매에 걸리셨기 때문에 누군가 돌봐드려야 하였다.

'재가복지센터'라는 곳은 노인들을 오전 9시에 모셔가고 오후 3시 30분에 집에 모셔다 주는 노인복지시설이다.

그곳에 보내드리기 위해 아침에 시부모님 댁에 들르면 시아버지는 해바라기처럼 활짝 웃으면서 반가워하신다. 시어머니를 차에 태워드리고 다시 들어가면 커피를 타 주시면서 마시고 가라고 하신다. 둘이 마주 앉아서 이런저런 이야기를 한다. 나한테는 속내 이야기를 다 하신다. 돈 이야기, 살아오신 이야기, 언짢았던 이야기 등을 들으며 매일 아침을 보낸다. 그러고 나서 식당에 출근한다.

처음에는 장사가 안 되어서 원가를 절감하기 위해 고기를 통째로 가져다가 전기톱으로 잘라 손질하여 썼다. 저녁에도 늦은 시간까지 장사를 하였다.

처음 가게를 시작하고 며칠 안 되었을 때였다.

직원들은 다 퇴근하고 문을 닫고 혼자 남아서 고기를 손질하고 있는데, 가게 안에 불이 켜져 있으니까 손님 네 명이 들어왔다. 영업 마감을 한 시간이기도 하였지만, 왠지 무서워서 그냥 돌려보냈다.

하지만 그날 저녁에 '어떤 날은 손님이 열 명도 안 올 때도 있었는데, 그냥 문 열고 장사를 할 걸.' 하고 후회하며 잠을 설쳤다.

그 후회의 결과로 나는 다음 날부터는 늦게까지 가게를 열어 장사를 하였다. 그러다 보면 어느 날은 새벽 3시까지 장사하는 날도 있었다. 그러니 새벽에 집에 와서 몇 시간 자고 아침에는 평소처럼 아버지네 갔다가 집에 와서 씻고 식당으로 출근을 하였다.

그런 나를 보고 친정어머니는 효녀 심청이라고 착하다고 하시면서 힘들까 봐 나는 살림에 손도 못 대게 하셨다. 자식이 뭐라고…….

게다가 시아버지는 온 동네 다니시면서 우리 며느리가 최고라며 칭찬하신단다. 나만 있으면 된다고 하신다. 다른 자식 다 소용없다고 하시며 말이다. 얼마나 고마우신 분인지. 시어머니도 내가 제일 예쁘다고 하신다. 세 분 다 내가 최고라고, 나 없으면 못 산다고 하신다. 감사한 일이다.

나는 그냥 열심히 식당 일을 하여 자그마한 집을 샀는데, 그것이 그렇게 좋으신가 보다. 자식이 뭐라고 돈 벌어서 잘 살라고 열심히 날 도와주시면서도 다른 사람들에게 내가 잘한다고 칭찬하신다. 내가 해드리는 것은 용돈 드리고, 그분들이 하시고 싶은 대로 무슨 일이든 하시게 두고, 무슨 이야기든 잘 들어드리면서 맞장구쳐드리는 것이 전부다. 무엇을 사시던 잘 사셨다고 칭찬해 드리고 얼마에 사셨느냐고 묻고 5만 원 주고 사셨다고 하면 다녀오신 수고비라고 10만 원을 드린다. "마음에 드시는 거 있으면 또 사세요."라고 한 것뿐인데, 늘 기뻐하셨다.

온순한 양
－희생 제물 되는 의미 있는 생명체

'램랜드' 식당 안 북쪽 벽면에는 연둣빛 초원의 양무리 가득한 큰 그림이 있다. 평화로운 목가적 풍경이다. 밤에는 식당 지붕 위에 흰색 테두리 선의 양 한 마리가 네온사인으로 빛난다. 손님들에게 식당을 알리는 상징이다. 그 순박한 양을 잡아서 고기 식당을 운영함이 가끔은 양들에게 미안하다.

동물학에서 양(羊, sheep)은 '우제목 소과의 반추 동물'로 되새김질하는 초식 동물이다. 성경 창세기에 처음 등장한다. 성경 전체에서는 500번 이상 언급된다. 기독교에서 양은 의지가지없이 약한 인생이란 의미에서 신자를 비유하는 단어다.

양은 건조지에서 무리 지어 다니는 초식성으로, 소화력이 좋다. 수태하면 5개월 만에 한두 마리의 새끼를 낳는다. 대부분 방목 사육되며 장모종, 단모종, 산악종이 있다.

집에서 사육하는 양은 온화하고 순하다. 무지몽매하며 맹목적인 추종, 무력함을 나타낸다. 스스로 방어할 능력이 없기에 목자의 보호가 절대로 필요한 가축이다. 그러므로 양의 모습은 하나님 보호 아래 있는 하나님 백성의 모습으로 비유되었다. 십자가에 달리신 예수님도 '하나님의 어린 양'이라 불리셨다. 성경에서 양은 중요한 희생 제물이었다.

중동 팔레스타인 지역에서 가축화되면서 고대에는 주된 재산이고 생계 수단이기도 하였다. 식량, 젖(우유), 옷감 재료인 털, 가죽, 장막 덮개로 쓰였다. 양의 지방은 비누의 재료가 된다. 양털은 값지고 귀한 무역 상품이었다. 하얀 빛깔은 순결의 상징이기도 하다.

중국에서 양은 은둔생활의 상징이며, 십이지(十二支)의 여덟 번째 동물이다. 중국 문헌들에는 '양(羊)'자가 들어가는 한자들이 모두 좋은 의미로 해석되었다고 한다.

『제물고(祭物考)』라는 책에 따르면, 다음과 같은 글자들이다.

- 고(羔) : 신에게 화를 피하고 복을 구할 때에 불살라 드리던 양(羊)과 화(火)를 합한 글자
- 의(義) : 양과 아(我)를 합한 글자로, 양을 의지함으로 내가 의롭게 된다는 의미
- 선(善) : 양의 말과 같이 하면 착하다는 의미
- 군(群) : 양은 온순하여 목자를 따라 무리 짓는 성질이 있다는 의미

동물 중에 온순하고 주인을 따라가는 양, 우리 램랜드에서는 이 양고기를 요리하여 손님들에게 낸다. 가축, 동물마다 특징이 있고 용도도 다르고 고기 부위마다 맛도 다르다. 참 신기하다.

천지 만물을 지으신 창조주 하나님께서 인간들을 위해 이렇게 만드셨다. 해, 달, 별, 산, 바다, 땅, 날짐승, 들짐승, 모든 먹을거리들이 그러하다.

손님들에게 내놓지 못하는 양고기들을 직원들과 먹을 때마다 하나님께 감사드리게 된다. 유년 시절에는 물오징어 한 조각도 마음대로 먹지 못하고 자랐는데, 이 영양가 있는 고급 양고기 음식을 마음껏 즐길 수 있는 환경에서 살고 있는 현실에 황송할 뿐이다. 자연스럽게 어려운 이웃들에게 눈길이 가게 된다.

다시 생각한다. 지금 내가 할 수 있는 일이 무엇일까에 대해. 양처럼 살면 되겠다는 생각이 든다. 연약하고 단순하며 남들이 하는 대로 따라가는 속성을 지닌 양처럼 나도 세상을 살며 그럴 수밖에 없는 가련한 인생이다.

양들을 인도하시는 주님, 예수님께서 말씀하시고 가르치신 대로 살아야겠다는 결심을 한다. 작심삼일이 되기도 하지만, 주님의 보호 인도하심 안에서 마음 편안히 순종의 삶을 유지하고 싶은 것이다. 성경 말씀 봉독, 묵상, 기도, 나눔, 봉사, 섬김의 삶으로의 변화가 그것이다.

가족을 위해, 이웃과 지역사회를 위해, 나라와 민족을 위해, 인류의 평화를 위해 내 삶의 범위와 능력 안에서 헌신하고 희생하는 일들로 여생을 보내고 싶다. 임씨 가문의 조상 임난수 장군님, 작으나마 공적인 일에 열심히 사셨던 아버지처럼 말이다.

양이란 동물이 마지막에는 희생의 제물로 조용히 의미 있는 마감을 맞이하며 사라지듯이…….

하나님의 보호 아래 살아가는 크리스천이 양으로 표현되기도 하고, 십자가에 달리신 예수님도 '하나님의 어린 양'으로 불리셨다.

최명룡 작 '어린 양', 78×45×10cm coloring on F.R.P., 제49회 한국기독교미술인협회전 출품작

해바라기 아버지께
배운 것

시아버지는 90세 되시던 해에 많이 편찮으셨다. 어느 날, 나를 앉으라고 하시더니 "내가 올해 안 죽으면 100세까지 살 거다."라고 하셨다. 젊었을 때에 장터에서 어떤 사람이 시아버지를 보고 70세가 넘으면 남이 가져다주는 돈으로 편히 살 거라고 하면서 90세에 많이 아픈데, 그 고비를 잘 넘기면 100세까지 살 거라고 하였다는 것이다.

당시에는 무슨 말도 안 되는 소리를 하나 싶어 무심히 넘겼는데, 지금 아파서 누워 있으니 갑자기 그 생각이 나셨다면서 "며느리가 남이지 뭐. 며느리 덕에 돈이 그리운가, 먹을 것이 그리운가, 입을 것이 걱정인가, 추우니 걱정인가, 더워서 걱정인가 세상 걱정 없이 살고 있잖아. 그러니 점쟁이 말이 맞는 거 같다."고 하면서 활짝 웃으신다. 나는 속으로 '시동생, 시누이 모두 효자, 효녀라 용돈도 잘 드리고 정성껏 하는데도 나만 최고라고 하시니 얼마나 고마우신 분인가.' 하고 생각했다.

그러시고는 옛말에 옆집 며느리 흉보다 내 며느리 버릇 고친다고.

시어른들과 행복했던 한때
1990년대 초에 용인 자연농원에 갔다. 지하철 타고 버스 타면서. 그때는 시어머니와 시아버지가 젊으셔서 멀리까지 구경갔다.

자식도 마찬가지고 사람을 앞에 놓고 잘못한다고 꾸지람하면 좋아할 사람 하나도 없고 서운해서 오히려 잘못하는 거라고 일러주셨다. 나한테 잘하게 하려면 옆집 사람은 흉보고, 내 사람들은 칭찬해 가면서 가르쳐야 된다고 하셨다. 명심하고 그렇게 사람들을 대하고 있다.

자식은 내가 효자로도 만들고 불효자로도 만드는 거라시며 이야기 하나를 들려주셨다.

"옛날에 한 마을에 효자라고 소문난 애하고 불효자라고 소문난 애가 살고 있었다. 그런데 불효자라고 소문난 애가 자기도 효자라는 소리를 듣고 싶어서 효자인 애를 찾아가서 '너는 어떻게 효자가 됐니? 나도 좀 가르쳐 줘.' 했더니 '그래, 별거 없어. 우선 오늘 저녁에 아버지가 이불 속에 누우시기 전에 아버지 이불 속에 먼저 들어가 누워서 이불 속을 따뜻이 데워드리렴.' 그래서 그날 저녁에 이불 속에 들어가 누워 있었다. 누워 있는데, 아버지가 들어오시더니 이 불효자식 놈이 이제 아버지 이불 속까지 탐낸다고 당장 나가라고 야단치며 쫓아냈대.

그래서 또 효자한테 찾아가서 그다음에는 어떻게 해야 하느냐고 물어봤더니 이번에는 내일 아침 밥상을 차리면 아버지 밥상에 있는 밥과 국을 먹어보라고 했어. 간은 잘 맞는지 뜨겁지는 않은지 살펴봐 드려야 되니까. 그래서 다음날 아침, 아버지 밥상에 있는 국을 떠먹으니까 아버지가 보시고 또 막 야단을 치시는 거야. 이 불효자식이 아버지 밥상까지 탐낸다고. 당장 나가라고."

똑같은 일을 해도 부모가 알아주기 나름이라고 당부하셨다. 부모가 불효자식을 만들고 부모가 효자를 만든다는 것이다. 그 말씀을 깊이 새기고 살아가고 있다.

밭매는 소리

@ 뭉치세 뭉치세 에루화 못자리 뭉치세

모여라 뭉쳐라 이 못자리를 뭉치세

이 못자리를 모여다가 서마지기로 건너가세

여기도 꽂고 저기도 꽂고 세로골 자리[1]로 꽂아보세

서마지기 배미가도 반달 만치만 남었구나

제가 무슨 반달이냐 초승달이 반달일세

세마지기 배미가도 다 심어서 떨어졌네

이 자리서 다 꽂고서 장이리[2] 훨훨 영화로다

농사를 다 짓고 보니 갈이 돌어 왔구나

장잎이 훨훨 내패여서 누른 방울[3]이 지었구나

갈농사를 지어서루 나라에도 충실하고

나라에다가 충실하고 부모봉양을 해볼까

충남0814 / 연기군 남면 양화리 / 모찌는 소리-"뭉치세"(1993. 12. 8. / 앞: 조수성, 남, 1909)

1960년대 초에 고향 어른들이 부르시던 농요의 일부

1) 세로골 자리 : 한 마지기에서 석 섬, 넉 섬의 쌀을 수확하는 논. 한 마지기에서 두 섬을 내는 논은 양
   석자리라고 함
2) 장이리 : 모를 심고 난 후 장잎이 크게 자란 볏잎
3) 누른 방울 : 벼의 누른 낟알을 말함

논매는 소리

@ 어구여차 지데미	등 타나지는 건 / 꼬매나 입지야
어구여차 지데미 / 어구여차 지데미	생사람 죽는 줄 / 왜 몰러 주느냐
여기도 다지고 / 저기도 다지고	어구여차 지데미
예지동을 / 꽉꽉 다지어	여보게 총각아 / 허릿매 놓게
가만 가만 / 다우여서?	양사지 허리띠 / 곤때나 묻는다
금도끼도 / 덩어리 친다	어구여차 지데미 / 어구여차 지데미
어기여차 지데미 / 어기여차 지데미	생사람 죽는 줄 / 왜 몰러 주느냐
높은 산에 / 재 날리고	팔라당 팔라당 / 수갑사 댕기는
얕은 산에 / 재 날린다	곤때도 안 묻어 / 통부가 왔네
어구여차 지데미 / 어구여차 지데미	어구여차 지데미 / 어구여차 지데미
돈 줄 사람은 / 나하나 뿐인데	임이 오시려면 / 날게로 오지야
돈 받을 사람은 / 빗발치듯 / 하는구나	누구를 바라고 / 아니나 오시나
어구여차 지데미	웃일라면 / 깔깔이 웃지나
여보게 총각아 / 홀목을 놓아라	행주치마 입에 물고 / 입만다 빵긋
질상사 접저고린 / 등 타진다	어구여차 지데미 / 어구여차 지데미

충남0903 / 연기군 남면 양화리/ 집터 다지는 소리-지데미 소리(1993. 12. 8. / 앞: 조수성, 남, 1909)

1960년대 초에 고향 어른들이 부르시던 농요의 일부

효부상 수상과
'긴 병에 효자 없음'

시어머니가 치매에 걸리시니까 시아버지가 제일 힘들어 하셨다. 처음에는 나도 울면서 지냈다. 치매 교육을 받을 때에 나도 나이 먹으면 똑같아질 거니까 시어머니를 나라고 생각하며 성경 말씀대로 내가 대접받고 싶은 대로 대접을 해드리려고 힘썼다. '그래, 어머님 모습이 내 노후의 모습이지.'라고 생각하며 시어머님을 대하니까 항상 불쌍하기만 하였다. 그러던 중, 시아버지가 담석 때문에 병원에 가시게 되었다. 연세가 98세 고령이시라 수술은 안 되고 시술로 담석을 깨서 호수로 연결해 빼내느라 한두 달 정도 입원해 계셨다. 그 때문에 낮에는 가게를 직원들한테 맡기고 병간호를 하고 밤에는 큰딸이 병간호를 하였다. 그때 남편이 내게 고생한다면서 겨자색 털 반코트를 선물해 주었다. 이십여 년이 넘도록 그 코트를 장롱 안에 두면서 투병하시던 시아버지를 기억한다.

당시 병원에서 시아버지와 점심을 먹으면서 살아오신 이야기를 많이 들려주셨는데, 살아오시면서 회한이 남는 게 두 가지 있다고 하셨다.

한 가지는, 시아버지가 경기 민요를 엄청 잘 부르시고 장구도 잘 치시는데, 용감하게 방송국 같은 데라도 찾아가서 노래를 하였으면 명창이 되었을 거라고 하셨다.

다른 한 가지는, 며느리가 효부상 타는 거라고 하셨다. 당신이 병원에서 나가면 동사무소(현 행정복지센터) 찾아가서 우리 며느리에게 효부상 좀 주라고 건의하시겠다고 하셨다.

"아이고, 아버지는 내 부모한테 잘하는 게 당연한 것을 창피하게 무슨 상을 타요."라고 하였더니 웃으면서 하시는 말씀이 "내 원이여." 하셨다. "안 그래도 하도 친정어머니랑 아버지가 내가 잘한다고 하셔서 상을 준다는데 내가 안 받는다고 했어요. 근데 아버지 소원이면 받을게요."

그래서 결국 시아버지 소원대로 마포구 구민상을 탔다. 한 분 모시기도 어려운데, 세 분을 모셨다고 주는 상이었다. 시부모님을 모시고 또 친정어머니와 같이 산 것은 자식의 도리로 양심상 모신 것이라기보다 오히려 서로 도우며 산 거였다. 그분들은 나 때문에 아프지 않으시려고 열심히 건강을 챙기셨고 집안 살림에는 손도 못 대게 하셨다. 뭐라도 할라치면 시아버지는 막 화를 내시면서 당신이 몸 성할 때까지는 하겠다고 하셨다.

친정어머니는 "내가 그래도 산송장이 되면 안 되잖아."라고 하시며 열심히 병원 다니시면서 건강하게 지내셨다. 돌아가시기 한 달 전까지 살림을 해 주시다가 시아버지, 친정어머니 모두 한 달 보름 정도 편찮으시다가 돌아가셨다. 친정어머니는 내가 보살펴드렸고, 시아버지는 한 달 넘게 남편이 간병을 하였다. 시아버지가 아들한테 보살핌을 받으셨으니 조금은 위안이 되셨을 것이다.

나는 부모님 복이 아주 많은 사람이다. 어떻게 세 분 다 나한테는 싫은 말씀 한 번 하지 않으시고 칭찬만 하실 수 있었을까? 특히 시아버지는 "너만 있으면 된다. 제일 예쁘고 똑똑하고 싹싹하다."며 예뻐해 주셨다. 그때마다 생각하였다. 내게는 며느리가 없을 테니 시부모님과 친정어머니에게 사랑받고 배운 대로 사위에게 싫은 말 절대 안 할 거라고.

그렇게 시작한 식당이 잘되어서 어느 날 보니 유명한 식당이 되어 있었다. 나도 내가 이렇게 살 줄 몰랐는데, 잘 살고 있는 거였다.

구민상을 탔을 때에 구청 신문사의 기자가 효행을 어떻게 하였기

마포구청에서 구청장님이 구민상을 시상할 때다. 그리운 나의 친정어머니, 해바라기 아버지. 두 분은 항상 곱게 한복을 입으셨다.
지금도 예쁜 조끼들과 허리띠와 댕님들을 다 모아서 간직하고 있다. 해바라기 아버지가 그리울 때마다 꺼내본다. 예쁜 나의 친정어머니, 늙어가면서 나는 엄마랑 똑닮아 간다.

에 구민상을 타게 되었느냐고 물었다.

"글쎄요~. 뭐든 순종하고, 우리 애들 보살폈던 것처럼 세심하게 보살펴드린 것뿐이에요. 마음과 마음이 통해 서로의 마음을 알아준 거지요. 다만, 내가 식모살이할 때에 친정아버지가 오셔서 고기를 사다 대접해 드렸더니 '딸 덕분에 고기를 다 먹네.' 하고 좋아하셨는데, 지금 내가 고기 장사를 하니까 친정아버지 생각이 많이 나더라고요.

가끔 친정아버지한테 못해 드린 것 때문에 시아버지께 잘하는 건 아닌가 하는 생각을 해보기도 해요."

아무튼 그 신문 기사 때문에 교육방송(EBS)의 「파란만장」프로그램에 식모살이 식순이로 출연하기도 하였다.

그때그때 내게 주어진 삶을 죽을 만큼 열심히 노력하면서 살았다고 생각하였는데, 이제는 보이지 않는 하나님께서 항상 같이 계셔주시고 내가 원하는 대로 다 해 주신 것임을 깨닫게 된다.

구민상을 수상하였을 때의 일화가 하나 있다.

구민상을 받기 위해 친정어머니와 시아버지를 모시고 마포구청에 갔다. 구민상을 타면 상금이 백만 원이라고 하기에 시아버지한테 그 돈을 드리기로 약속하였다. 그래서 내심 상금을 기대하고 있었다. 하지만 그다음 해에 구청장 선거가 있다고 약속한 상금을 주지 않았다. 시아버지를 실망시켜 드리고 싶지 않은 마음에 피 같은 내 돈 백만 원을 드릴 수밖에 없었다.

그랬더니 "네가 탄 것이니 나눠 가지자."시며 오십만 원을 도로 주셨다. 다음 날 시부모님 댁에 갔더니 신촌에 가서 시어머니 옷하고 시아버지 옷을 구입하셨다며 입고 자랑하시더니 옷이 마음에는 쏙 들지 않는다고 하신다. 그래서 남대문 시장으로 같이 가시자고 하였더니 괜찮다고 하신다. 그러면 나중에 남대문 시장에서 마음에 드시는 걸로 다시 사 입으시라고 말씀드렸다. 며칠 후 남대문 시장에서 사 오신 옷을 입고 보여 주시며 마음에 쏙 든다고 자랑하셨다. 하지만 그 옷을 몇 번 못 입어보시고 돌아가셨다. 그 옷을 보고 마음이 아파서 많이 울었다.

어른을 잘 모시는 비결은 어른들의 취향과 의견을 존중해 드리는 것이다.

💡 칭찬합시다 / 2005년 마포구 구민상 효행부문 수상 **임헌순** 씨

"효도는 나의 삶이며 기쁨입니다"

임헌순 씨

2005년 마포구 구민상 효행부문을 수상한 임헌순 씨(52세). 그의 가족 구성원은 남다르다. 97세의 시아버지, 17년이 넘게 치매를 앓고 있는 89세의 시어머니, 85세의 친정어머니를 포함하여 총 7식구. 요즘에는 보기 드문 대가족일 뿐 아니라 고령의 시부모님은 물론이거니와 친정어머니를 모시고 산다는 것은 모든 이의 시선을 집중시키는 일이다.

머리 할 비용으로 부모님 드실 음식과 약값을 대신하는 임 씨. 그녀는 파마머리를 부모님을 모시면서 단 한 번도 해본 적이 없다.

임 씨도 처음부터 부모님들을 모시는 것이 그렇게 수월했던 것은 아니다. 심각해지는 시어머니의 치매증상으로 친정어머니의 상심과 고통, 노인성 질환으로 두 차례의 큰 고비를 넘긴 시아버지는 그녀에게 버거웠다.

하지만 주변의 도움과 특히 "엄마가 부모님 모시는 것이 너무 자랑스럽다"며 "나도 그런 딸이 되고 싶다"는 딸들의 응원에 큰 힘을 받았다고 한다.

"효도라는 것은 어려운 일이 아닙니다.

한두 달 후쯤에 시아버지가 또 입원을 하셨다. 봄에 퇴원하실 때는 의사도 건강이 너무나 좋아져서 120세까지 사실 거라고 이야기하였다. 피부가 얼마나 고우신지 간호사들이 만져볼 정도였는데, 병원에 또 입원을 하시니 깜짝 놀랐다. 그런데 이번에는 쓸개가 터져서 뱃속 전체에 이상이 생겨 수술도 못하시고 한 달 보름쯤 앓으시다가 98세를 일기로 세상을 떠나셨다.

지금도 후회가 된다. 그때는 파트타임 직원을 쓸 줄도 모르고 그냥 미련하게 세 명이서 일하고 있었다. 내가 주방 일을 맡아서 하니 가게 문을 닫지 않는 한 꼼짝을 못하였다. 병원에는 자주 가 보기는 하였지만, 운명하시는 것을 보지 못하였다. 여전히 그것이 참 후회스럽다.

시아버지가 돌아가시자 어쩔 수 없이 시어머니를 요양원에 모셔야 하였다.

치매가 심해지셔서 옆에 사람이 꼭 붙어 있어야 되니 할 수 없이 요양원에 모셔 놓고 자주 찾아뵙는 수밖에 없었다. 첫날 모시고 가서 입소시키고 돌아오는데, 눈물이 하염없이 흘렀다. 그래도 요양원 원장님이 평소

그분들의 몸과 마음, 모두 편안하게 해드리면서 원하는 것 미리 알고 보살펴 드리는 것이죠."

임 씨는 "그분들이 사랑의 마음으로 우리를 키워주셨듯이 그분들을 대하면 되는 것이다"라고 강조했다. 그러면서 임 씨는 "자식으로서 당연하게 해야 할 일인 부모님을 모시는 것으로 상을 받는다는 것이 쑥스러웠지만 효행상이 있으면 우리 며느리가 꼭 탔으면 좋겠다"는 시아버지의 간절한 소망을 들어드리기 위해 받게 되었다고 한다.

"가정형편으로 한집에 모시지 못하고 있는 것이 항상 죄송스러워요. 한 가지 소망이 있다면 이층집으로 이사해서 우리 가족 한 지붕 아래 함께 사는 것입니다."

〈객원기자 이옥경〉

친하게 지내는 분이라 마음이 좀 놓였다.

"우리 시어머니 불쌍한 분이시니 잘 대해 달라."고 거의 매일 가다시피 하였다. 시어머니를 간병하는 분들에게 이것저것 많이 사다드렸다. 그분들은 천사다. 천사 같은 마음이 없으면 치매 어르신들 보살피는 일을 할 수가 없다. 그 요양원에는 봉사하러 오시는 분들도 많았다. 그분들을 만나면서 또 여러 면에서 많은 것을 배웠다.

연세가 많으신데, 목욕 봉사를 하시는 분도 있었다. 그분은 목욕 봉사를 하면서 자기가 노인들을 돕는다고 생각하였다고 한다. 17년간 목욕 봉사를 하다가 늙고 아파서 그만두고 집에서 쉬고 있었는데, 가만히 누워 있으니 더 아프고 즐거움이 하나도 없고 우울해졌다고 한다. 그래서 다시 봉사를 다니며 노인들 목욕을 시켜드렸더니 오히려 집에 누워 있을 때보다 덜 아프다고 하신다. 또 노인들이 즐거워하시는 거 보면 자기가 두 배로 더 즐겁고 행복하다며 오히려 감사하다고 하였다. 천사도 저런 천사가 있나. 천사가 아닐 수 없는 분이라는 생각이 들었다.

그렇게 시어머니는 요양원에 거의 10년쯤 계셨다. 사람이 참 변덕스럽다. 믿을 수 없는 게 인간이구나 싶다. 처음 요양원에 모셔다 드리고 오던 날에는 펑펑 울고, 그다음 날 뵈러 가서 돌아올 때는 마음이 싸하게 아리더니 어느 때부터인가 매일 가던 그곳에 2~3일에 한 번 가고 그러다가 일주일에 한 번 가고 그렇게 띄엄띄엄 갔다. 어느 순간, 시어머니가 나를 못 알아보셨다. 자책감과 함께 얼마나 마음이 아프던지. 그러다 먼 곳에 있는 요양원으로 가시게 되었다. 애들 아버지는 자주 가도 나는 일주일에 한 번 가서 잠깐 있다 오곤 하였다. 시어머니는 나를 못 알아보시고 친한 사람이겠거니 하셨다. 그러다 보니 어느 날부터인가 시어머니를 뵈어도 마음도 아프지 않고 그저 그러려니 하고 살게 되는 나 자신을 발견하였다.

"긴 병에 효자 없다."는 옛말이 꼭 맞다. 그러다 시어머니가 돌아가셨는데, 그다지 눈물이 나오지 않았다. 일면 반성하면서도 그런 것이 사람의 감정인가 보다 싶었다.

월드컵 공원에서 시상식을 했는데 효부상은 나 한 명이었고, 다른 분들은 봉사상, 문화상, 체육상, 용감한 구민상, 장한 어버이상, 지역발전상을 탔다. 애들한테 자랑스러운 것은 마포구에 이 명예의 전당을 만들어 그곳에 올려 놓았다는 사실이다. 두고두고 자녀들에게 자랑할 수 있다. 오른쪽 사진에서 오른쪽은 언니고, 왼쪽은 큰딸이다.

1인 5역의 삶,
마음 평안한 생활이 최고!

남들에게는 입버릇처럼 "나는 늙어서 편히 살 거야. 지금은 할 일이 너무 많아. 언니고 친구고 연락이 와도 안 만나. 나는 지금 몇 사람 일을 혼자 하고 있다."고 말하며 현실의 삶에 충실하였다. 돈 벌고 자식 키우고 며느리 노릇, 아내 노릇, 딸 노릇 다 해야 하기에 우선순위를 그렇게 정할 수밖에 없었다.

그중 돈 버는 일이 제일 어렵지만, 우선일 수밖에 없었다.

회사에서 잘릴까 봐 시키는 대로 죽어라 일하였다. 눈치 보며 쉴 수도 없었지만, 그래도 나 스스로에게 "잘했다, 수고했다!" 이야기해 줄 수 있었다. 그래서 세상의 아버지들은 불쌍하다. 남편들이 밖에서 윗사람 눈치 보며 벌어다 주는 돈으로 집안 살림만 하는 아내들이 힘들다고 하면, 나는 그래도 밖에서 돈 버는 것이 더 힘들다고 말한다.

후회되는 것은 애들과 같이 있을 시간이 없어 살림만 하는 집 엄마처럼 자식과 친밀한 애착 관계나 많은 추억들을 갖지 못한 것이다.

오히려 나는 가장으로서 아버지들과 같은 마음으로 살았다.

아이들을 위해 목숨 걸듯 열심히 살았지만, 정작 아이들은 항상 곁에 있어 주는 엄마를 부러워하였고, 돈 번다고 밖에 나가 일하며 자신들을 보살펴주지 못한 엄마를 서운하게 생각하였다.

아이들은 혼자 컸다고 말을 하였다. 지금은 철이 들어서 그런 말은 안 한다. 엄마가 고생한 걸 다 안다.

'일만 하는 다른 집 아버지가 이렇겠구나.' 하는 마음이 들었다

모녀간의 소소한 일상의 추억들이 많지 않은 나는 그냥 돈 벌고 살림하는 엄마일 뿐이었다. 당시 아이들은 엄마의 고생을 모르고 있는 것 같았다.

남편도 마찬가지였다. 그래도 청소는 잘해주었다. 아마 맞벌이하는 나와 비슷한 시대의 아내들은 같은 처지였을 것이다.

옛날 사람이라 남자는 집안일을 하면 안 되는 줄 알고 안 하였고, 애들도 당연히 집안일은 엄마가 하는 것이라 생각하며 자랐으니 그럴 수밖에 없다.

지금은 맞벌이를 하면 집안일을 분담해서 하니 얼마나 잘된 일인가. 젊은 아이들은 똑똑하다. 돈도 같이 벌고, 집안일도 나누어서 하니 참 잘하는 것이다. 어떤 집은 여자가 집에서 애보고 살림하다가 저녁에 남자가 퇴근해서 애도 보고 살림도 한다. 좀 심한 것 같기도 하지만, 세상이 변해서 여자들이 전보다 훨씬 살 만한 좋은 세상이 된 것 같아 다행이다. 격세지감이다. 나도 40년만 늦게 태어났더라면 좋았을 것을…….

적지 않은 세월을 살아보니 많이 배운 사람보다 마음 편히 사는 사람이 부럽고, 똑똑해서 잘난 사람보다 마음 편한 사람이 부럽다. 마음

편한 것이 제일인 것 같다. 건강하게 마음 편히 살다가 안 아프고 잠 자는 듯 하루아침에 천국에 가는 게 소원이다.

나는 예전부터 항상 62세가 되면 정년퇴직을 할 것인데, 대신 그 때까지는 아무 생각하지 않고 열심히 일만 할 거라고 하였다. 늙어서 편히 살았다고 누구한테나 말하고 싶었다. 친구고 친척이고 언니들 이고 아무도 안 만나고 열심히 살았다 말하고 싶었다. 하지만 62세가 되어도 현실적으로 일을 안 할 수가 없었다. 가게가 커지고 애들 아버 지가 와서 같이 일을 하는데도 주인이 식당에 없으면 안 된다고 하여 꼼짝 못하고 식당에서 일을 하게 된 것이다. 내가 혼자 식당 일을 할 때도 있었다. 매년 신정과 구정 다음 날, 추석 다음 날이다. 대부분 가 게와 회사가 문을 닫고 쉬는 명절 때도 손님들 때문에 쉬지 못하였다. 지금은 추석 전날, 추석날, 설 전날, 설날에 쉰다.

그리고 아무리 서로 의기투합하여 일을 한다고 해도 남편과 안 맞 는 구석이 있어 다툼도 많아져서 숨이 안 쉬어지는 병이 생겼다. 때문 에 몇 달을 쉬고 밤에만 나가서 일을 하였다.

그렇게 일을 하면서 나도 모르게 심한 우울증이 왔다. 늙어서 이 렇게 일하는 것도 싫어졌다. 남편과 다투는 것도 싫고, 세상에서 내가 제일 힘들고 불쌍한 사람인 것 같았다. 어디 가 보기를 하였나, 좋은 옷을 입어보기를 하였나. 매일 일만 하니 좋은 옷이 필요 없었다. 그 렇다고 먹는 것을 잘 먹었나. 제일 맛있는 것이 풀빵이니 진수성찬이 필요 없다. 김치하고 밥 먹는 것. 이렇게 먹고 살려고 평생 그렇게 힘 들게 일하고 살았나 싶고 처량하게만 느껴졌다.

가게 손님들이 "사장님은 좋겠어요. 장사가 이렇게 잘되니 무슨 걱정이 있겠어요."라고 하면 그 말이 가슴을 콕콕 찌르는 것 같았다. 장사가 잘되면 뭐 하나! 그저 죽어라 일만 하고 사는데. 그러면서 이렇게 식당을 하게 된 것이 축복인지, 저주인지 모르겠다고 불평을 하였던 적이 있다.

그러면 그런 날은 반드시 굶어 죽을 정도로 가난하고 직장도 못 찾고 쩔쩔매는 꿈을 꾸었다. 꿈에서 깨면 '아, 하나님께서 정신 차리라고, 행복을 줘도 모르고 사느냐.'고 나무라시는 것 같아서 하나님한테 "죄송합니다. 감사하면서 살겠습니다."라고 고백하며 또 마음을 다잡고 일을 하였다. 그러면서 새삼 깨달은 것이 있다. 아, 내가 식당을 안 하였더라면, 식당에 오시는 훌륭하고 멋진 분들과 내 건강을 걱정해 주시는 분들을 어떻게 만나서 반갑게 인사할 수 있었겠는가.

식당에 오시는 분들 중에는 정말 좋으신 분들이 많다. 훌륭한 분들도 많다. 정치하시는 분들, 사업하시는 분들, 회사원, 배우, 가수…….

우리 식당에는 다양한 사람들이 모이는 곳이다. 텔레비전에서나 볼 수 있는 사람들을 직접 만나 이야기를 하니 참 좋은 일을 하고 있구나 생각하며, 마음을 고쳐먹고 즐겁게 살기 시작한 것이 몇 달 안 된 것 같다. 이제는 나이가 들어 산 날보다 죽을 날이 가까워지니 마음만 편히 먹고 살자고 매일 나한테 말해준다.

"헌순아, 건강해라. 마음 편하게 살아라."

그렇게 말해주면서 하루 또 하루를 살고 있다.

'해바라기 아버지'
유품들

　　세상에 하나밖에 없는 소중한 것은 돈 주고도 못 산다. 생전에 녹음하신 농요를 생각지도 못하였는데 구하게 되었다. 우리는 아버지가 어떻게 사셨는지도 몰랐다.

　　그런데 어느 날, 청주방송국에서 조수성 할아버지를 찾는 전화가 왔다. 이유를 물으니 고을의 잊힌 소리를 찾아서 들려주는 프로그램인데, 이전에 조수성 할아버지가 연기군 대표로 대전 KBS 방송국에서 상을 타셨다는 것이다. 지금은 그 마을에서 부르던 농요를 들을 수도 없고, 있었던 것조차도 모르는 사람이 많다면서 그런 마을의 소리를 찾아서 들려주는 방송이란다.

　　전에 아버지 이삿짐을 정리하면서 KBS에서 받은 상장이 있는 걸 보고도 무심히 지나쳤는데, 그거였나 보다. 몰랐다고 하면서 그때 방송 나갔던 것을 녹음해 주시면 사례하겠다고 하였더니 돈은 안 받을 테니 할아버지와 통화할 수 있게 해달라고 하였다. 그래서 전화로 생방송을 하게 되었다. 그 시절 노래 하나를 들려달라고 하여 해바라기 아버지가 한 곡 부르셨는데, 아버지의 목청이 그렇게 좋으신지 처음 알았다. 쩌렁쩌렁 하니 구수하게 잘하셨다. 그때가 93세셨다.

그리고 며칠 지나 작가님이 녹음테이프를 보내주셔서 CD로 만들어서 간직하고 있다. 지금도 가끔 들으면 아버지가 살아계신 것처럼 좋다.

남편도 시아버지를 닮아서 노래를 잘한다. 그래서 애들하고 나하고 아빠가 그리울 때 듣게 한 곡 녹음해서 달라고 졸랐다. 처음에는 싫다고 해서 가게 식구들까지 합세하여 회장님 노래 잘하시니까 하시라고 졸라댔다. 어느 날, 시동생이 식당에 왔기에 그 이야기를 꺼냈더니 시동생도 형님께 적극 권하였다. 그렇게 요지부동이던 남편도 하도 여러 사람이 권하니 결국에는 노래를 배우게 되었다.

김동찬 선생님은 워낙 뛰어난 능력을 가지신 분이라 노래도 잘 만드시고 또 잘 가르쳐 주신다.

가보인 「조수성 농요 모음」 CD다. 해바라기 아버지는 노래를 잘하신다. 옛날에 논밭에서 일할 때에 '품앗이'라고 이웃 간에 서로 일해주는 풍습인데, 시아버지는 노래하시고 장구치셔서 일을 안 하셨단다. 흥을 내서 일하라고 논두렁, 밭두렁에서 신나게 장구치고 노래하셨던 충남 연기군 지역의 농요 모음집이다. 모찌는 소리, 모심는 소리, 논매는 소리, 밭매는 소리, 집터 다지는 소리 등이 수록되어 있다. 농촌 생활문화의 사료 가치가 높은 것이다. 조상들의 팍팍한 삶의 이야기와 희망, 기원 등이 담겨 있다.

나를 위해 만들었다는 노래는 제목이 「내 사랑 영원히」고, 가사는 다음과 같다.

"세월아 가지를 마라
청춘아 가지 마라 가지를 마라
고운님 미울라 정든님 변할라
내 님과 둘이 사랑하며 알콩달콩 살련다
비바람 눈보라쳐도 모진 고난 닥쳐와도
나만 믿고 살아온 당신 장미꽃처럼 우아하게
해 줄게 세월을 이기는 장사 없지만
지켜줄게 내 사랑 영원히"

이 노래 가사를 듣고 마음이 찡하였다. 고생한 세월을 보상받는 느낌이라고나 할까. 어쨌든 내 남편이 노래를 잘해서 이렇게 좋은 노래를 불러주니 감격스럽지 않을 수가 없다. 이런 게 바로 행복인가 싶다.

얼마 후에 또 한 곡 만들었다고 들려주었다. 들어보니 가사도 좋고 곡조도 좋고 하여 그 노래도 한 곡 더하라고 남편한테 이야기하였더니 이번에는 뜸도 들이지 않고 그 자리에서 하겠다고 하여 두 곡 녹음을 준비하고 있다. 두 번째 노래 가사는 다음과 같다.

"어디선가 누가 보내 살짜기 내게 왔나요
사랑하고 보고 싶어 남몰래 내게 왔나요

당신이랑 배타면 노를 저어 줄래요

세상바다 구경은 당신과 함께할래요

비바람이 불어도 호수 같은 그 사람

기대면 편안한 사람"

가사가 엄청 좋아서 또 듣고 싶은 노래다.

나의 해바라기 아버지 덕분에 애들도 자기 아빠 노래를 두고두고 들을 수 있게 되었고 집안의 보배가 생겼다. 돈 주고도 못하는 것들이 제일 보배인 것 같다.

시부모님께서 시골생활하실 때에 쓰시던 등잔이다. 등잔도 몇십 년을 쓰신 거라며 물려주셨다. 생활문화 전수 차원에서 딸들에게 물려줄 유물이다.

시어머니가 쓰시던 부채와 인두다. 손 때가 묻어서 반질반질하다. 시아버지 조끼와 함께 딸들에게 가보로 물려줄 것들이다.

그래서 모아놓은 것들이 있다.

시어머니가 주로 쓰시던 부채와 인두인데, 손때가 묻어서 반질반질하다. 젊은이들은 인두가 뭔지도 모를 것이다. 다리미가 없던 시절, 불에 달궈서 옷을 다리던 것이 인두다. 그리고 등잔과 해바라기 아버지가 쓰시던 워낭이 있다. 소중하게 간직하고 있다가 아이들에게 물려줄 생각이다.

또 일곱 색깔의 조끼, 대님, 허리띠도 있다. 한복만 곱게 입으시던 아버지의 조끼와 대님, 허리띠를 보면서 해바라기 아버지가 그리울 때마다 꺼내본다.

해바라기 아버지가 일하실 때에 소 등에 매고 일하시던 워낭이다. 이것도 손때가 묻어서 반짝반짝한다. 오래 쓰시던 것을 물려받았다.

'해바라기 아버지'가 매일 즐겨 입으시던 일곱 색깔의 예쁜 조끼들과 허리띠, 대님들이다. 아버지 생각이 나면 꺼내서 본다.

남대문 시장
구경하는 즐거움

가게를 오래 하다 보니 바쁘고 피곤하다는 이유로 구경 가 본 데가 거의 없다. 매일 식당과 집만 오고 가면서 시간만 나면 누워서 쉬는 것이 일이었다. 옷도 거의 사 입지 않고 필요하면 인터넷으로 대충 사 입었다.

그런데 어느 날, 가끔 집에 청소해 주러 오시는 분이 예쁜 가방에 멋진 옷을 입고 왔다. 잘 어울린다고 하면서 어디서 샀느냐고 물으니 남대문 시장에서 샀다는 것이다. 남대문 시장을 가 본 적이 없다고 하였더니 자기가 같이 가주겠다며 다음 날 남대문 시장 버스 정류장에서 만나기로 약속하였다. 그렇게 해서 남대문 시장을 가게 되었다. 마침 우리 집 앞에서 남대문 시장 가는 버스가 있어서 한 번만 타면 시장 앞에 내린다.

남대문 시장에 가 보니 예쁜 옷들이 나 사가라고 방긋방긋 웃으며 반기는 것 같아서 얼마나 구경하는 재미가 있던지. 마냥 행복하였다. 늦게 배운 도둑질에 날 새는 줄 모른다더니 가끔 가서 예쁜 옷도 사고 가방도 사고 신발도 샀다.

참 즐겁고 행복하였다.

집에서 장롱에 넣어놓고 바라만 보아도 즐겁다. 언제 입을지, 입고 어디를 갈지 모르지만, 그 옷들을 보면서 혼자 즐거워한다.

가끔 잠 안 오는 밤이면 방에서 혼자 입어보고 거울 보면서 행복해한다. 누가 보면 정신 나간 사람처럼 보일지도 모른다. 난데없이 한밤중에 방에서 이 옷 저 옷 입어보고 신발까지 신어보고 빙빙 돌면서 즐거워하고 있으니 얼마나 우스운가.

그래도 가끔 그렇게 해보면서 나 혼자 즐거워한다.

그분이 아니었으면 남대문 시장 가는 즐거움과 쇼핑한 옷을 입어보고 신발을 신어보고 가방을 들어보며 행복해 하는 일을 평생 모르고 살았을 것이다. 그냥 식당에서 일하고 집에 오면 쉬고 그런 일상으로 무덤덤하게 살았을 것이다.

매일 식당 일에 파묻혀 같은 일을 반복하며 내게 이런 행복이라도 느끼라고 하나님께서 그분을 보내주셨나 보다.

제2의 고향 마포,
내 인생의 개화지

"고기도 저 놀던 물이 좋다."는 속담이 있다. 낯익은 곳이 더 좋다는 의미일 것이다. 충남 연기군 남면 양화리가 14년 정도 살았던 첫 고향이고 연세초등학교가 첫 학교라면, 서울 마포지역은 두 번째 고향이고 램랜드는 나의 인생학교다.

차라리 "살아가면 고향"이라는 말이 더 어울리겠다.

고향에 대한 집념은 사람에게 숙명과 같은 것이라고 한다. 하지만 김규동(1925~2011) 시인이 그의 시 「고향」에서 읊었던 것처럼 "산을 두르고 돌아앉아서/산과 더불어 나이를 먹어가는 마을"이 내게는 흐르는 한강을 바라보며 나이를 먹어가는 서울 마포구다.

나의 삶을 품어주고 성장 발전하도록 해 준 염리동, 신수동, 용강동이 속해 있는 마포구는 구청에서 발행한 자료에는 이렇게 기록되어 있다.

"마포지역은 안산(鞍山)에서 갈라진 영산구룡산맥과 노고산구룡산맥, 와우산구룡산맥이 한강으로 뻗어 세 산맥 사이에 호수처럼 발

달한 용호(龍浩), 마호(麻浩), 서호(西浩)가 있었는데, 서해의 조수가 드나들어 위의 3호(三湖)를 삼포(三浦, 3개의 포구)라 하였고, 삼포(三浦) 중 지금의 마포를 마포강, 마포항 등으로 불렀다. 마포의 명칭은 마포항, 마포강 등에서 비롯되었다."

마포나루(지금의 토정동 일대), 서강나루(신정동, 하수동, 상수동), 양화나루(절두산 서쪽)가 있는 마포구였기에 수상교통과 포구문화가 발달하였다. 나루터 주변의 경치도 좋아서 이곳을 감상하던 문인, 화가들의 작품들이 많이 전해진다.

대표적인 문화 유적으로는 망원정 터, 양화나루와 잠두봉 유적, 용강동 정구중 가옥, 창전동 공민왕 사당, 밤섬 등이 있다. 나는 양화진 외국인 선교사 묘원이 가장 마음에 와닿는다.

고종 황제의 어의이자 미국 의료 선교사였던 존 헤론(1856~90)이 이곳에 안장된 이후로 언더우드, 아펜젤러, 윌리엄 홀 선교사들이 잠들어 있는 곳이다. 주님의 종으로 한국의 선교, 교육, 의료, 사회복지, 출판 등에 중요한 업적을 남긴 분들이 모셔진 지역에서 내 인생 개화가 시작되었기에 더욱 각별하다.

식모살이하던 불광동, 중화동, 화장품 방문 판매하던 신촌, 양장점과 고기 판매하던 시절의 서울지역 마을들을 거쳐 마포구 염리동에 정착한 것은 1975년이다. 옛날 마포나루 시절에 이 지역 동막역 부근에 소금 창고가 있어 소금 장수들이 많이 살아서 붙여진 이름이 법정동이다. 1914년에는 경기도 고양군 용강면 염리였는데, 해방 후인

1946년에 염리동이 되었다고 한다. 마포동의 소금머리골에는 소금을 실은 배들이 드나들던 소금전(염전)이 있었다고 한다. 앞에서 언급하였던 토정 이지함 선생이 가난한 백성들에게 소금을 무상으로 나누어 줄 수 있는 자연 환경이 되었던 것이다.

염리동에서 신수동으로 이사한 것은 1982년이다. 램랜드는 용강동에 있어 어언 41년째 살고 있으니 내게 마포는 제2의 고향이고 삶의 터전이다.

신수동은 조선시대에 신수철리계(新水鐵里契)지역으로, 현재의 110번지 일대는 '무쇠막'으로 불렸다고 한다. 무쇠솥, 농기구를 만들어 팔거나 나라에 바치는 주물공장이 많았기 때문이다. 109-2번지에는 벌겋게 달아오른 무쇠를 식히는 바탕우물이, 501번지 일대의 메주무수막은 궁중과 관아에서 사용하던 메주를 쑤어서 바쳤으니 예로부터 신수동은 음식과 관련된 동네였다.

용강동은 지형상 마을 앞에 한강이 있고, 용의 머리에 해당된다 하여 '용머리'로 불렸는데, 용산의 '용', 서강의 '강'을 합성한 동 이름이다. 살고 있는 지명 이름을 사전이나 인터넷을 검색하여 찾는 일이 즐겁다. 하나님께서 이 땅을 지으셨고, 조상들이 자연의 특성을 살려 지혜로이 삶을 이어주었기에 더 애정이 간다. 우리 세대는 후손들에게 어떤 조상으로 알려질까를 상상하면 다시 자세를 가다듬게 되고 현실 생활에 더 충실하게 된다.

나의 분신
단비와 아라

꿈결 같은 알콩달콩한 결혼생활을 하다 보니 큰 애가 생겼다. 딸이었다. 이름을 뭐라 지을까, 누가 지을까 이야기를 주고받다 내가 이름을 짓겠다고 하였다. 우리 아버지는 내 이름을 지으시며 얼마나 기쁘셨을까? 부모가 자기를 쏙 빼닮은 아이를 낳아 축복하는 마음으로 이름을 지어준다는 것은 이루 말할 수 없는 가슴 벅찬 순간이다.

그때만 해도 한글 이름이 유행이었다. 처음에는 한글로 단비라고 지었는데, 남편이 한자도 있

나의 보배인 예쁜 딸들이다. 밤새 손으로 꿰매어 옷을 만들어서 입혔다. 미싱이 없으니 빨리 입히고 싶은 마음에 잠도 안 자고 손으로 열심히 만들어서 입힌 코트다. 얼마나 잘 만들었는지. 작은딸도 입었었는데, 다른 아이 입으라고 주었다.

작은딸 초등학교 졸업식 때에 해바라기 아버지는 세련되셔서 꽃까지 준비해 오셨다. 시어머니가 치매 걸리시기 전이라서 제일 좋고 행복했던 시절이다. 보고 싶고 그리운 존재인 나의 아버지, 천국에서 뵙기를…….

어야 된다고 하여 '아침 단'에 '왕비 비'라는 뜻을 가진 '단비'라고 지었다. 단비라는 이름에 담긴 한자의 뜻이 참으로 좋았다. 시부모님 연세가 많으신데, 집안에 아이가 없다가 정말 단비를 내린 것처럼 우리 딸이 태어난 것이다. 단비를 보면 사람들이 다 예쁘다고 말하였다. 용돈을 주는 사람도 있었다.

작은딸은 큰딸과 일곱 살 차이가 난다. 그냥 단비 한 명만 잘 기르고 안 낳으려고 하였다.

시부모님께서 장손 집안에 아들은 있어야 된다고 하시며 너무나 애를 태우셔서 한껏 걱정이 되었다. 시어머니가 올해 아이가 생기면 아들이니 꼭 낳으라고 하시기에 용기를 내서 한 명 더 낳기로 하였다. 그런데 정말 임신이 되었다. 하나님께 하루에도 열 번씩은 아들 낳게 해달라고 기도를 하였다.

그때는 나라에서 애를 많이 못 낳게 하느라고 양수검사도 해 주고 임신중절 수술도 하게 하였다. 아들 낳으려는 사람들이 양수검사 해 보고 아들을 낳을 때였다. 나도 생각을 해보았다. 임신 4개월에 검사

를 하면 5개월 차에 아들인지 딸인지 알 수 있다고 한다. 하지만 5개월이면 애기가 뱃속에서 노는데 어떻게 아들이 아니라고 죽이느냐고 그냥 낳겠다고 검사도 안 하고 매일 기도만 하였다.

때가 되어 애를 낳으러 병원에 가서도 배가 아파 죽을 지경인데도 '하나님, 아들 주세요. 아들 못 낳으면 시부모님이 얼마나 실망하시고 또 살아생전 걱정하실 텐데 꼭 아들 주세요.'라고 기도하였는데 딸을 낳았다. 그때도 '하나님, 제가 그렇게 밥을 먹을 때나 화장실 갈 때나 아들 달라고 기도했는데, 도대체 왜 다시 딸을 주셨나요?' 그렇게 원망을 하였다.

하필 1월 1일 아침에 낳았는데, 남편도 안 오고 작은 시누이만 왔다가 갔다. 그날 밤새 아기가 우유 달라고 울고 또 조금 있다가 기저

이 옷들이 예쁘다며 아동복 만드는 사람이 이 디자인으로 만들어서 팔고, 우리 딸 원피스 하나, 바지와 윗도리 한 벌 이렇게 두 벌을 주었다. 바지는 승마바지 모양이랑 비슷한데 편하고 아주 좋다. 자주색은 따로 떨어진 것인데 붙여서 원피스로 만들고, 감색 재킷은 앞을 굴려서 만들었더니 예쁘다고 우리 딸을 자기네 옷 만들 때 모델로 썼다.

귀 갈아달라고 울고 하는 바람에 밤새 잠을 못 자 너무 힘들어서 퇴원시켜 달라고 졸랐다.

집에 가면 옆방에 사람이라도 있으니 혼자 있는 것보다 나을 것 같다고 생각하여 퇴원하였는데, 막상 퇴원해 보니 시댁에서는 여자애를 낳았다고 오히려 눈치꾸러기였다. 시아버지는 병환까지 나시고, 시어머니만 오셨다가 바로 가셨다.

온 가족이 딸이라고 별로 좋아하지도 않았는데, 나는 큰애와 뚝 떨어져 낳아서 그런지 엄청 예뻤다. 얼마나 예쁜지 가슴이 벅찼다.

잠이 안 오니 아기 얼굴만 바라보았다. 눈, 코, 입은 어찌 그리 예쁜지. 손발은 또 얼마나 작고 귀여운지. 여자애면 어때! 건강하고 예쁘기만 한걸. 그래서 천덕꾸러기 취급당할까 봐 둘째 딸 이름을 '조아'라고 지었다. 작은딸은 늦둥이라 아주아주 예뻐서 공부라도 하고 있으면 "공부 그만하고 자라. 한두 글자 더 맞는다고 팔자가 달라지겠느냐. 내 딸은 가만히만 있어도 효도하는 거야. 넌 나의 태양이야." 하며 애지중지하였다. 그러면 작은딸은 너무 부담스럽다고 그런 말 하지 말라고 하였다. 그래도 "넌 아무것도 안 해도 돼. 그냥 내 곁에 있는 것만으로도 효도하는 거니까."라고 말한다.

그렇게 애정을 듬뿍 쏟아 기른 딸이 지금 38살인데, 짝꿍을 잘 골라서 내게 효도하고 있다. 나는 딸만 둘이라서 내가 죽을 때까지 밥해 먹고 살 줄 알았는데, 둘째 아이 짝꿍이 밥도 해 주고 곁에서 많이 도와준다. 어쩌면 친정어머니 대신 날 도와주라고 하나님이 보내신 것은 아닐까. 주님, 감사합니다!

작은딸이 피아노 콩쿠르에 나간다고 했다. 내가 특별히 정성껏 만든 개량 한복 겸 드레스를 입혀 주었다.
이 옷을 만들면서 너무도 행복했다. 한 땀 한 땀 꿰매서 만들었고 치마에는 리본도 만들어 달았다. 학교 전시회 때에 이 옷도 가져다 전시했다.

아라의
'엄마 호강시켜 드릴 결심!'

2000년에도 생활이 여유롭지 않았지만, 서민이 할 수 있는 일은 그다지 많지 않았다. 집 근처의 '충남슈퍼'에서 일하게 되었다.

그해 8월 23일, 막내 딸 아라의 '방학 중 체험학습 활동 보고서'에는 우리 집안의 형편이 고스란히 나타나 있다.

초등학교 3학년에게 내준 '체험학습 영역 : 진로 체험'이었는데, 부모의 직장 동반 체험이나 소질과 적성에 부합되는 위탁교육장 체험을 하여 보고서를 제출하라는 과제였다.

현실에 쫓겨 살고 있는 나로서는 여느 부모들처럼 그 과제 수행을 위해 알아볼 여유가 없었다. 결국, 아라는 내가 당시 근무하고 있던 슈퍼마켓에서 그 과제를 하게 되었다. 아라의 과제를 요약하면 다음과 같다.

• 활동하게 된 동기 : 엄마께서 요즘 허리 디스크로 고생하시기 때문에 가게 일을 도와드리려고……

- 시간별 일정 : 12~17시까지 물건 진열, 카운터 봄, 엄마 물건 파시
  는 것 도와드림, 물건 다시 채우기 등
- 체험활동 내용 : 엄마 가게를 따라가서 엄마 일을 도와드리고 그 김
  에 효도도 했다. 우선 카운터를 봤는데, 값이 얼마인지 잘 알지 못

방학중 체험학습 활동 보고서

인적사항	학번	3학년 3반 50번	성명	조마라
	주소	서울시 마포구 신수동 426-4 5빌라 303호	전화번호	02)713-3975

학습계획	*기간 : 2000.8.23 ~ 2000.8.23
	*장소 : 엄마 가게 (충남슈퍼)
	*동참자 : 엄현순 (母)
	*체험학습 영역 : 진로 체험
	  - 부모님 또는 부모님 친지 직장 1일 동반 체험
	  - 소질과 적성에 부합되는 직장(학원, 위탁교육장‥)체험
	  - 상급 학교 견학
	*활동하게 된 동기 : 엄마께서 요즘 허리 디스크로 고생하시기 때문에 가게일을 도와드리려고…

요일별·시간별 일정	12 ~ 1:30 까지 → 물건 진열 1:30~2:00 까지 → 카운터 봄 2:00~3:00까지 → 청소하고 3:00~4:00까지 → 손님이 오면 엄마 물건 파시는걸 도와드림 4:00~5:00 까지 → 제품 도와드리고 다시 물건 다시 채우기 겸함 5:00 쯤 닫을때에 같이 감

체험활동 내용	엄마 가게를 따라가서 엄마일을 도와드리고, 그김에 효도 도 해줬다. 우선 카운터를 봤는데 값이 얼마인지 잘 알지 못해서 듣는 값을 적어 둘 때도 있었고, 물건을 옮긴다 하고 물건을 옮겨 둬서 엄마한테 꾸중 들었다. 2교시 감상을 건열하는데 감상병 3박등. 하께에서 튀어나와 물건도 없었고 체험학들때에 엄청 땀가 보다가 엄마께 많이 났다. 하지만 물건을 파는건 쉽지않았다. 예를들어서, "아주머니 이런들은 다 맛있어요, 이거 냉동 편반이 무등 나고 아주 맛있어요" 라고 말 한마디에 아주머니 한분이 사가셨다. 물론 이 한물만 있으면 절대 아니다.

해서 돈을 잘못 거슬러 드릴 뻔한 적도 있었고, 물건을 옮기려다 물건을 떨어뜨려서 망가뜨린 것도 있었다. 그리고 간장을 진열하는데, 간장병 3병을 한꺼번에 들려다 다친 적도 있었고, 체험학습 와서 띵가띵가 놀다가 엄마께 혼도 났었다. 하지만 물건을 파는 건 잘

느낀 점	엄마께서 공짜인 명돈인을 해줘서 몰른 버스니까 둘른 아까 써야 겠다는 걸 느꼈고, 또 엄마께서 들이 디엄에 걸리신 이유도 알게 되었다. 매일매일 되게 무게운날 반짝 번짝 디시니까 저리에 뭔가 걸수밖에 없기 때문이다. 엄마께서 저를 키운 다행을 많이 끝나고 느껴지기 도 했었다. 평소엔 막 대들면 내가 무면에 지킨 그동안의 불프톤이 너무 거동스러웠고, 나중에 꼭! 돈을 많이 벌어서 엄마를 도감버러 드릴 것이라고 혼레 다짐했었다. 물론 주위에 있는 분들도 다 엄마 꼭! 효항내켜드리리고 말씀해 주셨지만 결코 귀위뿐의 이바기 때문이 아니고 진심에서 우러나는 말이다. 중얼이게 엄마께서 너무쇼 고생하는 걸 느끼면서, 오랜시 마음 너무속이 아팠다.
	*사진을 꼭 붙여주세요
기타사항 (사진부착 등)	

했다. 예를 들어서, "아주머니, 이것들은 다 맛있어요. 이거 냉면 면발이 쫀득하고 아주 맛있어요."라는 말 한 마디에 아주머니 한 분이 사가셨다. 물론, 이 한 분만 있는 건 절대 아니다. 엄마께서 굉장히 힘든 일을 하셔서 돈을 버시니까 돈을 아껴 써야겠다는 걸 느꼈고, 또 엄마께서 허리 디스크에 걸리신 이유도 알게 되었다. 매일매일 정말 너무 고생을 많이 한다고 느껴지기도 했다. 평소에는 막 대들던 내가 숙연해지고 그동안의 불효들이 너무 죄송스러웠고, 나중에 꼭 돈을 많이 벌어서 엄마를 호강시켜 드릴 것이라고 굳게 다짐했다. 물론, 주위에 있는 분들도 다 엄마 꼭 호강시켜드리라고 말씀해 주셨지만, 결코 그분들의 얘기 때문이 아니고 진심에서 우러나는 말이다. 정말이지 엄마께서 너무나도 고생하시는 걸 느끼면서 왠지 마음 한구석이 아팠다.

어린 아이의 심성이 고맙기도 하고, 한편으로는 마음이 시리다. 팍팍한 살림살이로 인해 다른 집 아이들처럼 호강 한번 시켜주지 못하였는데, 체험학습을 하며 그런 마음을 먹은 딸아이가 너무 대견스러웠다. 못난 엄마를 호강시켜 주겠다고 결심하였다는 대목에서는 눈물이 핑 돌았다.

대를 잇는
생명 양육의 기쁨

큰딸의 말을 경청해 주는 큰사위

나의 큰딸 단비는 결혼을 늦게 하였다. 그동안 짝꿍이 안 나타나서 중매를 여러 번 하였지만 잘 안 되었다. "35살 넘으면 혼자 살아라. 혼자 사는 것도 좋을 것 같다."라고 하면 갔다가 오더라도 남들 다 가니 가 보기는 해야 한다고 하였다.

어느 날, 카톡에 커플 반지 낀 사진이 올라와서 너무 반가운 나머지 애인 생겼느냐고 물으니 아직 소개시켜 줄 단계는 아니라고 한다. 그래도 궁금하여 채근하듯, 계속 물어보니 만나게 해 주었다. 그때가 단비가 31살이 되는 늦봄으로 장미꽃이 만발할 때였다. 사위 될 사람을 만나러 가니까 그래도 모양을 좀 내고 갔다.

체격도 아담하고 인상도 좋았다. 영화배우 차태현과 어쩜 그리 닮았는지 사람이 참 좋아 보였다. 나이는 40살이란다.

결혼할 마음의 준비는 되어 있느냐고 물었더니 "여자 말만 잘 들으면 된다면서요." 하면서 밝게 웃는 모습이 순하고 착해 보였다.

"결혼하면 나는 죽고 없다 생각하고 살아야 돼요. 또 다른 가족이 생기는 것이거든요.”

“네, 알겠습니다.”

그리고 그해 가을에 결혼식을 올렸다. 두 사람이 만혼이어서 아기가 들어서지 않을까 봐 걱정을 많이 하였는데, 몇 달 후에 아기가 들어섰다. 얼마나 경사인가. 걱정하고 있었는데, 아이가 바로 들어서니 두 집안이 경사 났다고 기뻐하였다. 마침내 기다리던 외손주가 세상 밖으로 나왔다.

식당 일을 하면서도 매일 가서 두세 시간씩 놀아주고 업어서 재워 놓고 왔다. 깨어 있을 때 오면 할머니 간다고 하도 울어대서 업고 자장가를 불러주며 재우고 왔던 것이다. 많이 불러준 자장가가 송대관의 「네 박자」다.

“니가 기쁠 때 내가 슬플 때 누구나 부르는 노래…… 쿵짝쿵짝”

세상에서 제일 예쁜 우리 손주, 세상에서 제일 귀한 준수, 아주아주 귀한 사람 준수, 소금 같은 사람 준수, 산소 같은 사람 우리 준수. 세상에서 제일 멋진 우리 손주에게 자장가로 이 노래를 많이 불러주었다.

또한 옛날에 우리 어머니가 불러주시던 자장가도 불러주었다.

“자장 자장 우리 아기 자장 자장 우리 아기
꼬꼬 닭아 우지 마라 우리 아기 잠을 깰라
멍멍 개야 짖지 마라 우리 아기 잠을 깰라
자장 자장 우리 아기 자장 자장 잘도 잔다”

그리고 지금은 기분이 처질 때 가끔 손주가 공갈 젖꼭지를 물고 「네 박자」 노래를 부르는 동영상을 보면서 기운을 내기도 한다.

손주 보느라 어깨가 아파서 병원에 다니면서도 손주를 업어서 재워 놓고 오는 것이 행복하고 즐거웠다. 제일 행복한 순간을 꼽으라고 하면 첫 번째가 손주랑 노는 것이었다. 하지만 요즈음은 나도 바쁘고 손주도 이것저것 배우러 다니느라고 바빠서 자주 보지 못한다.

작은손주는 2년 터울로 세상에 나왔는데, 자주 보러 가지 못하였다. 큰손주 어릴 때는 밤에만 식당에 나갔으니까 갈 수 있었는데, 작은손주 때는 아침부터 식당에 나가니까 갈 시간이 없었다.

큰손주가 류준수, 작은손주가 류준서다. 지인분이 외손주들 이름을 지어 주셨다. 그분도 우리 식당의 15년 단골손님이셨는데, 손주 본다고 하니까 이름을 지어 주셨다. 아주 고마우신 분이다.

큰딸은 사내 아이 둘을 키우느라고 여간 애를 먹지 않았다. 큰사위가 착실하여 퇴근하면 집으로 직행하여 육아를 많이 도와주었다. 특히 야구를 좋아하여 일요일에는 야구를 하러 가곤 하였는데, 아이가 태어난 후에는 취미생활을 중단하고 아이들을 돌보며 시간을 보냈다. 기특하다.

사부인께 고마울 뿐이다. 우리 딸이 시어머니 칭찬을 항상 많이 한다. 사부인은 애들이나 보라며 우리 딸에게는 아무것도 못하게 하신단다. 그래서 시댁에 가면 아무것도 안 한다며 자랑한다. 어쩌다 사부인을 만나게 되면 고맙다는 감사 인사를 전한다. 박서진 콘서트 때 사부인과 그 형제분들하고 함께 가서 아주 즐거운 시간을 보냈다. 모처럼 생색나는 일을 하니 마음이 뿌듯하였다. 사부인은 매년 김장을 하여 보내주신다. 얼마나 고마우신 분인가. 이 모든 것이 하나님께서 해주신 것임을 알기에 항상 주님께 감사함으로 산다.

베풀며 살아가는 작은사위

나의 작은딸 아라는 삼십이 넘도록 사귀는 남자가 없었다. 그냥저냥 살고 있었다. 가끔 고민은 없느냐고 물어보면 남자 친구가 없어서 그것이 고민이라고 하였다. 친구들과 어울려서 친구가 하는 식당에 자주 모여 놀다가 늦게 들어오곤 하였는데, 어느 때부터인가 식당 하는 친구와 전화 통화하는 소리를 들으니 내가 식당을 시작할 때랑 상황이 같아 보였다. 차도 없이 새벽시장을 봐서 장사를 하고, 게다가 밤늦게까지 영업을 하기에 개인생활도 없으니 여러모로 속상하여 딸과 통화를 하며 하소연하는 것이었다. 식당이 종로인데, 광화문 근처라서 매일 데모를 하니까 장사가 안 돼서 고민이라고 하였다. 하루라도 빨리 가게를 처분하게 하라고 시켰다. 운이 좋아서 가게가 쉽게 나갔고 그 후 잠시 다른 일을 하였다.

그때 우리 집에 놀러 와서 친정어머니랑 화투도 치고 밥도 먹고 갔다. 그러고 나서 얼마 후 친정어머니가 병환으로 입원하셨는데, 저녁에 작은딸하고 둘이서 병실을 지키고 병간호를 하였다. 돌아가셨을 때에 장례식에도 와서 도움을 많이 주었다. 너무 싹싹하였다. 하지만 나는 누구에게 대접을 받아 본 적이 없어서 그런지 처음에는 그런 모습이 조금 불편하였다. 그런데 보면 볼수록 버릴 것이 하나도 없었다.

아버지가 일찍 돌아가셔서 고생도 많이 하였단다. 여러 가지가 나랑 닮은 점이 많아서 데려다가 아들처럼 잘되게 해 주어야겠다고 생각하고 작은딸에게 우리 식당으로 데려오겠다고 하였더니 반대하였다.

"잘되면 모르지만 헤어지기라도 하면 어쩌려고?"

"헤어지는 것은 너희 둘 문제고, 그 애처럼 착한 애는 잘되게 해 줘야 해. 너랑 헤어져도 난 그 애를 잘되게 해 줄 거야."

그런 과정을 거쳐 마침내 작은사위가 되었다.

작은사위는 성실하고 일도 열정적으로 한다. 한마디로 성공할 조건을 다 갖추었다. 단지, 남들한테 너무 베풀고 살아서 그것이 흠이라면 흠이랄까……. 그것만 적당히 고치면 된다.

사부인을 만나면 어떻게 아들을 그리 잘 키우셨느냐고 칭찬을 아끼지 않는다. 처음 식당에 작은사위를 데려올 때는 잘되게 해 주려고 오라고 한 것인데, 지금은 거꾸로 내가 덕을 보고 산다. 손님들이 이구동성으로 사위를 너무 잘 만났다고 칭찬한다. 어떤 손님은 아들이냐고 물어보기도 한다. 그러면 나는 열 달 동안 고생 안 하고 낳은 아들이라고 하면서 웃는다. 사부인은 수시로 반찬을 이것저것 해서 보내주신다. 덕분에 잘 먹는다. 하나님께서 늘그막에 내게 큰 복을 주셨다. 세심하게 돌보아주시는 주님의 은혜에 감사드리고, 양가 사부인들께도 늘 감사한다.

친정어머니
섬겨드리는 손님들

이 회장님은 램랜드 개업하고 며칠 되지 않을 때부터 식당에 오셨다. 식당 옆 스포츠센터에서 운동하시는 분들과 어울려서 오셨는데, 사무실이 근처라서 점심에도 식사하러 자주 오셨다. 그래서 그 회사 직원들의 점심값은 특별 할인해 주었다. 아무래도 전골은 일반 식당의 전골보다 비싸지만, 일반 식당의 곰탕값 정도만 받았다.

외국에 출장을 가시면 한국에서 구하기 어려운 소스를 직접 사다 주시기도 하고, 여러 가지로 세심하게 많이 도와주셨다.

친정어머니를 '어머님'이라고 부르시며 가끔 사탕 사드시라며 용돈도 챙겨주셨다. 항상 고마움을 잊지 않고 언젠가는 꼭 갚아야지 하면서 마음으로 감사하며 살고 있다.

그 회사는 직원들도 착하다.

직원들도 친정어머니를 '엄마'라고 부르며 다른 식당의 맛있는 음식을 포장까지 해다 드리기도 한다. 친정어머니가 순댓국을 좋아하신다고 하였더니 순댓국 잘하는 식당에서 순댓국도 사오고 집에서 만든 반찬도 가져오곤 하였다.

한번은 스지(소의 힘줄)로 한 장조림을 가져다주어서 그 후 스지로도 장조림을 한다는 것을 알게 되었다. 그렇게 잘해주니 나도 그 보답으로 음식값을 할인해 주었다.

한번은 사위 보신다며 사위 될 사람을 데리고 가족이 함께 오셨다. 축하하는 의미로 돈을 안 받으려고 하였더니 "장사는 받을 것 다 받아야지. 이 사람 저 사람 마음에 든다고 그냥 공짜로 주면 안 된다."고 하셨다. "회장님 덕분에 장사가 잘되어서 돈을 잘 벌고 있잖아요." 하면서 서로 웃었다.

이처럼 정겹게 주고받으며 살아가는 것이 얼마나 기쁘고 즐거운지……. 램랜드 안에서 사람들을 만나는 일은 정말 행복하다. 밤에 하나님께 기도를 드린다.

'램랜드를 하면서 베풂과 나눔을 배우게 해 주셔서 감사합니다! 받을 때는 행복하고 줄 때는 두 배로 더 행복함을 알게 해 주신 하나님, 램랜드를 하면서 많은 사람들에게 받는 즐거움도 배우고 주는 즐거움도 느끼게 해 주시니 진정으로 감사드립니다!'

이웃사촌 '쌍마횟집'과
유 사장님의 배려

"멀리 있는 친척보다 이웃사촌이 낫다."는 말이
꼭 맞는다.

친척들이야 멀리 있다 보면 일 년에 두어 번 보기도 힘든데, 이웃
은 매일 보니 아무래도 이웃에게 정이 더 간다.

우리 가게 옆 식당은 회를 파는 곳이다.

횟집 사장님 부부는 고향이 두 분 다 충청도라서 반찬이 내 입맛에
딱 맞는다. 자주 얻어먹는다. 우리는 고기 집이고 옆집은 횟집이라 서
로 메뉴가 달라서 서로서로 팔아준다. 그리고 속상한 일이 있으면 언
제든 터놓고 이야기하여 서로 위로해 주고 또한 위로받는 화평을 누
리는 행복한 사이다. 좋은 일이 있으면 같이 기뻐한다. 잘 맞아서 잘
지내니 이웃사촌이 멀리 있는 친척보다 낫다.

친정어머니가 편찮으실 때도 전복에다 문어에다 고아다 주고, 내
가 기운이 없어 보이기라도 할라치면 입맛 돋울 만한 반찬에다 죽까
지 쑤어 세심하게 신경을 써서 섬겨준다. 이렇게 좋은 이웃 만나기도
어렵다.

참으로 복 많은 것도 곰곰이 생각하면 주님이 주신 복이다.

램랜드는 1층에 있고, 유 사장님의 사무실은 3층에 있다. 그러다 보니 주차장을 같이 사용한다. 우리가 식당을 하니 저녁이 되면 직원들에게 손님들 차량이 들어오기 전에 차를 다 빼주라고 지시를 하셔서 오후 5, 6시만 되면 주차장이 텅 빈다.

초기라서 장사가 잘 안 될 때였는데, 유 사장님은 사람들 만날 일이 있으시면 우리 식당으로 손님들을 데려오곤 하셨다. 주변 사람들에게 식당 자랑도 많이 해 주시고 여러모로 내게 도움을 많이 주셨다.

은퇴 후에는 민통선 지역에 들어가서 살고 계신다. 서울에 자주 오시는데, 사람을 만날 일이 있으시면 우리 식당으로 오신다. 얼마나 고마우신 분인지.

항상 감사한 마음 잊지 않고 살고 있다. 철원에 산나물이 지천에 깔렸으니 나물 뜯으러 식당 식구들과 함께 놀러오라고 하시는데, 시간이 나지 않아 차일피일 미루고 있다.

사모님도 부부동반 모임을 이곳에서 하신다.

얼마 전에는 동네 목사님 부부께 서울 가면 우리 식당에 가서 먹어보라고 하셔서 목사님이 들러서 식사를 하고 가셨다. 맛있다고 하시면서 기회가 되면 또 오시겠다고 하셨다.

이 모든 것이 하나님의 도우심이다. 다방면으로 세밀하게 도와주시는 에벤에셀의 하나님! 감사합니다.

"오라 우리가 여호와께 노래하며
우리의 구원의 반석을 향하여 즐거이 외치자
우리가 감사함으로 그 앞에 나아가며
시를 지어 즐거이 그를 노래하자
여호와는 크신 하나님이시요
모든 신 위에 크신 왕이시로다
땅의 깊은 곳이 그의 손 안에 있으며
산들의 높은 곳도 그의 것이로다
바다도 그의 것이라 그가 만드셨고
육지도 그의 손이 지으셨도다
오라 우리가 굽혀 경배하며
우리를 지으신 여호와 앞에 무릎을 꿇자
그는 우리의 하나님이시요 우리는 그가 기르시는 백성이며
그의 손이 돌보시는 양이기 때문이라 너희가 오늘 그의 음성을 듣거든
너희는 므리바에서와 같이 또 광야의 맛사에서 지냈던 날과 같이
너희 마음을 완악하게 하지 말지어다."(시 95:1-8)

CHAPTER
04

램랜드,
작은 세상의 풍경

나이가 들면 손이 두 개라는 걸 발견하게 된다.
한 손은 자신을 돕는 손이고,
다른 한 손은 다른 사람을 돕는 손이다.

– 오드리 헵번(Audrey Hepburn, 1929~93)

양고기, 스태미나에
최고 '건강 만점'

내가 경영하고 있는 램랜드의 식탁에는 다음과 같은 양고기 효능에 관한 안내문이 놓여 있다.

"영양 만점, 미용에도 좋은 양고기
양고기는 저칼로리, 저지방, 고단백, 고칼슘으로 다이어트에 좋으며,
수술 후 원기회복과 상처 치유 촉진을 위해 의사들이 권하는 음식
『본초강목』과 『동의보감』 등의 문헌에 따르면, 정력과 기운을 돋우고
비장과 위를 튼튼히 하며 위장을 보호한다.
혈압을 다스리는 효능이 있으며 당뇨, 술 중독에 도움을 주고,
독성해독, 장내해독, 살균, 이뇨, 피부미용, 피로회복, 양기부족,
골다공증에도 효능이 있는 것으로 알려져 있다."

우리나라에서 양고기는 그리 흔한 육류가 아니다. 돼지고기나 쇠고기처럼 우리 민족이 즐겨 먹던 육류도 아니고, 닭고기처럼 다양한 요리로 남녀노소 연령을 불문하고 먹는 메뉴도 아니다.

인간이 양을 처음 사육한 것은 생각보다 훨씬 오래전 일이다. 우리나라에서만 양고기를 즐겨 먹지 않았을 뿐, 중국에서는 고대 은나라 때부터 즐겨 먹었고, 몽골도 세계정복을 위한 원정을 떠날 때에 식량으로 이용할 만큼 전통이 깊다고 알려져 있다.

우리나라에서도 일반적으로 즐겨 먹지 않았지만, 『본초강목』이나 『규합총서』에 양고기의 영양학적인 면을 기술해 놓았다고 하니 양고기의 효능과 효과 등 영양학적으로 남다르다는 점이 선조 때부터 익히 손꼽히고 있지 않았나 싶다.

우리나라에서는 특유의 노린내 때문에 양고기라고 하면 고개부터 절레절레 젓는 사람들이 적지 않다. 그러나 고추, 후추, 정향 등 강한 향신료를 이용하는 중동국가에서 즐겨 먹으며 국내에도 양꼬치 가게들이 종종 생겨날 정도로 양고기에 대한 인식이 과거보다는 훨씬 좋아지고 있다.

양고기는 지방이 적고 육질이 부드러운 반면, 우리가 즐겨 먹는 쇠고기보다 단백질이나 칼슘 함량이 높다. 씹는 맛이 쇠고기나 돼지고기보다는 닭고기에 가까워 질기지 않기 때문에 나이 드신 분들도 드시기에 좋다. 또한 양고기의 열량은 쇠고기보다 높아 혈액순환을 촉진하여 체질 허약자, 손발 찬 사람에게 추천할 만하여 가을, 겨울 보양식으로 안성맞춤이다.

『본초강목』과 『동의보감』 등의 고전의학에 양고기는 중풍을 다스리고 기(氣)를 돋우며 허랭(虛冷)한 사람에게는 성약이라고 나와 있다고 한다. 또한 단백질과 칼슘, 비타민 E도 풍부하고 몸의 독성을 해소

하는 등 다양한 영양학적 기능이 있는 것으로 나타났다. 어지럼증이나 당뇨, 골다공증 등에도 효험이 있고, 특히 피부 미용에 좋다는 사실이 알려지면서 양고기를 찾는 여성들도 부쩍 늘었다.

양고기는 자칫하면 노린내가 나서 제대로 양념하지 않으면 단번에 거부감을 갖게 되는 선입견 강한 음식으로 꼽힌다. 그러나 우리 가게에서는 2년 미만의 어린 양을 사용하여 양고기에서 나는 특유의 냄새를 없애고 우리 입맛에 딱 맞는 조리법을 개발하여 제대로 양념을 하였기 때문에 양고기를 처음 접하는 분들도 다들 칭찬하며 가게 문을 나선다.

특히 내 자신이 양고기의 효험을 제대로 보았기 때문에 손님들에게도 자신 있게 건강 만점의 보양식으로 권할 수 있다. 나는 몸이 찬 편인데, 우리 가게에서 개발한 조리법으로 만든 양곰탕을 먹은 후 몸이 한결 따뜻해졌다. 또한 피부도 촉촉해지고 또래에 비해 주름이 적은 편이라 볼 때마다 젊어진다는 인사를 받곤 한다.

일반적으로 양고기는 보신탕, 장어 등과 함께 남자들의 스태미나 식품으로 꼽힌다. 양고기를 먹은 후에는 아내와 반드시 사랑을 나누게 된다는 우스갯소리가 있다고 한다. 우리 가게를 찾는 손님들 중에 양고기 요리를 먹으면 두 시간 이내에 귀가하여 아내와 사랑을 나누어야 한다는 일명 '두 시간 귀가법칙'이 있다는 분들이 있을 정도다.

정성을 다한 음식으로 손님들의 건강을 책임질 수 있다니 이래저래 정말 감사할 뿐이다.

램랜드,
양갈비의 역사를 쓰다

'램랜드'가 문을 연 것은 1989년이다. 한 수입 육전문유통회사가 다양한 이색고기를 수입하면서 국내에서는 생소한 양고기 전문점을 열었다. 당시 나는 이 회사 직원으로 있으면서 양고기의 유통 과정과 손질 과정을 모두 꿰고 있었다. 이 회사는 본격적인 체인사업을 하였으나, 당시만 해도 특유의 냄새와 양고기에 대한 사람들의 인식 부족으로 점포를 유지만 하였을 뿐, 그다지 성과를 내지 못하고 있었다.

그런 상황에서 내가 램랜드를 본격적으로 인수하면서 정말 24시간이 부족할 정도로 하루하루 바쁜 시간을 보냈다. 어릴 때부터 워낙 지기 싫어하는 성격이었고, 회사에서 양고기에 대한 해박한 지식을 습득하고 있었기에 양고기에 관해서는 누구에게도 지지 않을 자신이 있었다.

본격적으로 가게를 인수하면서 양고기를 활용하여 튀김, 볶음 등 다양한 메뉴를 개발하였는데, 얼마 안 있어 삼각갈비, 수육, 전골 등 두각을 나타내는 메뉴로 좁혀졌다. 기존에는 양고기라고 하면 20개월 이상의 어른 양인 머튼(Motton)을 주로 사용하였다. 하지만 우리 가게에서는 1년 미만의 어린 양인 램(Lamb)을 쓰고 우리가 개발한 조리법을 사용하여 어느 곳에서도 맛볼 수 없는 인기 만점의 양고기 요리를 탄생시켰다.

양고기 맛을 좌우하는 것은 뭐니 뭐니 해도 고기 자체에 있는 특유의 향을 없애는 조리 전 손질이다. 양고기를 냉장고에서 해동한 후에는 3일 정도 숙성 과정이 필요하다. 그 사이에 마블링이 살아나고 고기가 부드러워지며 특히 냄새도 어느 정도 빠져 적정한 맛이 난다. 여기에 생강, 마늘, 후춧가루, 카레가루 등의 양념을 적절히 사용하는 게 양고기 요리의 비법이다.

램랜드에서 손님들이 가장 좋아하는 메뉴는 바로 삼각갈비다. 삼각갈비 이름도 우리가 처음 사용하기 시작하였다. 양갈비에 대한 어감이 좋지 않아 내가 삼각갈비로 부르기 시작하였는데, 이젠 양고기를 좀 안다 하는 사람들 사이에는 갈비의 명칭처럼 통용되고 있다.

삼각갈비는 누린내 안 나는 1년 미만의 양고기를 3일 동안 숙성한 후 참숯에 구워낸다. 적당하게 구워진 양고기를 특제 소스에 찍어 걸레빵이라 불리는 멕시코식 전병인 토르티야에 올리고 마늘, 올리브, 콘 샐러드 등을 얹어 싸 먹으면 담백한 맛을 즐길 수 있다. 씹을수록 고소한 맛이 마치 쇠고기를 씹는 듯한 육질이고, 고기가 쪽쪽 부드럽게 결 따라 찢어져서 마치 닭고기와 비슷하다. 맛은 일품이지만, 한 마리에서 좌우 8대 정도가 나오므로 양이 그다지 많지 않기 때문에 예약을 하지 않으면 하루 정해진 양이 소진되면 먹기 힘든 경우도 있다.

뜨끈한 국물로 속풀이 겸 한 그릇만 먹어도 왠지 건강해지는 보양식을 먹은 듯한 뿌듯함을 느낄 수 있는 게 양고기의 또 다른 매력이다. 양고기를 맛깔스럽게 요리하면 건강뿐만 아니라 입맛도 사로잡을 수 있기 때문이다. 이색적인 재료인 양고기를 이용하여 술 한 잔 하면서 먹기 딱 좋은 안주인 동시에 든든하게 속까지 채워줄 수 있는 메뉴로 어떤 게 있을까 고민 끝에 개발한 음식이 양곰탕이다. 듬뿍 넣은 들깻가루와 깻잎, 대파 등이 어우러진 양곰탕은 쇠고기곰탕 못지않게 국물이 구수하여 점심식사로 먹기에 든든하고 해장국 대용으로도 안성맞춤이다.

얼큰한 맛의 전골도 한국식 양념인 들깻가루와 깻잎, 대파 등을 넣어 양고기 특유의 잡냄새를 없앴다.

'만디'라 불리는 양고기찜은 중동에서 즐겨 먹는 요리로, 양의 살코기를 뼈째 적당한 크기로 절단하여 양념한 후 가압 조리기로 쪄낸 찜 요리다. 육질이 순하고 부드러울 뿐만 아니라 맛이 좋아 사랑받는 안주로 꼽힌다. 젓가락만 몇 번 움직여도 뼈가 쏙쏙 빠질 정도로 부드러운 육질이 특징이다. 머스터드와 고운 소금 두 가지 양념에 콕콕 찍어 먹는다.

세계 최고의
양고기 집을 꿈꾸다

식당을 개업한 직후에는 간신히 적자만 면하는 정도였다. 그때는 사람들이 양고기를 많이 먹지 않을 때고, 좋아하는 사람들도 적을 때였다.

나는 양고기를 맛나게 먹게 하려고 이런저런 레시피를 연구하였다. 맵게 한 양고기를 튀긴 후 송이버섯과 야채를 넣고 같이 볶아 케밥을 만들어 내놓았다. 당시는 뼈를 12시간 고아낸 하얀 국물에 고기 조금 넣어서 만든 곰탕을 팔고 있었다.

갈비고기는 석쇠처럼 생긴 판에 구워 소금과 함께 제공하였다. 지금은 갈비만 주고 판도 바꾸고 올리브, 토르티야, 콘 샐러드와 소스도 맛깔나게 만들어 내놓는다. 갈비고기 손질도 여러 가지로 해보았다. 여러 가지를 시도해 보았지만, 이전 방식대로 손질한 고기가 가장 연하고 맛있었다.

전골도 메뉴로 추가하였다. 남자들이 고기에 술만 먹고 집에 가서 밥 달라고 하면 아내들이 싫어하니까 아예 요기가 되도록 밥과 함께 먹을 수 있는 메뉴를 생각해낸 것이다.

사우디아라비아 손님들이 오면서 한두 개씩 선물해 준 향수들이다. 따뜻한 마음이라 생각하며 모아두었다.

예전에 내가 집에서 끓였던 김치죽을 응용하여 양고기죽을 끓여 보기로 하고 양고기 전골에 밥을 넣고, 라면사리도 넣어 부글부글 끓였다. 어느 날, 손님들한테 끓인 죽을 선보이며 집에 가서 밥 달라고 하지 말고 드시고 가라고 내놓았다. 그 또한 밥으로도 안주로도 최고라고 하였다.

양고기가 최고라며 아예 포장 판매하는 걸 고려해 보라는 손님들도 있었다.

양고기에 일가견이 있는 중동의 사우디아라비아 대사관 직원들이 우리 집 양고기가 세계에서 제일 맛있다고 칭찬할 때면 정말이지 어깨가 으쓱해지고 장사할 맛도 살맛도 절로 났다.

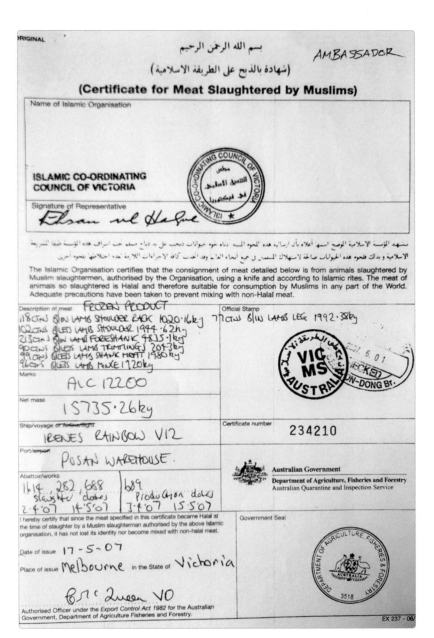

이슬람협회에서 발급한 할랄인증서
이 식당에서 취급하는 음식은 이슬람 규정에 따라 제조된 것이니 무슬림들이 먹어도 된다는
내용이다.

용 회장님,
김 회장님의 용봉탕

직원 둘 데리고 일하던 초창기 시절의 일이다. 두 분 손님이 계시는데, 나보다 램랜드를 더 오래 다니신 분들이다. 이분들이 이전 사장님도 용봉탕을 하였었다며 내게 '용봉탕'을 해보라고 하셨다.

두 분은 용봉탕을 드시기 위해 가끔 오셨다. 그분 중 한 분인 김 회장님이 특별히 내 건강을 염려하시며 잘해주셨다.

용봉탕을 드시고는 용봉탕값과는 별도로 팁을 주셨다. 당시는 내게 빚만 많을 때라 너무 고맙고 감사하였다. 나는 이것저것 넣어 보며 비릿한 냄새를 잡으려고 하였다. 앞서 용봉탕을 만들던 사람의 방식대로 하니 냄새도 많이 나고 구수한 맛도 없고 하여 나름대로 개발하기로 한 것이다.

후추, 구기자, 생강, 인삼도 넣고 여러 가지 양념을 넣었지만, 그래도 국물에서 비릿한 냄새가 많이 났다. 여러 가지 시도 끝에 우리가 흔히 쓰는 야채를 조금 넣으니 훨씬 맛있고 냄새도 안 났다. 시간도 1시간, 2시간, 3시간 등으로 늘려가며 시간대별로 이리저리 끓여본 결과, 4시간 끓이는 것이 제일 구수하고 맛있었다.

그때 그 기분은 경험해 보지 않은 사람은 모를 것이다. 너무너무 신기하고 좋았다. 그렇게 끓인 용봉탕을 드렸더니 용 회장님과 김 회장님께서 맛도 최고, 보신도 최고라고 무척 좋아하셨다.

자주 오시던 분들이 언제부터인가 용 회장님만 가끔 오시고 김 회장님은 오시지 않는다. 그래서 용 회장님께 "그동안 저를 많이 도와주셨으니 이번에는 제가 대접해 드리고 싶다."고 말씀드렸다.

두 분이 오랜만에 함께 오시니 얼마나 반갑던지. 그런데 기어코 음식값을 주신다. 그것도 두둑한 팁까지 얹어서. 안 받겠다고 손사래를 치니 직원들하고 맛있는 거 사먹으라고 하신다. 마음 같아선 더 주고 싶다고 하셨다. 얼마나 감사한지 세상에는 이런 분들도 계시다.

하나님께서 아이디어와 지혜를 주셔서 맛과 영양이 뛰어난 용봉탕 레시피를 개발하게 되어 늘 감사드린다.

멋진 상사,
찌질한 상사

어느 회사에서 회식을 하러 왔다. 상무님이 멋쟁이 신사라고 생각되었다.

물은 각자 한 병씩 놓고 알아서 마시게 하고, 열심히 일하였다고 모처럼 회사에서 사주는 거니까 마음껏 먹고 더 열심히 일하라고 하고, 상무가 있으면 직원들이 불편하다며 먼저 가면서 직원들에게 맛있는 것 많이 주라고 한다.

얼마나 멋진 분인가!

상무님이 가시니 직원들이 고기도 마음껏 먹고 얼마나 좋아하던지. 그렇게 해 주면 일도 더 열심히 할 것이다. 그런 점에서 존경받는 상무님이다. 안 그래도 직원들이 잘생기신 분이 마음 쓰시는 것도 멋지다고 상무님 칭찬이 늘어진다. 얼마나 보기 좋은 광경인지 내가 다 기쁘고 즐거웠다.

어느 날인가, 상사인 듯한 사람이 부하 직원을 데리고 식사를 하러 왔다. 자리에 앉아서 한 5분이나 지났을까. 한 직원에게 일을 그 따위로밖에 못하느냐고 심하게 인신공격을 해댔다. 무척 속이 상하였다.

그러면 나는 가만히 있지를 못한다. 저런 인간 밑에서 저렇게 사람대접도 못 받고 일하려고 열심히 공부하여 좋은 회사라고 취직하였나. 다른 직원들도 있는데, 그 상사가 얼마나 밉던지 슬쩍 다가가서 "음식이 식으니 먼저 드시고 말씀은 나중에 하세요."라고 말해주었다.

그러자 아무 소리 못하고 식사를 하고 갔다. 그들이 가고 나서도 마음이 좋지 않아서 "저 직원 집 식구들은 저런 상사 밑에서 사람대접 못 받고 일하고 있는지 알기는 할까?"라고 중얼거렸다.

기왕이면 좋은 말로 타이르고 가르치면 얼마나 좋을까.

한번은 회사 전무님이 직원들 열두 명을 데리고 와서 10인분을 시키고는 서비스로 고기를 더 달란다. 그러더니 배부르다며 전골이나 조금 해오란다. 그럴 바에야 뭐 하러 고기 사준다고 데리고 왔는지. 회삿돈으로 사주면서 얻어먹는 직원들도 눈치 보이고 서로 기분 안 좋게 식사를 하였다. 정말 찌질한 상사다.

어느 날, 저녁식사 손님들끼리 하는 이야기를 우연히 들었다. 상무님이 퇴직을 하고 병이 나서 입원하였다면서 모두들 쌤통이라고 하였다. 아무도 병문안을 안 갔단다. 근무할 때에 엄청 못되게 굴어서 직원들이 언제까지 그 자리에 있나 보자고 하였는데, 결국 회사에서 잘렸단다. 그때도 모두 그놈 잘되었다고 욕해주었다는 것이다.

"높은 자리에 있을 때 잘해주어야 남는 게 있다."는 말이 맞다. 부하 직원들을 데리고 일할 때는 너그러운 마음으로 많이 베풀고 인격적으로 서로 존중하는 마음을 가져야 하는 법이다.

양고기 요리의 노하우

'램랜드'는 양고기를 한국식 요리로 내는 음식점이다. 먼저 양고기 본질을 맛볼 수 있는 게 갈비다. 살점 넉넉하게 붙은 15센티미터 남짓한 크기의 갈빗대 두 대가 나온다.

양갈비는 '고기계의 마시멜로'라고나 할까? 지방이 보이지는 않지만, 사르르 퍼져 있는 듯한 육질이 부드럽다. 육즙이 담뿍 배어나온다. 맛은 쇠고기와 닭고기가 섞인 듯하면서 특유의 양고기 냄새를 살짝 풍긴다. 손님들은 불쾌한 느낌 없이 특별하다고 하신다.

양고기는 호주에서 수입한 냉동육을 쓴다. 식용으로 쓸 수 있는 것은 2년 미만의 어린 양들이고, 갈비로는 이 가운데서도 가장 연한 6개월 미만의 고기만 쓴다. 일반 조미료는 사용하지 않고 3일 정도의 숙성 과정만 거친다.

특유의 강한 냄새를 없애고 생고기처럼 되도록 녹이는 게 조리법의 '열쇠'다. 순전히 주먹구구식이며 나만의 노하우가 있다면 3일 정도 고기의 색깔을 보고 상태를 판단한다.

치아 없으신 손님이 더 연한 고기를 원하실 경우에는 찜을 추천한다. 손가락 크기의 작은 갈비 두름을 4시간 동안 뭉근하게 찐다. 양념은 들깨가 메인이다. 그래서인지 보신탕 수육과 비슷하다.

뿐만 아니라 등뼈로 뽀얗게 국물을 고아낸 곰탕과 감자탕처럼 얼큰하게 양념한 전골도 있다.

1층에 램랜드가 자리한 수성빌딩이다.
하나님의 은혜 가운데 물질의 복을 받아 2005년 경에 건물을 매입하여 2012년 구정(설) 다음
날에 램랜드가 이 건물로 들어왔다. 시아버지의 존함 '조수성' 선생에서 가져온 '수성빌딩'이라
명명하였다. 빌딩을 바라볼 때마다 감사기도를 드린다.
부족한 나에게 이 건물을 주셨으니, 천국에 갈 때까지 청지기로서 잘 관리하며, 주님 기뻐하시
는 공간이 되도록 노력하고 있다.

예약 손님 여덟 분,
눈앞 노쇼(no-show)에 눈물

식당이 유명세를 타고 나서의 일이다. 예전에 '스포츠조선'에서 잠시 일하였는데, 그 인연을 계기로 홍보 차 신문에 내준다고 하여 식당 이야기가 신문에 작게 실렸다. 광고회사에서 그것을 보고 식당 홈페이지를 만들라는 연락이 왔다. 당시 돈으로 48만 원을 내라고 하였다. 식당 홍보가 필요하였기에 겁도 없이 카드로 결제를 하였다. 전화로 카드결제를 해 주고는 혹시 그 회사 담당자가 그 카드를 계속 사용할까 봐 자꾸 걱정이 되었다. 그래서 다음 날 은행에 가서 카드 분실 신고를 하고 다시 새로 카드를 발급받았다. 얼마나 우스운 일인가.

2000년에는 홈페이지 만드는 경우가 많지 않았다. 식당 홈페이지를 보고 신문, 잡지사들에서 연락이 왔다. 「스포츠조선」에는 거의 신문의 절반 정도 규격으로 광고가 크게 실렸다. 지인들에게 전화를 해서 내가 신문에 나왔다고 신문을 사서 보라고 자랑을 하였다. 신문을 보고 전화해 주는 사람도 있었다. 홍보 효과를 체감하며 좋아하였다.

얼마 지나서 '리얼코리아' 방송에서 연락이 왔다. 다음 해가 양띠

해라서 12월 말 특집으로 양요리를 방송한다는 것이다. 그 전화를 받고 마음이 설레서 한참 동안 멍하니 있었다. 이 모든 일들도 우연인 줄 알았는데, 하나님께서 다 만들어 주신 것임을 늦게나마 깨달았다.

친정어머니, 시부모님을 모시며 애들 키우느라 살림 형편이 어려우니까 잘되게 해 주시려고 방송을 나가게 해 주신 것 같다.

방송국에서 이틀을 촬영해 갔다. 당시만 해도 어린 양고기인 램은 진짜 비쌌다. 그래서 저렴한 늙은 양고기를 통째로 사다가 전기톱으로 잘라서 썼다. 장사가 잘 안 될 때니까 원가를 아껴야 하였다.

그때는 젊어서 무서운 줄 모르고 일을 하였다. 20킬로그램짜리 한 박스를 들어 올려 전기톱으로 자르니까 촬영하시는 분이 "여자가 전기톱 쓰는 거 안 무섭냐?"고 묻기에 "그냥 하는 거죠. 전 여자가 아니에요." 하며 웃었다.

어리둥절한 표정이기에 "엄마는 여자가 아니다."라는 말이라고 알려주었다. 그걸 어린 양고기하고 섞어 요리를 하였더니 손님들이 귀신같이 알아서 어떤 것은 맛있고, 어떤 것은 퍽퍽하고 냄새가 난다고 지적한다. 그래서 고기를 섞어 써서 그렇다고 사실대로 말하고 그다음부터는 그냥 어린 양인 진짜 램만 사용하였더니 손님들이 냄새도 안 나고 좋단다. 그동안 먹었던 양고기와 다르다며 흡족해 하였다.

손님들은 친구나 대접할 사람들이 있으면, 자랑스럽게 우리 식당으로 데리고 오신다. 그다음에는 또 다른 분이 연결되어 다른 분들을 데리고 오신다. 계속 그렇게 해서 단골손님이 많이 늘었다. 사람의 정이 이런 것이구나 싶었다.

촬영을 토요일에 하였는데, 그날 단체손님 여덟 분의 예약이 있었다. 식당 개업 초창기여서 단체손님이 거의 없을 때라 정성껏 준비를 하였다. 부부 동반 모임이었다.

> 최소한의 상식과
> 양식이 있고,
> 상호 신뢰가 형성되는
> 사회가 되어야 한다.

일곱 분은 좋아하시면서 예약 자리로 가서 앉는데, 한 여자 분이 문 앞에 그냥 서 계셨다. 양고기가 싫으시면 다른 음식을 시켜드릴 테니 들어오시라고 해도 그냥 서 계셨다.

5분 정도 지나니까 남편 분이 가서 이유를 물으니 양고기가 싫다는 것이다. 일행 분들도 난감하여 내게 미안하다고 하면서 다른 음식점으로 가버렸다. 속상한 나머지 나도 모르게 눈물이 주르륵 흘렀다.

촬영하시던 분이 "이런 일이 종종 있나요?" 묻기에 "없죠. 지금 저희 집에 오시는 분들은 거의 양고기를 좋아하시는 분들이라서 이번 같은 일은 없었어요."라고 답하였다.

이런 무책임한 노쇼 문화는 사라져야 한다. 정성껏 준비를 해놓은 식당 사람들 생각을 조금이라도 한다면 상대방 입장을 전혀 헤아리지 않는 경솔한 행동은 할 수 없는 것이다. 최소한의 상식과 양식이 있고, 상호 신뢰가 형성되는 사회가 되어야 한다.

손님 제안으로 시작된 양고기 전골

곰탕을 하려면 아침에 출근하여 저녁에 식당 문을 닫고 올 때까지 계속 양뼈를 끓여 우려내야 한다. 처음 맹물에 뼈를 넣고 끓이면 냄새가 많이 나는데, 3~4시간 지나면 뽀얀 물이 나오면서 구수한 냄새가 난다. 그렇게 매일 곰탕을 끓이니 식당 문을 열고 들어오면 식당 안에 냄새가 배어서 양 누린내가 많이 났다.

그러던 어느 날, 손님 한 분이 술안주로 하게 전골 좀 한번 얼큰하게 끓여 달라고 하셨다.

전골을 만들어 팔자니 전골 고기는 어떤 것으로 해야 하는지, 또 전골값은 얼마나 받아야 하는지 도저히 가늠이 되지 않았다. 그래서 어깨갈비를 전기톱으로 잘라서 삼각갈비라는 양갈비를 만들고, 나머지 살코기로는 전골을 끓여 보았다. 고기가 퍽퍽하고 맛이 없었다.

고기를 수입하여 공급해 주는 회사 담당직원에게 상의하였다. 그랬더니 양다리를 써보라고 한다.

예전에 고기 회사에서 일할 때에 관련 책을 본 것이 기억났다. 일본 요리를 소개한 책이었는데, 양다리로 국물을 맑게 내서 만든 요리가 소개되어 있었다.

하루 전날 물에 양다리를 담가서 핏물을 빼고 다음 날 아침에 물을 팔팔 끓여 거기에 붓고 삶았다. 시간을 알아보느라고 몇 번이나 삶았다. 덜 삶아지면 고기가 질기고 뼈에서도 떨어지지 않고, 너무 삶으면 고기가 맛이 없고 흐물흐물하였다. 그래서 고기가 맛있게 될 때까지 몇 번을 삶았다.

국물 맛도 잘 내야 한다. 그래서 맨 국물에 야채를 넣어 국물을 개운하게 만든 다음 고춧가루를 적당하게 넣었다. 매움도 적당하고 고춧가루 입자가 곱지도 거칠지도 않고 적당하였다. 고춧가루가 너무 고우면 텁텁해지고, 너무 거칠면 입안에서 까칠까칠하다. 간도 적당히 맞추었다.

들깨가 정말 까다롭다. 시중에서 파는 들깨는 들깨 냄새가 나고 입안에서 거칠게 느껴졌다. 몇 번의 시행착오 끝에 나만의 들깨로 만들었다. 그런 공들이 들어가서인지 전골 맛이 무척 좋아졌다.

손님들에게 한 잔 하고 집에 가서 밥 달라고 하여 괜히 구박받지 마시고 여기서 전골에 밥 드시고 가라고 권하였다. 라면도 넣어보았더니 그것도 맛있었다.

어느 날, 외국 사람이 왔다. 종아리를 툭툭 치며 누들, 그린엑스라고 하였다. 생각해 보니 전골인 것 같아 끓여 냈더니 최고라며 엄지손가락을 치켜세우고 활짝 웃었다. 그럴 때 참 행복하다.

처음부터 지금의 맛있는 갈비가 만들어진 것은 아니다. 「맛 대 맛」 방송 나가고 손님이 늘어서 하루에 400~500인분의 갈비를 잘라 놓았는데, 어느 날은 절반 정도만 팔렸다. 할 수 없이 그다음 날 전날에 잘라 놓은 갈비를 팔았는데, 더 맛이 있었다. 이후 여유 있게 갈비 손질을 해놓고 이틀째 되는 날 팔았다. 그랬더니 하루 묵은 것보다 더 맛있고 고기 색깔도 더 예뻤다. 마블링이라고 해야 하나. 아무튼 흰색과 붉은색이 잘 어우러져서 보기에도 좋고 고기 맛도 더 연하였다.

매일 조금 더 많이 준비하여 이틀 묵혀서 사용하였다. 그런데 양을 늘리다 보니 이틀 숙성한 고기를 그날에 다 팔지 못할 때가 있다. 그럴 때는 식당 식구들과 구워 먹는다.

불고기 양념을 하여 구워 먹으면 더 맛있다. 양고기로 육개장을 끓여도 아주 맛있다. 집에서 양고기와 불고기를 섞어 육개장을 끓여 먹어도 일품이다.

처음에는 단순한 생각에 신선해야 되는 줄 알고 주문받는 즉석에서 잘라서 구워드렸다. 그러니 바쁘기는 무척 바빴다. 고기 자르랴, 전골 끓이랴, 계산까지 다 맡아하였으니 정신없이 바빴다. 계산하고 주방으로 오는 중에 손님들이 술을 가져다 달라면 가져다주고 하다 보니 내 몸이 요술을 부려서 서너 사람으로 변신하였으면 좋겠다고 손님들과 농담하면서 일하였다.

매일 그렇게 열심히 일하였다. 식당 문을 닫고 퇴근하면 녹초가 되어 씻지도 못하고 잠들 때가 많았다.

쇠고기 대 양고기
―「맛 대 맛」 출연

2005년 12월, 지상파 방송사의 「맛 대 맛」 프로그램의 구성 작가가 찾아왔다. 너무 신기하였다. 규모도 작고 장사가 잘되는 가게도 아닌데, 그렇게 좋은 프로그램에 출연해도 되느냐고 물었더니 작가 분이 자기가 직접 음식을 먹어보고 제일 잘하는 집을 골라서 방송에 나가게 한다며 음식을 주문해 먹으면서 자세하게 물어왔다. 그래서 갈비를 처음에는 소스 없이 소금만 내놓으니 잘 안 찍어 먹었다. 즉시 소스를 만들고 올리브와 옥수수 콘을 곁들여 내놓았다. 그리고 손님 중에 중동에서 일하셨던 분이 추천해 준 걸레빵(토르티야)과 양배추를 곁들이고 양파, 마늘을 구워서 내놓았다. 작가 분이 먹어 보더니 맛이 특별하다고 하였고, 과정 설명이 끝나자 연락하겠다면서 돌아갔다.

사실 나는 기대도 안 하였다. 호텔에서도 양고기를 구워 팔던 때라서 당연히 호텔 식당이 출연할 것이라고 생각하였다. 며칠 후에 방송국에서 연락이 왔다.

「맛 대 맛」 프로그램에서 쇠고기 요리와 대결을 한다며 준비하라고 하였다. 그래서 2005년 12월 4일 방송에 출연하게 되었다.

촬영 날 아침에 방송국에서 차가 와서 나를 태우고 일산으로 갔다. 한적한 곳에 위치한 창고같이 아주 넓은 장소에서 안심 스테이크 대 양갈비 스테이크 방송 준비 작업을 시작하였다.

쇠고기 요리하는 식당 두 집, 양고기 요리하는 식당 두 집이 1부와 2부로 나누어서 하게 되었다. 1부에 출연하는 식당은 강남에서 엄청나게 크고 유명한 양고기 집이라고 한다. 와인 담당 직원이 따로 있어서 양고기와 와인을 같이 판매한다고 하였다.

당시 우리가 양갈비 1인분 250그램에 18,000원을 받을 때인데, 그 식당은 와인 한 병에 갈비 1인분이 65,000원이란다.

주방장이 흰색 위생 모자를 쓰고 능수능란하게 요리를 하여 은근히 주눅이 들었다.

쇠고기 요리 집들 음식도 너무 먹음직스러웠다. 더구나 요리사들은 복장도 깔끔하고 하나같이 미남들이었다. 그런데 나는 식당에서 걸치던 앞치마와 길에서 산 만 원짜리 몸뻬(바지)를 입고 갔다. 방송사 직원들에게 미안한 생각이 들었다. 워낙 옷차림에 신경을 안 쓰다 보니 입을 만한 마땅한 옷이 없었다. 새로 사 입자니 어색할 것 같아서 평소처럼 하는 것이 제일 좋을 것 같았다.

머리도 커트 머리 그대로 감고만 갔다. 그나마 태어날 때부터 머리카락이 말을 잘 들어서 착 달라붙지 않고 보기 싫지 않을 정도로 곱슬머리라서 다행이었다. 나는 파마를 지금까지 두 번 해보았다. 한번은 작은딸 유치원 다닐 때쯤이고, 또 한번은 죽을 만큼 아프고 나서 나를 위해 선물해 줄 때였다.

화장도 대충하고 갔다. 친절하게도 분장실에서 화장을 해 준다고 하기에 갔다가 너무 예쁘게 꾸미면 어색할 것 같아서 되돌아 나오고 말았다.

나는 2부에 출연하므로 1부를 촬영하는 동안 기다리면서 촬영하는 것을 구경하였다. 마침 카메라 촬영기사 분 옆에 서 있었다.

"다들 멋있게 하고 왔는데, 저만 촌스럽게 하고 왔네요." 하자 "괜찮아요. 제가 잘 찍어드릴게요." 하며 웃는다.

마침내 내 촬영 순서가 되었다. 남들이 보고 있으니 긴장되고 떨렸다. 불판은 전기코드에 꽂아서 쓰는 것 하나, 가스 불에 올려놓고 쓰는 것 하나, 이렇게 두 개를 준비하였는데, 방송국에서는 가스 불판만 사용하게 하였다.

화기가 센 가스 불에 고기를 구우니 엄청 맛있게 잘 구워졌다. 빵에 양고기, 올리브, 옥수수 콘, 구운 양파와 마늘을 싸서 먹으면 좋다고 설명을 곁들였다.

맛을 평가하는 출연자들이 아홉 명쯤 있었는데, 그중에 조용기 씨와 전원주 씨가 기억에 남는다.

정신없이 촬영을 마치고 나니 방송 스태프들이 "말씀도 잘하시고 요리도 맛있게 잘해주셨다."고 칭찬해 주었다.

'맛 대 맛' 대결의 결과는 7 대 2로 내가 이겼다. 눈물 나도록 기쁘고 감사하였다. 내 인생이 승리한 기분이었다.

촬영 후에는 그곳 식당에서 점심을 먹었다. 여러모로 아주 대접을 잘 받고 다시 식당까지 차로 태워다 주어서 편하게 잘 왔다.

당시 촬영할 때는 내가 잘나서 잘한 줄 알았는데, 훗날 생각해 보니 하나님께서 함께하신 과정이었다. 지상파 텔레비전에 전문성을 인정받아 출연하다니 기적 같은 일이었다.

내가 어떻게 그런 설명들을 하고 시연을 할 수 있었겠는가. 옷차림, 헤어스타일 같은 외양에서도 한참 뒤처지는 상황이었다. 아무것도 모르는 내가 어떻게 그렇게 잘할 수 있었겠는가. 그때는 몰랐다. 하나님이 함께하심을!

방송 출연 이후 세상 사람들의 관심이 모아졌다. '리얼코리아' 때와는 비교도 안 되었다. 방영된 후부터 식당 위치를 물어보는 전화가 쇄도하였고, 손님들도 끊임없이 와서 감당할 수 없을 지경이 되었다. 거짓말 조금 보태 "남대문 시장보다 더하다."고 할 만큼 손님들이 밀어닥치니 다음 날이 걱정될 정도였다. 4시간 자고 새벽 4시에 나가서 3시간 고기 손질을 하였다. 정말 감사드리는 날의 연속이었다. 하나님께서 나같이 작고 연약하며 못난 딸을 보호 인도하시고 동행하셔서 좋은 기회를 주신 것에 늘 감사드린다. 몸빼(바지) 차림의 방송 출연 시연, 멋진 추억으로 남아 있다.

임씨 오라버니와
평창동 할아버지

대기업 부사장님이 손님으로 오셨다. 내 명함을 보시더니 "임씨네. 내가 나이가 많으니 오빠야." 하며 웃으신다. 나는 몸 둘 바를 몰랐다. 높으신 분이 동생이라는 호칭을 써주다니 감격이다. 더 감동적인 것은 만나는 사람들마다 동생네라고 소개하여 손님들이 와서는 "임 부사장님 동생이시라면서요." 한다. 그럴 때마다 그저 "아, 네~!" 하고 얼버무린다. 그중 진짜 동생네인 줄 알고 회식도 하러 오고 하여 여러 가지로 덕을 많이 보았다.

그 보답으로 내외분을 모셨는데, 끝내 음식값을 내고 가셨다.

살아보니 물은 아래로 흐르고, 또 그 물이 흐르고 흘러서 점점 더 아래로 아래로 내려가는 것이 인생살이인 것 같다.

옛말에 "광(쌀독)에서 인심난다."고 있는 사람이 베풀며 살아가는 게 순리인가 싶다.

양고기를 아주 좋아하시는 평창동에 사시는 할아버지 한 분이 계신다. 하루는 낮에 오셨는데, 손님이 너무 없었다. 놀라시며 손님이 왜 이리 없느냐고 하시기에 요즘 경기가 안 좋아서 식당에 손님이 별로 없다고 하였다.

할아버지는 저녁 무렵에 전화로 다음 날 단체손님을 20명이나 예약하셨다. 함께 오신 분들은 텔레비전에서나 보던 훌륭한 분들이었다. 신이 나서 친정어머니한테 당장 식당으로 와 보시라고 하였다. 친정어머니가 그분들을 보시고는 무척 좋아하셨다.

"딸이 양고기 집을 하니 저런 양반들을 다 보지 어떻게 보겠냐."고 하시며 활짝 웃으시던 모습이 생각난다.

평창동 할아버지는 그날 이후로도 사람들을 많이 데려오시고 주변에 홍보도 많이 해 주셨다. 지금은 뵌 지가 오래 되었다.

연세도 있으신데, 어디 편찮으신 건 아닌지 많이 걱정된다.

민 회장님, 암 극복한
체험 환자들과 함께

민 회장님은 나보다 먼저 램랜드 식당에 식사하러 오셨던 분이다. 나랑 동갑이라서 서로 이런저런 이야기들을 많이 나누었다. 아이들 이야기, 사는 이야기, 서로 개인적인 이야기까지 할 정도로 친구 같은 사이다. 아주 큰 회사 부사장님이셨는데, 내가 램랜드를 하고 있지 않으면 어떻게 그런 분과 친구처럼 지낼 수 있었겠나.

그분이 퇴직을 하시고 한동안 뜸하셔서 궁금하던 차에 어느 날, 다소 초췌한 모습으로 병원에 다녀오시는 길이라며 사모님과 함께 오셨다. 그 모습을 뵈니 마음이 아팠다.

남을 배려하시느라 너무 참으셔서 병이 나셨나 싶으니 정말 속상하였다. 간암 치료 중이라고 하시는데, 어찌나 마음이 안 좋던지…….

그래서 식사를 마치고 가실 때에 경로우대 해드린다고 농담하면서 그냥 가시라고 등 떠밀어 보내드렸다.

그리고 병원에 치료받으러 다니시면서 가끔 식사도 하러 오시고 책 내셨다고 책도 가지고 오셨다. 쓰신 암 치료 책 때문에 방송에도 나오시고 또 서로 도와가면서 치료하는 단체 활동도 하시는 것 같은

데, 회원이 엄청 많다고 하신다.

　지금은 다 나으신 것 같다. 책을 자주 발행하시다 보니까 어느 날, 출판사 사장님과 우리 식당으로 식사하러 오셨다. 그래서 나도 책을 한번 내보고 싶은 마음이 있어 의뢰를 하게 되었다. 민 회장님 아니었으면 엄두도 못 냈을 일이다. 아주 아주 고맙습니다. 민 회장님!

　이 만남도 하나님이 주선해 주신 것이다. 주님, 감사합니다.

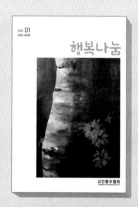

민경윤 회장(사단법인 간환우협회)이 만드는 계간지 『행복나눔』은 간 환우들을 구체적으로 돕는 정보가 담긴 잡지다.

「타타타」 김국환 오라버니, 친정어머니 세상 떠나셨을 때 찾아와

　　김국환 오라버니가 처음 식당에 온 것은 고등학교 동창이신 대우건설 '만복이' 사장님과 함께였다. '만복이'는 애칭이다. 내가 그분을 만복이 사장님이라고 부른다. 그런데 친정어머니가 오라버니를 보시더니 "「꽃순이를 아시나요」 부른 양반"이라고 무척 좋아하셨다. 그 노래를 좋아하시는데, 그 노래 부른 사람을 눈앞에서 직접 보시니 엄청 좋다고 내일 경로당에 가서 자랑하겠다고 하셨다. 그 인연으로 아주 친하게 지내게 되었다. 알고 보니 남편과 동갑이었다. 얼마나 기쁜 일인가. 예전 같으면 텔레비전에서나 보았지……. 식당을 하니까 이렇게 유명하신 분하고 친하게 지내고.

　더 고마운 일은 연락도 안 하였는데, 친정어머니가 돌아가셨을 때에 오셨다. 친정어머니가 얼마나 기쁘셨을까. 살아생전에 좋아하시던 유명한 가수가 당신에게 향불을 피워주시고 명복을 빌어 주셨으니 그보다 더 큰 효도가 또 어디 있겠는가. 죽는 날까지 그 은혜는 잊지 못할 것 같다. 이 또한 우연이 아니라 주님께서 해 주신 것이리라.

　친정어머니가 너무 좋아하시니까 마지막 가시는 길에 김국환 오라버니를 보내주셨을 거다.

따로 살다 보니
서로 잘해줄 생각만 들더라!

오십 중반쯤 되는 부부가 식사를 하러 왔기에 "두 분이 이렇게 맛있는 것 드시러 다니시니 참 좋으시겠어요."라고 인사하였다.

"별로 안 좋아요. 어쩌다 만나서 오랜만에 같이 온 거예요."

둘이 너무 안 맞아서 별거를 한다고 하였다.

"부럽네요. 안 맞으면 따로 사는 것이 제일이죠."

"맞아요. 뭐 안 맞는데 싸우면서 같이 살아요. 차라리 따로 살면서 서로 잘해주면 되는 거죠."

따로 사니까 서로 바라는 것이 없어지고, 서로 뭔가 해 줄 생각을 하게 되더라고 하였다. 처음에는 남들처럼 서로 자기에게 맞추라고 싸웠는데, 생각이 달라지더라는 것이다.

남편분 말이 "한 집에 살 때는 아내가 뭐든지 남보다 잘하기를 바라서 싸웠는데, 떨어져서 사니 아내가 그냥 여자로 보인다."고 하였다. 아주 잘 살고 계시다고 칭찬해 드렸다.

김태영 감독님,
영상으로 만나는 존경심

처음 뵈었을 때는 젊고 까칠한 분이었다. 길에서 가끔 마주쳐도 인사 한번 나누지 않았지만, 능력이 많으신 감독님(인디컴 공동대표)이라는 소문은 듣고 있었다. 어느 날부터인가 식사하러 우리 식당에 자주 오셨는데, 말이 별로 없으셔서 대화가 없었다.

그러던 중, 다큐멘터리 「상그릴라의 우편배달부」가 방송에 나왔다. 나는 감독님 사무실로 찾아가서 우리 시골 고향 마을이 세종시로 편입되게 되는데, 그렇게 되기 전에 마을 풍경이라든지, 제사 지내는 것 등 기록으로 남겨둘 만한 것들을 촬영할 수 있는지 물어보았다. 그랬더니 주인공도 있어야 되고 또 여러 가지 준비해야 할 것도 있어서 쉽지 않다고 하셔서 포기하였다.

그때 내가 살아온 이야기를 감독님께 조금 들려드렸다. 그 후로 아주 친한 사이가 되어 「딜쿠샤」 다큐멘터리 영화를 만드실 때에 ○용우 배우를 비롯한 여러 출연진에게 식사도 대접하였다. 역사적인 교훈을 기록하는 의미 있는 작업들이기에 더욱 멋져 보였다. '광주민주항쟁'을 최초로 영화화한 「황무지 5월의 고해」를 만드신 것이 33년이나 되었다. 아무튼 이처럼 훌륭하신 분과 친하게 지내니 양고기 식당 한 것이 얼마나 행운인가.

　김 감독님은 「장동건의 백 투 더 북스(back to the books)」 시리즈를 국내 방송과 올해 2월, 시즌 2까지 NHK에 방영하여 찬사를 받은 유명한 분이시다. 준비하고 계신 영화 「광화문 가족」 또한 대박 나시기를 기원한다.

김태영 감독의 다큐 영화 포스터들

여의도 멋진 본부장님,
항상 칭찬에 고마움 가득

우리 식당에 손님으로 다니셨나본데, 워낙 손님이 많으니 특별한 사건이 있지 않는 한 모든 손님을 기억한다는 것은 어렵다.

하루는 자기는 ○○○ 본부장인데, 나한테 배울 것이 많을 것 같으니 자기 직원들을 보내겠다고 하신다. 내가 손님 대하는 태도며 직원들 대하는 자세 등 좀 배우게 해야겠으니 양해 좀 해달란다. 두 명을 보내 어떻게 하면 전 직원들이 똘똘 뭉쳐서 자기 것처럼 일할 수 있는지 가서 같이 일하면서 배워 보고서를 쓰라고 하겠단다.

그냥 하는 건데 뭘 배우게 하시겠다는 건지 도무지 알 수가 없었다. 어쨌든 막무가내로 보내신다고 하니 보내시라고 하였다. 두 사람이 왔다. 같이 일하며 식구처럼 한 몇 달 잘 지냈다. 배운 게 있었는지 없었는지는 알 수 없지만, 그렇게 또 새로운 인연이 생겼다.

멋진 본부장님은 내게 항상 칭찬을 남발하신다. 그러니 내가 그분을 얼마나 멋지다고 생각하겠는가.

한번은 연말에 가게 식구들과 회식 후에 노래방엘 갔다. 마침 당신도 직원들과 함께 근처 노래방에 있다고 하시며 괜찮으면 와서 합석하는 것이 어떠냐고 제안하셨다. 그래서 합류하여 놀았다. 내가 식당을 하지 않았더라면 이런 분과 어찌 이런 시간을 가질 수 있었겠는가.

식당 한 것은 정말 하나님께서 주신 제일 큰 상이다.

오늘도 식당 주인은 하나님이시다. 나는 그저 일꾼일 뿐이다.

많은 손님들과 단골로 지내다 보니 이런 최고급 외제 오토바이 '트라이크'에 앉아 보기도 했다. 오토바이 동호회 회원분의 오토바이인데, 그날 오셨던 단골 사진 작가 손님이 촬영해 주셨다.

작지만 큰 어른
류영모 목사님

체격이 자그마한 분이 마음 그릇은 엄청 크시다. 그리고 미남이시다. 류영모 목사님(한소망교회 위임목사, CBS 제27대 재단이사장)은 항상 웃으신다. 그렇게 체구가 작으신 분이 대한예수교 장로회 총회장님을 하셨다니 하나님 축복이 아닐 수 없다.

가끔 식사를 하러 오시는데, 어떤 분이 보시고는 목사님이시고 어버이교실을 만드신 엄청 훌륭하신 분이라고 알려주었다. 그때까지도 나는 무슨 일을 하시는 분인지 몰랐다. 책도 많이 내셨다고 한다.

"아, 목사님이시구나."

그 후부터 책이 나오면 가져다주시고 이런저런 이야기를 나누는 친한 사이가 되었다.

하루는 내가 나온 방송을 보셨다면서 많이 우셨다는 것이다. "옛날에는 고생 안 한 사람보다 고생하고 산 사람이 더 많았는데요, 뭐."

그랬더니 목사님도 열두 살에 남의 집 머슴으로 가서 일하였다고 하셨다. 아버지가 일찍 돌아가셔서 남의 집 머슴살이를 하셨다는데, 어찌 공부를 하셔서 목사님이 되셨느냐고 하였더니 다 하나님께서 해 주신 것이지 자기가 뭘 하였겠느냐고 하신다.

그제야 아하 나도 그랬을 텐데 하나님께서 다 해 주신 것을…….

그때는 몰랐다. 정말 몰랐다.

류 목사님은 한국 기독교계의 중도 및 보수 연합기관인 '한국교회총연합' 대표회장을 역임하셨다. 그만큼 인정받는 목회자시다. 목사님 부친께서는 6.25 전쟁 참전 용사로, 전장에서 크게 부상을 입고 일찍 소천하셨고, 그로 인해 모친, 동생과 함께 모진 고생을 하셨다고 한다. 사학 명문인 거창고등학교 학생회장을 하면서 설립자이신 고 전영창 선생님(1916~76)으로부터 훌륭한 가르침을 받은 것이 인생의 모토가 되었다고 한다. 전 선생님은 1947년 대한민국 첫 번째 유학생으로 도미하시어 웨스턴 신학교에서 공부하셨고, 6.25 전쟁 소식을 듣고 귀국하시어 애국운동을 펼치셨다. 기독 학생신앙운동(SFC, Student For Christ)을 지도하시고 구제 활동 및 복음의원을 설립하신 존경받는 분이셨다. 전 선생님이 늘 강조하신 말씀은 "모든 조건이 갖추어진 곳은 피하고 아무도 가지 않는 곳으로 가라. 사회적 존경 같은 것을 바라볼 수 없는 곳으로 가라. 한가운데가 아니라 가장자리로 가라."였다고 한다. 류 목사님은 청년 시절부터 이를 실천하는 삶을 사셨다.

나라와 교회를 위해 늘 기도하시는 류 목사님이 파주에 교회를 개척 설립하신 것도 한민족의 평화통일을 염원하셨기 때문이다. 더불어 선교와 구제, 환경보전, 생태보호운동에도 앞장서시는 목회자다운 목사로 칭송받는 분이어서 늘 반갑고 존경한다.

나를 울고 웃게 하는
손님들

식당을 운영하다 보니 각양각색의 사람을 만나게 된다. 한번은 점심시간이었는데, 한 가족 여섯 명이 왔다. 친정 부모님과 부부 그리고 자녀 둘이다. 고기를 10인분 먹고 전골도 2인분씩 두 개나 시켜서 아주 맛있게 먹었다.

실컷 먹고 있더니 사장 좀 오라고 하면서 불렀다. 얼른 갔더니 전골에서 맥주병 뚜껑이 나왔다는 것이다. 음식을 이렇게 해서 팔아도 되느냐면서 위생과에 신고하겠다고 막 화를 냈다.

"죄송합니다. 전골값은 내지 마세요. 그리고 앞으로 조심시킬게요. 이렇게 말씀해 주셔서 고맙습니다. 다시 한 번 죄송합니다."라고 사과하였다. 그런데 음식값에서 전골값만 빼준다고 하였다며 사진 찍어서 인터넷에 올리겠다고 으름장을 놓는다. 할 수 없이 음식값을 안 받고 말았다.

병뚜껑이 들어갈 일이 없다. 그분들 근처에서 맥주를 마신 사람도 없고, 주방에서는 찌개 국물만 만드는데 도저히 병뚜껑이 들어갈 수가 없는 상황이었다.

그분들 일행이 가고 나서 곰곰이 생각해 보았다. 혹시 자기네가 병 뚜껑을 가지고 와서 다 먹고 나서 전골냄비에다 넣고는 병뚜껑이 전 골에 들어 있었다고 떼를 쓴 것은 아닐까. 그런 나쁜 사람들이 있다는 말을 듣기는 하였어도 내가 당하게 될 줄은 정말 몰랐다. 그렇게 남을 속이고 공짜로 먹고 가서 탈이나 안 났는지 몰라. 차라리 굶는 게 낫 지. 그런 짓을 왜 하나 몰라 하며 욕을 한바탕 해 주었다. 정말 나쁜 사 람들이라고.

어느 날, 젊은 남녀가 식당에 왔다. 갈비 2인분에 전골 1인분을 다 먹고 난 후 불판 밑에 닿아서 무릎을 데었다고 화상연고를 달라고 해 서 발라주었다. 둘이서 밖으로 나가기에 가까운 병원에라도 가는 줄 알았다. 음식값을 계산하러 다시 올 줄 알고 기다렸는데 감감무소식 이다. 그래서 욕을 많이 하였다.

조금 데인 건 사실이지만, 식당에 와서 음식을 먹었으면 음식값을 내는 게 이치 아닌가. 기분은 좋지 않았지만, 별 이상한 사람들 다 있 다고 생각하고 잊어버리고 있었다. 이틀 후 젊은 남자가 전화를 해서 나보고 보상을 해달란다. 여자 친구가 외국에 출장을 가야 해서 그냥 가기는 하였는데, 아무래도 흉터가 남을 것 같다고 보상을 해달라는 것이다.

자기 부주의로 불판에 무릎을 데어 조금 빨갛게 된 것을 보상해 달 라니 화가 머리끝까지 치밀어 여자 친구가 외국에서 돌아오면 경찰서 에 고발해서 법대로 처리해라. 차라리 벌금을 내겠다고 하였다. 그리 고 자기 실수로 조금 데인 것을 가지고 음식값도 내지 않고 그냥 가버리더니 보상까지 요구하는 심사가 괘씸하여 "앞길이 구만 리 같은 젊은 사람들이 인생을 그렇게 살지 말라."고 소리쳤다. 그랬더니 그날 저녁에 병원비 청구하라고 하지 않았느냐고 따진다. 뭘 얼마나 많이 달라고 하려고 그러는지 몰라도 절대로 그냥은 안 줄 테니 법으로 하라고 언성을 높였다. 그 후 다시는 연락이 없었다. 세상에 별 사람들도 다 있다.

2004년의 일이다. 손님에게서 치아가 부서졌다는 연락이 왔다. 회사 회식 날 와서 고기를 먹다가 뼈를 씹어서 이가 부서져 치과 치료를 받아야 되니 병원비를 달란다. 참말로 기가 막혔다. 그래서 전화번호를 받아놓고 연락을 주겠다고 하고 여기저기 알아보니 그냥 해 주란다. 돈 받아내려고 작정하고 덤비면 약이 없다는 것이다. 큰 돈 아니니까 빨리 주고 잊어버리는 게 상책이란다. 그 손님에게 전화하여 치과 영수증과 계좌번호를 보내라고 하여 치료비를 송금해 주었다.

그러고는 혼자서 "그렇게 살면 잘살 것 같지만, 남의 마음을 아프게 하면 넌 더 가슴 아픈 일을 당할 거야." 하면서 실컷 욕하였다.

좋은 손님도 많다. 사람이 하는 일이니 실수가 없을 수가 없다. 실수로 철수세미 조각 조그만 게 들어갔다. 똑같은 실수여도 어떤 사람은 큰일 난 것처럼 화를 많이 내면서 소란을 피운다. 식당 안에 계시던 다른 손님들이 오히려 내 편을 들 정도다. 그럴 수도 있는 거지 저렇게 시끄럽게 야단이냐고. 많은 사람들이 내 편을 들어주면서 나를 위로해 준다. 그럴 때 드는 생각은 '사람의 마음은 다 똑같다. 약자 편이구나.' 감사하게도 그런 것들이 무척 행복하다.

한 중년의 손님이 철수세미 조각을 휴지에 싸가지고 있다가 계산을 마치고 난 후 내게 주면서 조용히 말하였다. 그냥 말 안 하려다가 이런 것이 나왔으니 조심하라고 이야기해 준다고. 혹여 돈을 안 받을까 봐 계산한 다음에 말하는 거라고. 이렇게 고마우신 분도 있다.

이럴 때는 "그래, 세상은 그래도 살 만해."라고 중얼거리면서 나 혼자 고마워한다.

예전에 우리 식당이 신발 벗고 들어가는 방일 때는 신발장에 열쇠까지 구비해 놓고 "신발은 신발장에 넣으세요. 잃어버리면 책임지지 않습니다."라는 문구를 크게 써 붙였다. 소용없었다. 신발장에 신을 안 넣었다가 잃어버리면 새 신발이라고 구두 값을 변상해 달라고 하여 변상해 준 적도 있다.

한번은 자기가 문을 잘못 열고 들어와서 안경이 문에 부딪혀서 깨지는 바람에 변상해 준 적도 있다. 자세히 보니 한쪽만 금이 가서 다행히 한쪽 안경알 값만 변상해 주었다.

여러 가지 일을 겪으면서 사람은 천차만별이라는 것을 새삼 깨닫는다. 같은 상황이라도 심하게 화를 내는 사람이 있는가 하면, 걱정 말라고 오히려 상대를 안심시켜 주는 사람도 있고, 다 자기 잘못이라고 신경 쓰지 말라는 사람도 있다.

시간이 지나 이런저런 일들을 떠올리며 곰곰이 생각해 보니 좋은 사람이 훨씬 많다. 세상은 살 만하다. 정말 감사드린다.

권 선배님의
쿨한 반응

한 건설회사 사장님이 계시다. 그분이 모시고 오는 손님들 중에는 오랜 단골이 많아 단골고객 번호를 부여하여 이름 대신 번호로 예약을 해드리고, 우리는 '몇 번 사장님'이라고 불렀다.

그분은 워낙 오래 다니시고 많은 분들과 자주 오시기 때문에 '0번' 이셨는데, 1번보다 앞이라며 좋아하셨다.

20년 전쯤의 어느 날, 0번으로 일곱 분이 예약을 하고 점심시간에 오셨다. 한가한 시간이라서 반갑게 인사를 드렸다.

내가 충청도 사투리를 쓴다며 고향을 물으시기에 조치원이라고 하였더니 일행 중 한 분이 "어~ 나도 조치원인데! 조치원 어디에요?" 라고 하신다.

"조치원에서 조금 더 시골로 들어가서 연기군 양화리 종촌이에요."

"어, 그래요. 그럼 성남중학교 나왔겠네요."

"아~ 네." 하며 얼버무렸다.

"나도 성남중학교 졸업했어요."

대화하다 나이를 물으니 나보다 1년 선배님이셔서 그때부터 선배님으로 예약을 하고, 매우 친해져 단골이라기보다 친지처럼 지내게 되었다.

하지만 마음 한구석은 늘 찜찜하였다. '애당초 중학교를 못 다녔다고 솔직히 말할걸.' 그 말을 못 한 것이 항상 마음에 걸려 오실 때마다 신경이 쓰이고 불편하였다. 사람이 죄짓고는 못 산다더니……. 어쩌면 그분은 이미 그 사실을 짐작하고 계셨을지도 모른다.

그분이 오실 때마다 매번 오늘은 말해야지 하며 망설이다 속절없이 세월이 흘렀다.

마침내 최근에 용기를 내어 그분께 사실을 고백하였다.

"사실 저는 중학교 입학시험만 보고 다니지는 못했어요. 선배님께 그 말을 하기가 너무나 부끄러워서 차마 말하지 못했네요. 저한테 그런 사실은 자존심 상하는 일이었거든요. 그래서 그냥 중학교 다닌 것처럼 했는데, 더 이상 숨기기 싫네요. 다 늙어서 자존심이 뭐 대순가요?"

그 말을 하면서도 얼굴이 화끈거리고 말을 더듬거렸다. 그래도 솔직하게 말하고 나니 속이 후련하였다.

선배님은 의외로 쿨하게 말씀하셨다.

"당시는 모두 어려운 시절이라서…… 학벌은 간판에 불과합니다. 괜찮습니다!"

내가 책을 썼다는 소식을 들으시고 5월의 꽃들을 한 아름 들고 오셔서 축하해 주신 고향 선배님, 고맙습니다!

손님을 넘어
마음의 가족

　　　　　최 회장님과 친구분들은 일주일에 두세 번은 꼭
오셨다. 한 팀은 테니스 팀이고, 또 한 팀은 그냥 젊을 때부터 오랜 세
월 친구로 같이 늙어가는 친구분 팀이다.

　테니스 팀은 일요일 날 잘 오시는데, 처음 오셨을 때를 잊지 못한
다. 보통 식당에는 기본적으로 옷을 갖추어 입고 오기 마련이다. 어느
날, 메리야스에 거의 팬티 차림의 건장한 남자 여덟 명이 한꺼번에 들
어와서 깜짝 놀라서 보고만 서 있었다. 그중 한 분이 "뭘 봐! 남자 벗
은 것 처음 봐!" 하면서 호통을 치셨다.

　그제야 정신을 차리고 "네~!" 하면서 "처음 봐요. 놀라서 그랬으니
이해하세요." 그러고는 그냥 식사를 하고 가셨는데, 워낙 자주 오시
니까 편하게 대할 수 있게 되었다.

　테니스 팀 말고 그냥 친구분 팀과 오실 때는 꼭 빵을 사가지고 오
신다. 비싼 선물은 아니지만, 마음이 얼마나 따뜻해지는지 모른다.

　하루는 방송 촬영을 하러 온다고 하는데, 식당 안에 손님이 거의
없었다. 그래서 전화를 드려서 촬영하러 온다니 오셔서 식사하시면

서 인터뷰 좀 해 주시면 안 되느냐고 말씀드렸다.

"그럼 가야지. 내가 안 도와주면 안 되지." 하시더니 회사 직원들 네다섯 명을 데리고 오셨다. 인터뷰도 아주 잘해주셨다.

음식값은 내지 마시라고 말씀드리니 나중에 돈 많이 벌면 그때 공짜로 드시겠다면서 음식값을 내고 가셨다. 그렇게 지내다 보니 식당도 잘되고 해서 친구분 팀을 근사한 음식점으로 초대하여 식사대접을 해드렸다.

우리 식당에서 모임하실 때에 최 회장님이 돈을 내시는 날에는 할인을 많이 해드렸다. 불현듯 마지막으로 오신 날의 기억이 아련하다. 여덟 분이 모이셨는데, 음식값을 안 받자니 또 실랑이가 벌어질 것 같아 조금만 받았다.

그 후로 한동안 오지 않으셨는데, 병으로 돌아가셨다고 한다. 돌아가신 것도 모르고 살다가 다른 분들이 와서 이야기를 해 주셔서 알았다.

그 누구도 피해 갈 수 없는 길이지만, 조금만 더 사셨으면 하는 아쉬운 마음이 들었다. 아마도 급히 천국에서 쓰임받으실 일이 있었나 보다.

하나님이 해 주신 '응급처치'
– 기절 취객의 감사 꽃다발

오랜 세월 식당을 운영한 것에 비해 술 마시고 행패 부리는 사람은 많지 않았다. 술 마시고 기절한 사람들은 있었다.

한 사람은 젊은 여성으로, 화장실 간다고 가다가 갑자기 쓰러져서 깜짝 놀랐다. 가뜩이나 바쁜 시간이라 정신이 하나도 없었다. 그래도 어떻게 따줄 생각을 하였는지 응급처치로 손가락, 발가락을 따주고 119에 신고하여 구급차에 실어 병원으로 보냈다.

한 시간쯤 후에 병원에 같이 간 친구로부터 전화가 왔다. 사장님이 그 친구 살렸다고. 따주지 않았으면 큰일 날 뻔 하였다며 며칠 후에 인사하러 들르겠다고 하였다. 그러더니 정말 3일 후에 건강한 모습으로 꽃을 사들고 왔다. 얼마나 반갑고 좋던지.

그때도 하나님께서 지혜와 용기를 주셨으리라.

한번은 우리 식당에서 친구 칠순잔치를 하시겠다고 낮 시간에 20명쯤의 친구분들이 오셨다. 칠순잔치라고 와인도 준비하고 케이크도 준비하여 근사하게 축하파티를 하던 중에 갑자기 한 분이 바닥에 누워서 의식을 잃으셨다. 모두 놀라서 팔다리를 주무르고 우왕좌왕하였다. 얼른 119를 부르라고 하고 바늘로 양쪽 엄지손가락과 손가락, 발가락까지 사정없이 푹 찔러서 피를 냈다. 잠시 후에 거짓말처럼 아무 일 없다는 듯이 일어나셨다.

　괜찮으시더라도 119를 불렀으니 병원에 들렀다 가시라고 말씀드렸다. 십년감수하였다. 남은 친구분들이 고맙다고 하시며 다른 친구들도 우리 식당에 와서 칠순잔치를 하시겠다고 하셨다.

외국 손님들에게
듣는 호칭 '누나!'

「맛 대 맛」 방송 출연 이후로 고기 굽는 불판을 바꾸었다. 전에 쓰던 불판은 석쇠처럼 생겨서 고기가 불에 닿아서 연기가 많이 났다. 「맛 대 맛」에서 썼던 불판이 훨씬 고기가 맛있게 익을뿐더러 연기도 덜 나고 하여 바꾸었다. 불판 하나 때문에 맛이 달라진다는 것을 그때 알았다. 지금 사용하고 있는 불판이 「맛 대 맛」에 출연할 때 사용하던 거랑 똑같은 것이다.

어느 날, 사우디아라비아 대사관 직원이 불판을 가리키면서 가격을 물어왔다. 불판에 고기 2인분이 올려져 있었기 때문에 그게 얼마냐고 묻는 줄 알고 당시 가격대로 25,000원이라고 하였더니 깜짝 놀라며 다시 물었다. 불판 가격을 묻는 것이었다.

너무 좋아보여서 엄마와 누나에게 사다주고 싶다고 하였다. 그래서 불판 판매하는 집 전화번호를 알려주었다. 사우디아라비아에는 그런 불판이 없다고. 그 후로도 서너 명의 손님이 더 물어왔다.

불판을 교체한 후에 고기 맛이 정말 좋아졌다. 또 고기도 미리 잘라서 숙성을 시키니까 더욱 그런 것 같다. 「맛 대 맛」 방송 출연 이후에 양고기 맛이 달라졌다. 그 또한 하나님께서 인도해 주셨다.

처음에는 바빠서 고기를 미리 잘라 놓았었다. 그런데 막 잡은 고기를 즉석에서 잘라 굽는 것보다 잘라 놓았다가 굽는 것이 훨씬 더 맛있다는 것을 그때 확실히 알았다. 이후부터는 갈비는 미리 잘라서 숙성을 시키고, 전골은 끓인 다음에 밥과 라면을 말아드렸다. 그때부터 한국식 양고기 집으로 유명해졌다.

일반 음식점에서 양고기를 불판에 구워서 먹기 시작한 것은 우리 식당이 처음이었다. 요리를 하여 제공하는 곳은 있었어도 생고기를 직접 구워주는 곳은 없었다.

고기를 구워서 제공한 것은 식사보다는 술안주를 염두에 둔 것이었다.

전골도 술안주용으로 만들었는데, 지금은 술안주용과 식사용 두 가지가 되었다. 그렇게 하여 남들 표현대로 대박집이 되었고 세계적으로도 유명한 집이 되었다.

사우디아라비아 차관도 다녀갔고, 왕세자가 방한하였을 때는 하얀 옷 입은 사우디아라비아 손님들이 하루에 네댓 명씩 서너 팀이나 다녀갔다.

자기 나라로 돌아가면 지인들에게 한국에 가면 램랜드에 꼭 가 보라고 해서 많이들 온다. 양고기가 주식인 나라 사람들이 맛있다고 해주니 얼마나 기쁜 일인가. 정말 아주 좋다.

외국 손님들이 오면 우리 식당에서 식사대접을 하는 회사도 여럿 있다. 그 회사 직원들은 이 식당에는 아마 전 세계 사람들이 다 올 거라는 말을 한다.

외국 손님들은 칭찬을 아끼지 않는다. 너무 맛있다며 팁도 주고 간다. 만화에 나오는 슈렉처럼 뚱뚱한 한 외국인은 내가 한 요리를 매일 먹을 수 있게 나랑 결혼하고 싶다는 농담도 하였다.

사우디아라비아 사람들은 마음에 드는 나이 많은 여자를 '엄마'라고 부른다. 엄마라고 하는 사람도 많았다. 그래서인지 이런저런 선물도 많이 가지고 온다.

어느 날, 대림건설에서 일하는 사우디아라비아 젊은이들 열 명 정도가 왔다. 내 이름을 묻기에 농담으로 "누나"라고 하였더니 그날부터 "누나, 누나" 한다. 그들은 나중에 '누나'라는 뜻을 알고 나서는 누나라고 부르는 것을 더 좋아하였다.

어떤 외국 손님은 자기네 나라로 돌아갔다가 출장 왔다고 혼자 찾아오기도 한다.

사우디아라비아 사람들은 한 번 맺은 인연을 소중히 여기는 것 같다. 어떤 경우에는 신혼여행을 우리나라로 왔다가 신혼부부가 함께 램랜드에 들르기도 한다.

빨간 스웨터 아저씨와
영국인 회계사의 선물

식당에서 남편과 같이 손님을 받고 있었다. 별로 덥지도 않은데, 남편이 에어컨을 켰다. 조금 있다 손님이 춥다고 에어컨을 꺼달라며 감기 걸리겠다고 한다.

나도 추워서 스웨터를 입고 있었는데, 입고 있던 스웨터를 벗어주었더니 감동하였다.

식사 후 스웨터를 빨아다 주겠다며 가슴에다 품고 간다고 장난을 하여 괜찮다고 하였더니 다음에 올 때 맛난 것을 사오겠다고 한다. 예약할 때에 누구라고 하느냐고 묻기에 '빨간 스웨터 아저씨'라고 하라고 하였더니 즐거워한다. 짧은 시간이지만, 마음이 훈훈해졌다.

영국인이신데, 한국 대기업에서 회계 업무를 3년 넘게 보셨다. 부부가 자주 오고 지인들과도 자주 오신다. 어느 날, 방송국에서 촬영을 나와 인터뷰 요청을 하였더니 너무 멋지게 해 주시고 기념 촬영까지 해 주셨다. 그러다가 고국에 돌아가셨다. 그동안 정이 들어서 많이 서운하였다.

영국 회계사분이 선물해 준 것이다. 두 손 모양인데, 한 손은 가정과 나를 위해 일을 하고, 다른 한 손은 여러 사람들을 위해 일하라는 내용이 담긴 소중한 기원문이다. 말씀대로 실천하려고 노력한다.

몇 개월 후 한국에 출장 왔다며 선물을 사 가지고 오셨다. 우리 집 양고기가 너무 먹고 싶으셨다며 어딜 가서 먹어보아도 램랜드 양고기가 최고라고 엄지손가락을 들어 보이시며 활짝 웃으셨다. 이런 일들이 있어 살맛이 난다. 참 따뜻한 사람들이 많은 세상이다.

'뉴욕 스타일'의 청년과
몽골 아르바이트생

청년 손님들이 들어왔다. 친구들은 아니고 선후배 사이라는데, 내가 볼 때 비슷비슷하여 총각들이라 부르니 얼마나 좋아하는지. 기분 좋게 식사를 하고 있었다. 내가 술 냉장고에 컵을 넣고 있으니 뭘 달라고 하기가 그랬는지 한 청년이 냉큼 일어나서 소주를 가져간다.

"아이고 내가 맛난 것 더 줄게. 고기 장사니 고기 더 줄게. 공짜는 없는 거야. 좋은 일 했으니 상이야."라고 말하니 신난다고 싱글벙글한다. 우리 아들들 같다니까 나보고 46살로 보인다나. 그래서 기분 좋은 김에 고기 하나 더 주었더니 땡 잡았다며 야단들이다. 여섯 명이 많이도 먹었다. 계산하는 청년이 제일 형님인 것 같았다. 멋진 사람이 마음

세계 최대 제국인 몽골 제국의 제1대 왕 칭기즈칸(1167?~1227)의 초상화 액자다. 칭기즈칸은 '강력한 지도자', '거대한 바다와 같은 지배자'라는 뜻이다. 본명은 테무친이다.

산부인과 의사가 된 몽골 학생이 7년 만에 한국에 오면서 들고 온 선물이다.

도 예쁘다고 하였더니 돈도 잘 번다고 한다. 자세히 보니 패션도 사람도 뉴욕 스타일인 것 같다고 하였더니 어떻게 아셨느냐고 하여 또 한바탕 웃었다. 유쾌한 저녁이었다.

7년 전쯤에 한 몽골 학생이 명지대학교에 다닐 때부터 서울대학교 대학원에 다닐 때까지 우리 식당에서 아르바이드를 하였다. 열심히 일하는 그 학생이 얼마나 기특하고 예쁜지 보너스도 더 주고 명절에는 집에 데리고 와서 같이 지내기도 하였다.

딸애 옷을 사거나 내 옷을 살 때에 한 번씩 옷을 사주면서 잘 지내다가 산부인과 의사가 되어 몽골로 돌아갔다. 그 후 7년 만에 선물로 예쁜 지갑과 거울을 사 가지고 인사를 왔다. 한국 병원에 취직이 되어서 공부도 더 할 겸 왔다는 것이다. 얼마나 반갑던지. 집으로 초대하여 자면서 하루를 즐겁게 보냈다.

참 신통방통한 학생이었다. 틀림없이 명의가 될 거다. 부디 사람의 생명을 귀히 여기며 인술을 베푸는 품격 있는 의사가 되기를 기도드린다.

꽥꽥이
회장님

그 손님 처음 오신 날, 작게 말해도 다 들리는데도 소리를 크게 지르신다. 듣는 사람 기분이 참 안 좋다. 그런데 자주 오신다. 벼르고 벼르다 '돈 덜 벌고 말지. 저런 손님은 안 왔으면 좋겠다.' 생각하고 웃으면서 말씀드렸다.

"기분 나쁜 표정으로 기분 나쁜 말씀만 하시네요. 마음에 안 드시는 것보다 마음에 드시는 게 더 많으실 텐데, 한두 가지 마음에 안 드셔도 그냥 넘어가 주시면 안 될까요?"

"내가 이 집을 좋아하니까 고치라고 말해주는 거야. 싫으면 안 올게."

"맞는 말씀이시긴 한데, 회장님 마음에 안 드시는 것은 회장님 생각이시고 지금 불만이라고 하시는 것을 다른 손님들은 대부분 다 좋아하시니 회장님께서 그냥 이해해 주세요. '내 생각에만 맞추라고 강요하지 말아야겠다.' 하시면 어떨까요?"

"허허허 그래. 그럼 됐네." 하셨다.

지금까지 거의 20년 단골손님이시다.

나는 대놓고 "우리 가게에서 회장님은 꽥꽥이 회장님으로 불려요."라고 말씀드린다. 마음은 굉장히 따뜻한 분이시다. 감사하다.

백 억

멋지고 착하게 생긴 사람이 무슨 사업을 하는지 가끔 손님을 모시고 식사대접을 하러 왔다. 잘되어 백 억 벌라고 '백억'이라고 부른다. 자주 오다 보니 여행사를 한다는 것을 알게 되었다. 그의 여행사가 잘되고 있을 때에 나는 아파서 낮에 가게를 나가지 못하였다. 남편이 외출한다고 하여 그날은 낮에 출근하였더니 마침 점심을 먹으러 왔다. 그러다 무심코 "우리 2층 비었는데, 혹시 이사 안 할래요?" 하였더니 그렇지 않아도 사무실 보러 다니는 중인데, 잘되었다며 그날 바로 2층으로 이사를 왔다. 그래서 몇 년째 한 건물에서 일하고 있다. 인연은 참 얄궂다. 그러고 보면 인연은 내가 만드는 것이 아니라 하나님께서 만들어 주시는 것인가 보다. 생각이 바른 사람은 잘되는 것 같다. 백 억의 그 사장님이 그렇다.

모든 일은 내가 하는 것이 아니고 하나님께서 하신다. 백 억 사장님도 그날 오랜만에 점심 먹으러 왔다고 한다. 우연인 것 같지만, 하나님께서 보내신 거고 나도 때맞추어 식당에 나가게 하신 것이다. 이사에 대해 말한 것도 하나님께서 하게 해 주신 것이라고 생각된다.

우연은 없다. 하나님께서 인도하신 일이었다.

'늦둥이 아버지'와 복조리 아저씨

'늦둥이 아버지'란 별칭으로 부르는 분이 있다. 첫 아들은 열네 살, 둘째 아들은 열 살인데, 뒤늦게 임신이 되어 셋째 아들을 낳았다. 그래서 주위에서 늦둥이 아버지라고 불렀다.

이분은 일 때문에 사람들을 많이 만나기 때문에 우리 식당에도 일주일에 두세 번은 온다. 그렇게 자주 오다 보니 친해져서 이런저런 이야기를 나누는 사이가 되었다.

그때도 장사가 잘 안 될 때인데, 혹시 손님 없으면 전화하라고 말하곤 하였다. 말이 그렇지. 전화하는 일이 쉬운 건 아니다. 망설이다 하루는 용기를 내어 전화를 하였다. 예약도 없지만, 저녁 6시 30분까지도 파리 날리고 있다고 하였더니 여러 명을 데리고 나타났다. 한 여덟 명쯤 되었다. 한 일곱 명쯤 더 올 거라고 한다.

그러니 얼마나 신나고 고마운 일인가. 그런데 그 후 손님들이 연이어 들어온다. 갑자기 식당이 바빠졌다. 늦둥이 아버지가 "사장님, 손님 없다더니 손님만 많이 오네요." 하면서 웃는다.

"늦둥이 아버지가 복덩인가 봐요. 늦둥이 아버지가 오니까 손님들이 밀려드네. 너무 고마워요."

그러더니 다음 날부터는 이틀이 멀다하고 왔다.

다른 사람들한테도 우리 식당 광고를 하도 많이 하고 다녀서 혹시 누나라도 되느냐고 물어온다. 그러면 내 대답은 "이웃사촌이에요." 한다. 이처럼 오셨던 분들이 다른 사람들한테 광고를 하고 또 그분들이 다른 사람들에게 광고를 하다 보니 지금은 예약을 안 하면 자리가 없다. 항상 고마운 사람, 늦둥이 아버지다.

'복조리 아저씨'라고 부르는 분은 어느 해인가 새해에 복조리 장사가 오니까 식당 앞에 걸어놓으라며 복조리를 사서 선물로 주고 가셨다. 그 후로 복조리 아저씨로 예약하고 우리도 그렇게 부른다.

어느 날, 복조리 아저씨가 술을 마시고 노래방에 갔다 넘어져 구급차에 실려 병원으로 갔고, 그 후 몇 달 동안 소식이 없었다. 잊어버릴 즈음, 거의 일 년 만에 다시 우리 식당에 식사하러 오셨다.

크게 다쳐서 죽다 살아났다면서 원래 자기가 하나님을 열심히 믿고 섬겼는데, 세상에 물들어 살면서 술 마시고 방탕한 생활을 하니까 주님께서 탕자를 구하셨듯이, 자기를 구원하시려고 벌을 주셨다는 것이다. 지금은 깊이 회개하고 술도 끊고 열심히 주님 섬기면서 살고 있단다. 변화되었더니 아내가 무척 좋아한다며 활짝 웃는다.

복조리 아저씨는 아주 친절하시고 겸손하시다. 나중에 알고 보니 큰 회사의 대표님이셨다. '역시 하나님을 잘 믿는 분은 다르구나.' 생각하며 감사드렸다.

뉴욕에서
오신 손님

우리 가게와 관련하여 정말 자랑하고 싶은 게 있다. 우리 식당이 얼마나 유명하면 '디스커버리' 방송을 보고서 뉴욕에서 손님이 찾아왔겠나. 그 방송에는 양고기가 아니라 용봉탕이 소개되었다. 용봉탕은 보양식으로 돈 많으신 회장님들이 즐겨 드시는 메

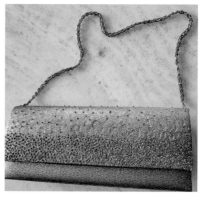

'용봉탕 사건'의 뉴욕 손님이
보내온 것이다. 정성스럽게
써내려간 손 카드와 핸드백
덕분에 난생 처음으로 진짜
외제 핸드백이 생겼다.

뉴인데, 용봉탕은 옛날에 중국 황제가 드시던 것이다.

어떻게 알았는지 디스커버리 방송에서 촬영 연락이 왔다. 얼마나 좋았는지 모른다. 그럴 수밖에 없는 것이 세계적인 방송에 나가는 것이 그리 쉬운 일인가!

1.5킬로그램짜리 자라 세 마리를 적당한 크기로 잘라 푸짐하게 끓였는데, 시식하는 외국 분이 얼마나 맛있게 먹으면서 설명을 하던지 그 방송을 보면 먹고 싶은 마음이 들 정도였다.

뉴욕에서 한국으로 여행 오신 어떤 분이 한국 사람을 시켜서 우리 가게에 예약을 하였다. 그냥 자리 예약만 6시 30분에 두 분으로 하였으므로 용봉탕이 준비되지 않았다. 용봉탕은 적어도 4시간은 끓여야 하므로 예약을 해야 한다. 그런 줄 모르고 와서 주문을 하였는데, 종이에 거북이 모양을 그린다.

그래서 '아, 자라구나.' 하고 지금은 용봉탕이 안 되니 전골을 드시고 가라고 하였다. 양전골에 맥주를 드셨다.

다음 날 아침 10시에 용봉탕을 준비해 드리기로 하고 갔다. 그날 전골값은 받지 않았다. 마침 작은딸이 아르바이트로 잠시 와서 도와주고 있을 때라서 통역을 해 주었다. 저녁 청소를 마치고 2시까지 끓여서 준비를 해놓았다.

아침에 나가서 데우기만 하면 된다. 그런데 다음 날 아침 10시에 아무리 기다려도 예약 손님이 오지 않았다. 식당을 찾지 못하였나 보다 생각하였다.

그다음 날 미국에서 국제전화가 왔다. 간다고 약속을 해놓고 가지

뉴욕 손님이 다시 4년 만에 용봉탕을 드시러 와서 건네 준 선물이다. 이 선물은 다섯 나라를 경유하여 왔다고 한다.

못해서 미안하다고. 택시 기사가 식당을 찾지 못하고 빙빙 돌며 헤매는 바람에 비행기 시간 때문에 어쩔 수 없이 그냥 뉴욕으로 갔단다. 대신 전화한 한국 사람 말이 자기와 같은 병원에서 근무하는 사람인데, 다음에 한국에 가면 꼭 다시 한 번 용봉탕을 먹으러 오겠단다.

며칠 후 소포가 하나 왔다. 미국에서 온 거였다. 뜯어보니 예쁜 핸드백과 초콜릿, 엽서 한 장이 들어 있었다. 정말 행복하였다.

그리고 몇 년이 흐른 어느 날, 선물을 안고 찾아왔다. 선물을 들고 다섯 나라를 거쳐서 왔노라고 하면서 용봉탕을 예약하여 다음 날 맛있게 먹고 갔다.

디스커버리 방송을 보고 독일 방송에서도 용봉탕을 촬영하고 싶다는 연락이 왔다. 딸들이 혹시라도 혐오식품에 나가는 거 아니냐고 걱정을 하기에 물어보았더니 건강에 좋은 음식으로 소개되는 거라고 하였다. 그때 촬영하신 분은 단골이 되셨다. 이 동네에 살고 계시므로 오가며 반갑게 인사를 나눈다. 물론, 독일 사람이지만, 한국말을 조금 하신다. 단어 몇 개 듣고도 나는 철썩 같이 알아듣는다.

부모에 진심인 효자,
복받는다

손님 중에 '대중'이라는 총각이 있었다. 회사 분들 말씀으로는 일도 잘하고 멋진 청년이란다. 인물도 잘생겼는데, 효자이기까지 하다는 것이다. 아버지 빚을 갚느라고 여자 사귈 생각도 안 하고 부모님을 모시고 산다고 한다. 장가간 동생과 함께 온 가족이 우리 식당에 온 적도 있다.

우리 딸이 중매한다면 싫어하니까 말은 못 꺼내 보았지만, 속으로 '우리 딸하고 맺어줄까.' 하는 생각까지 해보았다.

몇 년이 흘러서 장가간다고 색싯감을 데리고 왔는데, 무척 예쁘고 직장도 좋다고 하였다.

얼마나 흐뭇한지 마치 아들이 좋은 색시 만난 것처럼 기뻤다.

"잘생긴 총각이 부모님께 잘해드려서 복받은 거야."

그리고 결혼식에도 참석하여 축복해 주었다.

살아보니 부모님한테 잘하면 복을 받는다. 분명한 사실이다. 십계명 중 제5계명이 "너희 부모를 공경하라."다.

내가 마음 깊이
존경하는 사람들

내가 제일 존경하는 사람은 세계적인 영화배우 오드리 헵번(1929~93, 벨기에)이다. 예쁘기도 한 사람이 마음도 어쩌면 그리 예쁜지. 하는 말마다 가슴에 와닿는다.

"친절하게 말하라.

다른 사람 좋은 점만 보아라.

음식을 배고픈 사람과 나누어 먹어라.

다른 사람을 도와라.

세상은 혼자 사는 것이 아니다.

삶을 즐겁고 행복하게 살아라.

겉모습을 가꾸지 말고 내면을 가꾸어라."

그녀의 모든 것을 닮고 싶다.

그래서 오드리 헵번이 제일 존경스럽다. 아니, 오드리 헵번을 제일 존경한다.

두 번째로는 김동찬 선생님이다. 보면 볼수록, 알면 알수록 배울 점이 너무 많다. 내가 알고 듣기로는 국내에서 트로트 노래를 제일 잘 만드신다. 감성적인 가사들이 내 마음에 와닿고 카타르시스 작용을 한다.

특히 아내를 대하시는 것은 본받을 만하다. 처음에는 애인하고 오신 줄 알았다. 어찌나 다정하시던지······.

큰며느리를 큰딸, 작은며느리를 작은딸이라고 하신다.

그리고 내게도 잘해주시지만, 우리 친정어머니한테도 엄청 잘해주시고 우리 식당에 유명하신 분들을 많이 모시고 오신다.

특히 남진 오라버니를 데리고 와 주셔서 친정어머니가 기뻐하셨다. 남진 오라버니 오는 날, 친정어머니한테 "남진 씨 온대요. 지금 식당으로 가 보자."고 말씀드렸더니 남진 씨한테 잘 보여야 한다면서 이 옷 입을까 저 옷 입을까 고민하시는 모습이 천생 여자셨다.

제일 예쁜 걸 골라 입으시고 신이 나셔서 한달음에 달려가셨다. 남진 오라버니가

김동찬 작사, 작곡으로 선생님이 내게 선물해 주신 것이다. 왼쪽은 선생님 사모님과 나, 오른쪽은 남편과 나다. 아래의 글이 명문이다. "자세히 보아야 예쁘다 오래 보아야 사랑스럽다." 나태주 시인의 「풀꽃」이란 시의 구절이다. 꼭 내게 하는 말 같아서 기분이 좋다.

친정어머니를 보시더니 꼭 안아주시고 정답게 사진도 함께 찍어주셨다. 그 후에도 자주 오셨는데, 친정어머니가 주방 안에 있는 방에 계시면 가시다가도 도로 들어와서 인사를 하고 가셨다. 별로 유명하지 않은 사람도 누가 볼세라 모자를 눌러쓰고 다니는데, 남진 오라버니는 오히려 공개적으로 다니신다. 엄청 소탈하시고 매너가 좋으시다. 우리 친정어머니를 '어머니'라 부르며 친근하게 대해주셨다.

한번은 송해 할아버지를 모시고 오셨다. 얼마나 고마운지 친정어머니한테 전화하여 송해 할아버지 오셨다니까 엄청 좋아하시면서 얼른 식당으로 오셨다.

두 분이 서로 인사 끝에 나이를 물어보셨는데, 친정어머니가 네 살 연상이셨다. 그러니까 송해 할아버지가 친정어머니를 '누님'이라고 부르면서 정답게 사진을 찍어주셨고 그 후 자주 오셨다.

구봉서 할아버지도 모시고 오셔서 용봉탕을 드셨는데, 친정어머니는 그날도 몹시 좋아하셨다. 친정어머니는 찍은 사진을 온 동네 사람들한테 보여 주며 자랑하셨다.

친정어머니가 즐거워하실 때에 나는 행복하다. 그래서 두 번째로 존경하는 분이 김동찬 오라버니시다. 우리 어머니께 효도할 수 있게 해 주셔서.

신성일 아저씨와 엄앵란 아줌마도 빼놓을 수 없다. 그분들은 아드님인 석현이가 먼저 우리 식당에 친구들과 왔었는데, 며칠 안 지나서 신성일 아저씨를 모시고 왔다. 처음에는 파마한 하얀 머리를 덥수룩하게 하고 오셨는데, 그 모습이 조금은 실망스러웠다. 영화에서 젊은 모습만 보았으니까.

램랜드의 단골이셨던 송해 선생님, 구봉서 장로님, 신성일·엄앵란 선생님이다. 한 시대를 풍미했던 멋진 분들과의 시간은 늘 감사와 행복 가득이었다.

그런데 그날 계산하시면서 "석현이가 돈이 없으니 와서 먹고 달아놓으면 나한테 받아." 라고 하셨다. 그날부터 누구 만날 일만 있으시면 우리 식당에 오셔서, 그것도 사람들 잘 보이는 홀 중앙에 자리를 잡고 앉으셔서 와인에 음식을 푸짐하게 시켜서 드셨다.

그러시면서 이 집을 '서울의 명소'로 만들어 주시겠다고 의사 선생님, 기자, 앵커, 배우, 감독 등 다양한 직업을 가지신 분들과 오셨다. 그리고 윤정희, 백건우 씨랑도 오셨다.

그러다 엄앵란 아줌마가 오셨다. 어릴 때 우리 동네 아저씨가 달력에 있는 엄앵란 아줌마를 보면서 "우리 헌순이는 엄앵란보다 더 이쁘고 김지미보다 더 이뻐."라고 하였다고 말하였다. 그래서 나도 세상에서 엄앵란이란 사람이 제일 예쁜 사람인 줄 알았다고 하였더니 "닮은 것 같네."라고 하시며 웃었다. 나는 석현이 처음 왔을 때도 그 말을 하였다.

　신성일 아저씨는 언행에 매력이 철철 넘친다. 남자 중에 남자다. 식당 식구들도 격려해 주시고, 친정어머니한테도 잘하셨다. 친정어머니가 제일 좋아한 사람이 신성일 아저씨다.

　그때도 "엄앵란 씨랑 신성일 씨랑 사진을 다 찍다니!" 하면서 얼마나 좋아하시는지.

　'맞아. 이게 행복이지. 내가 양고기 집 하길 너무 잘했어. 안 그랬으면 유명하신 분들을 어떻게 만날 수 있었겠어. 헌순아, 너는 행복한 사람이야.'

새삼 깨닫는
하나님의 은혜!

돈 많이 벌어서 잘먹고 잘살아 보려고 식당을 하였다. 지내며 겪어보니 사람이 살아가는 데 돈보다 더 소중한 것이 기쁨과 행복이란 것을 알게 되었다. 사람과 사람 사이에 소중한 것은 진실한 마음, 믿음과 사랑이 서로 오가며 사는 즐거움이다. 여러 사람을 만나 체험하면서 깨달았다.

손님으로 자주 오시다 보니 서로 친하게 된 분들이 참으로 많다. 많은 분들이 우리 식당을 홍보해 주신다. 식당을 하지 않았더라면 이런 기쁨을 어디서 얻을 수 있었을까.

그분들의 따뜻한 마음이 내게 희망을 준다. 그럴 때마다 속으로 '나도 누군가에게 희망이 되어 주어야지.' 하고 다짐한다.

그리고 또 생각한다. 단지 음식만 파는 것이 아니라 내 마음을 함께 팔고 있는 것임을.

많은 분들이 "사장님은 무슨 복이 많아서 매일매일 식당이 손님들로 차고 넘치느냐?"고 묻는다. 그러면 웃으면서 "그러게요. 전생에 내가 좋은 일을 많이 했나 봐요. 아버지 말씀이 '내가 한 일은 잘한 일도

100년 후에 돌려받고, 못된 짓 한 것도 100년 후에 돌려받는다.'고 하시더라고요."

나는 영적으로 우둔한 사람이다. 이 모든 것이 주님의 은혜인 것을 몰랐다. 새벽마다 기도드리신 친정어머니의 기도 덕분인 것을 생각도 못하였다.

우리 식당 식구들은 오랫동안 일하고 있다. 어떻게 몇 십 년을 같이 일할 수 있느냐고 손님들이 신기해 하셨다. 식당 식구들이 오래 있는 것이 손님들 입장에서도 아주 편하고 좋다고 하신다.

"노동의 품삯을 주고 마음까지 샀어요."

그것은 오랜 세월 함께 일해주는 식당 식구들의 인품이 넉넉해서다. 그 점을 항상 고맙게 여기며, 좋은 분위기가 유지되도록 보호 인도하시는 주님의 은총에 늘 감사드린다!

예수님처럼 제자들의 발을 씻기지는 못해도 우리 식당 식구들은 서로 존중하고 섬기며 우애 있게 지낸다.

틴토레토 작 '제자들의 발을 씻기시는 그리스도', 1547, 캔버스에 유채 53×210cm, 프라도 미술관, 마드리드

매일 아침마다
올려드리는 기도

나이가 들어갈수록 책임져야 할 일들과 보살펴야 할 사람들이 늘어난다. 수시로 생기는 크고 작은 일들도 해결해 나가야 한다. 힘들고 버겁고 외로울 때도 있다. 결국 하나님께 기도드리며 도움을 구하고 능력을 허락해 주십사 간구한다.

부족하나마 아침에 일어나면 주님 앞에 무릎을 꿇고 기도드린다. 주님의 뜻대로 살아가게 해달라며 말씀을 아뢰고 평안을 구한다.

'오늘도 생명을 연장시켜 주신 만군의 하나님 감사드립니다.

새 아침, 안정과 평화의 이 땅에 살게 하셔서 진심으로 감사드립니다. 주님의 마음과 시선으로 하루를 살아가게 인도하옵소서.

만나게 될 사람들, 일들, 축복해 주신 램랜드 식당에서 섬기고 나누며 화평을 이루게 하옵소서.

주는 그리스도, 살아계신 하나님의 아드님이십니다.

주님, 전능하신 주님, 만복의 근원이 되시는 나의 주님!

지금까지 저를 도와주신 것처럼 오늘도 도와주옵소서.

주님이 사랑하시는 딸, 어려움에 처하지 않고 하루를 평안히 잘살 수 있도록 모든 것 책임져 주옵소서.

제가 사랑하는 내 딸들도 아무 탈 없이 하루를 평안히 살게 하옵소서. 지금 손자가 둘이옵니다. 그 아이들 밝고 바르고 건강하게 잘 자라서 주님이 꼭 쓰실 곳에 적절히 쓰임받도록 인도하옵소서.

제가 운영하는 식당에 양고기와 온갖 식자재들을 공급하는 회사들, 운송 기사들, 사랑하는 우리 직원들과 그의 가족들도 돌보아 주시고 복 내려 주옵소서. 그들이 안고 있는 여러 가지 과제들을 주님의 은혜와 지혜로 해결하며 나아갈 수 있는 도우심과 능력을 허락하옵소서. 식당을 찾게 될 고객들에게도 은혜와 사랑을 베풀어 주옵소서.

맛있는 식사와 행복한 가정, 원활한 사업들을 펼쳐가도록 인도 보호해 주옵시고, 하나님을 알아가게 하옵소서.

저희가 살고 있는 마포지역, 이 나라 백성들을 돌보아 주시고, 고통 속에 신음하는 북한의 동포들을 기억하시고 크신 은총을 베풀어 주옵소서. 평화통일을 이루어 주옵소서. 길어지고 있는 우크라이나 전쟁에서 희생된 수많은 생명들, 그 유족들을 위로해 주옵소서. 종전되어 회복, 치유, 안정된 삶을 유지하도록 인도 보호하옵소서.

지구의 생태계와 뜻있는 사람들이 펼치는 환경보전운동이 실효를 거두게 하옵시고, 주님께서 만드시고 운행하시는 우주 만물이 회복되고 활기를 되찾아 복된 지구별이 되도록 인도 보호하옵소서.

창세전부터 우리를 택하시고 생명 주시며 보호 인도하시는 주님의 은총, 십자가 보혈의 공로와 살아 역사하시는 예수님 이름을 의지하여 간절히 기도드리옵나이다. 아멘!'

"온 땅이여 여호와께 즐거운 찬송을 부를지어다
기쁨으로 여호와를 섬기며 노래하면서 그의 앞에 나아갈지어다
여호와가 우리 하나님이신 줄 너희는 알지어다
그는 우리를 지으신 이요 우리는 그의 것이니 그의 백성이요
그의 기르시는 양이로다
감사함으로 그의 문에 들어가며 찬송함으로 그의 궁정에 들어가서
그에게 감사하며 그의 이름을 송축할지어다
여호와는 선하시니 그의 인자하심이 영원하고
그의 성실하심이 대대에 미치리로다."(시 100편)

CHAPTER
05

'인생학교'
– 힘겨운 이웃들의 정감

"여호와께 감사하라 그는 선하시며 그 인자하심이 영원함이로다."(시 107:1)

"여호와께 감사하고 그의 이름을 불러 아뢰며 그가 하는 일을
만민 중에 알게 할지어다."(시 105:1)

"그들이 광야 사막 길에서 방황하며 거주할 성읍을 찾지 못하고
주리고 목이 말라 그들의 영혼이 그들 안에서 피곤하였도다
이에 그들이 근심 중에 여호와께 부르짖으매 그들의 고통에서 건지시고
또 바른 길로 인도하사 거주할 성읍에 이르게 하셨도다
여호와의 인자하심과 인생에게 행하신 기적으로 말미암아
그를 찬송할지로다
그가 사모하는 영혼에게 만족을 주시며 주린 영혼에게 좋은 것으로
채워주심이로다."(시 107:4-9) 아멘!

– 감사절 교독문 중에서

인기 식당,
체인점 안 하는 이유

　　가게에 손님이 늘어나고 장사가 잘되면서 체인점 이야기를 많이들 하였다. 체인점 내달라고 찾아오는 사람도 있고, 문의해 오는 사람도 많다. KBS 아나운서 출신 김현욱 선생님께서 지인을 데리고 왔었다. 그분은 오랜 단골이라서 장가가는 날 결혼식장에도 갈 정도로 친하였다. 그런데도 거절하였다. 나는 체인점 문의나 제안이 오면 모두 거절한다. 왜냐하면 과도하게 신경 쓰며 살고 싶지 않기 때문이다. 죽을 때 돈 가지고 가는 것 아니고, 나는 지금 램랜드 하나로 족하다. 혹여 내가 체인점을 내주었는데, 그 집이 장사가 잘 안 되면 내가 견딜 수 없을 것 같다.

　　"내가 아는 사람이 고생하면 난 잠도 못 자고 밥도 편히 못 먹는다."라고 하면 나를 아는 사람들은 대개 모두 고개를 끄덕인다. 그러면서 "맞아. 사장님은 그럴 거야. 그러면 절대 하면 안 되지." 하면서 내 마음을 이해한다. 사업체 몸통을 키우고 돈을 더 모은들 더 행복할까. 양심껏 최선을 다하여 내실 있게 운영하며 소소한 즐거움과 행복을 누리면 그만이다. 마음 평안의 유지, 이것이 제일이다.

다른 사람의 행복이
나의 행복

남들이 왜 그렇게 말랐느냐고 물으면 남을 편하게 해 주려고 또는 일하느라고 살이 찔 겨를이 없다고 말한다. 일하는 것도 남이 힘들까 봐 하나라도 더 거들어 주어야 마음이 편하다. 먹는 것도 '나 혼자 맛있는 것 많이 먹으니까 살만 찌지.' 하고 나누어 먹으려고 한다. 감정적인 부분에서도 싫은 일을 당해도 별 것 아니면 그냥 넘어가 준다. 하지만 나도 기분은 안 좋다. 그래서 나를 스스로 달래느라 한참을 고생한다. 그러니 살이 찔 틈이 없다. 마르니 몸이 가볍고 아픈 데도 별로 없다. 이 또한 건강 비결 중 하나인 것 같다.

다른 사람이 내 도움을 받고 좋아하는 걸 보면 나는 두 배로 행복하다. 불우한 이웃을 돕는 것은 나도 그렇게 살아봤으니까. 나도 돈 한 푼 없이 거지처럼 살 때가 있었다. 그래서 청소년 장학금을 주거나 어려운 이웃에게 연탄을 사주었을 때에 뿌듯함을 느낀다. 한번은 동사무소(현 행정복지센터)에 쌀을 기부하였는데, 동장님이 어려운 사람들이 쌀을 나누어 주었더니 좋아하더라고 고맙다고 하셨다.

"동장님이 왜 고마워요. 받는 사람과 주는 사람이 고맙죠."

동장님은 쌀 나누어 줄 때 받아가는 사람들이 좋아하는 모습을 보면 자신이 더 행복하여 고마우신 거란다. 해마다 사랑의 열매에 성금을 보내면서도 나는 나를 칭찬한다. 남들이 골프 치러 가자고 하면 나는 그럴 돈 있으면 불우이웃돕기 성금 더 내고 싶다고 한다. 왜 그렇게 사느냐고 하지만, 나도 어렵게 살아왔으니까.

사랑의 열매 감사장에 쓰인 글이 내 마음을 울린다.

"나의 따뜻한 나눔이 누군가에게 희망이 되고 위로가 되고 기쁨이 됩니다. 나의 1퍼센트 투자가 누군가에게 100퍼센트로 다시 태어나는 일, 그래서 세상에서 가장 행복한 투자입니다. 내가 바로 사랑의 열매랍니다."

이런 감사장을 받을 때마다 내가 더욱 감사함을 느낀다. 매년 감사장을 받으면 '그래 헌순아, 잘 살고 있는 거야.' 그렇게 칭찬을 해 준다. 이런 마음 갖게 해 주시는 것도 나의 주님이시다.

해마다 연말연시에 광화문 네거리에 세워지는 사회복지공동모금회 주관 '사랑의 열매 나눔 온도' 탑이다.
12월 말경이 되면, 100도가 넘는다. 각박한 세태에서도 온정을 베푸는 아름다운 풍경이다. 우리 국민들의 나눔 봉사는 풍성한 편이다. 감사한 일이다!

밍크 코트 사 입었다 생각하고 낼게
– 나누며, 섬기며 살 수 있어 정말 감사!

인생을 살면서 하루를 계획하거나 특별한 계획이란 걸 세워본 적이 별로 없다. 신혼 때부터 돈은 없었지만, 그냥저냥 살았다. 좋은 것도 행복한 것도 모르고 바보처럼 살았다.

그때그때 되는 대로 살았지만, 매 순간 열심히 살았다. 고기 작업을 하면서도 어떻게 해야 예쁘고 맛있을까 연구하고, 하나를 하더라도 다른 사람보다 빠르고 잘해야 된다고 생각하였다.

나는 갈비를 손질할 때에 정말로 아까워하지 않고 아주 좋은 것만 손질하여 쓴다. 버리는 것을 아까워하지 않는다.

어느 날, 교회 권사님이 주변에 고기 못 먹고 사는 사람들이 많으니 고기 좀 달라고 하셔서 나누어 드리기 시작하였다. 그 고기를 많은 사람들이 그렇게 고마워하면서 먹는 줄을 미처 몰랐다. 지금도 교회 장로님이 고기를 가져다 몽골학교, 선교사님들, 교회, 탈북민(북한이탈주민)들 등 형편이 넉넉지 않은 분들께 나누어 주고 계신다.

한번은 몽골학교 선생님에게 학생들을 식당에 데려와서 고기 좀 구워 드시라고 하였더니 교장 선생님과 교직원 분들만 다녀가셨다.

나중에 몽골학교 아이들이 보낸 편지를 보고 알았다. 학생 수가 너무 많아서 올 수가 없었단다. 아이들 편지를 보고 마음이 아려서 눈물이 났다. 다음은 재한몽골학교 아이들이 보내온 감사 편지의 일부다.

안녕하세요~ 재한몽골학교 5학년 운바트입니다.

마음씨가 착한 분께서 우리 학교의 밥을 후원해 주셔서

감사하고 또 감사합니다.

늘 하던 대로 식당에 '오늘은 어떤 밥일까?'라는

생각을 하며 갔는데, 제가 제일 좋아하는 밥이었습니다.

배 터지게 먹고 또 먹고 나서 반에 왔더니

선생님이 "자, 조용. 오늘 밥 맛있었죠. 우리 학교의 밥으로

양고기를 후원해 주셨어요."라고 말하셨습니다.

그래서 제가 마음씨 착한 분께 이렇게 고마움의 편지를 썼습니다.

메리 크리스마스!

안녕하세요?

오늘 우리한테 양고기 국밥을 주셔서 감사합니다.

오늘 수업이 많아 조금 힘들었는데,

맛있는 밥을 해 주셔서 감사합니다.

우리가 좋아하는 맛있는 밥을 해 주셔서 정말 정말 감사합니다.

오래오래 사시고, 성탄절 잘 보내세요.

즐거운 추억되세요.

안녕하세요? 저는 5학년 엑쉬글랭입니다.

오늘 아침에 밥을 못 먹고 와서 너무 배고팠어요.

그런데 오늘 점심에 '밥은 뭘까?'라고 생각했는데,

제가 좋아하는 국이랑 밥이 나왔어요.

그래서 저는 많이 달라고 했어요.

참 맛있어요. 고기가 많았어요. 저는 고기를 좋아해요.

이렇게 마음이 따뜻한 분은 처음이에요.

저도 그렇게 마음씨가 좋은 사람이 되고 싶어요.

그래서 공부를 잘하려고 열심히 배우고 있어요. 감사합니다.

우리 학교에 음식을 후원해 주셔서 감사합니다.

고기가 많아서 정말 맛있었어요.

메리 크리스마스~ 감사합니다.

안녕하세요. 저는 5학년 잡홀랑입니다.

제가 아침에 집에서 아무것도 안 먹고 왔어요.

학교에 와서 배가 너무 고파서 점심시간까지 기다렸어요.

점심시간이 되자 어떤 밥인가 했더니 몽골인이 좋아하는

고기와 밥이었어요. 그래서 저는 밥을 실컷 먹었습니다.

이런 밥을 평생 먹고 싶어요.

우리 학교에 고기를 주셔서 감사합니다.

그리고 메리 크리스마스~

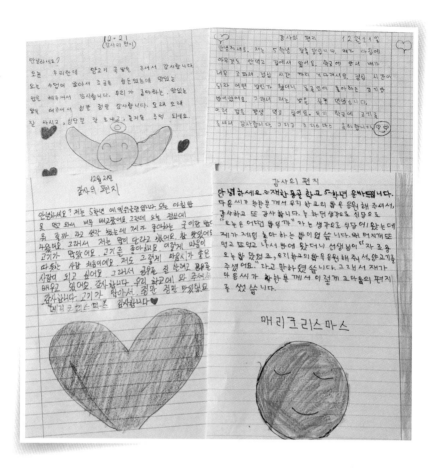

　언젠가는 동아일보 기자가 탈북민(북한이탈주민)들에게 기부하는
일을 취재하고 싶다고 하였다. 그 말을 듣고 나는 번지수를 잘못 찾으
셨다고, 나는 그런 일을 한 적이 없다고 딱 잘라 거절하였다.

　때마침 탈북민 회장님이 가게에 들어오셔서 "많은 탈북민이 양고
기 주는 화요일만 기다린다. 고맙다."고 하시는 거였다. 순간 어찌나
당황스럽던지……

마침 설이 가까운 때여서 양다리 고기 두 박스와 쌀 몇 자루를 드렸다. 나눌 수 있어서 감사하였는데, 탈북민들이 나중에 이북 떡을 많이 만들어 가지고 와서 그들과 북한 떡을 맛있게 먹는 기쁨을 누렸다.

도움의 손길을 펼치다 보니 지역 봉사를 하게 되었다. 동사무소(현 행정복지센터) 직원으로부터 뒷동네에 연탄도 못 때고 사는 사람들이 있다는 말을 듣게 되었다. 족히 50가구는 된다는 것이다.

그 소리를 듣고 그분들에게 연탄을 사주는 것이 단초가 되어 다른 곳에도 점점 기부를 하게 되었다. 청소년 돕는 단체, 장애인 돕는 단체, 주민자치위원회 등 여러 단체에 가입하여 봉사 활동을 하게 되었다.

겨울이 되면 따뜻한 겨울 보내기 '사랑의 열매'에 돈을 조금씩 기부하였다.

처음에 사랑의 열매에 돈을 기부할 때는 "내가 밍크 코트 사 입었다 생각하고 낼게."라고 농담하며 하였다. 나는 아무 옷이나 깨끗하

마포구청에서 받은 표창장과 감사장들이다. 아름답고 따뜻한 세상을 만들어 가면서 이웃과 더불어 함께 살아가는 노력을 했다는 작은 증거물이다. 아울러 지역 공동체와 노인복지를 위해 일했다는 기록으로서의 표창장이다. 나의 자그마한 관심과 정성이 여러 사람을 행복하게 해 주었다는 기쁨을 느낀다.

고 따뜻하면 된다. 무조건 싸고 가성비 좋은 옷을 사 입어야 마음이 편하다. 내가 사 입으면 다 예쁘다고 한다. 가게 식구들이 예쁘다고 하면 하나씩 사다준다. 그게 마음에 좋다!

내 것 하나 비싼 거 살 돈으로 여러 개 사서 여러 명이 예쁘게 입으면 더 좋다고 생각한다. 다행히 처녀 때에 양장점에서 일하였던 가락이 있어서 옷 고르는 안목은 있다.

다른 사람이 내가 사준 옷을 입고 다니는 걸 보면 '행복이 이런 건가.'라는 생각이 든다. 작은 것이라도 받는 사람이 좋아하는 모습을 보는 순간이 제일 행복하다. 돈은 그렇게 쓰려고 버는 것이라는 생각을 한다. 또 내가 행복하려고 일도 하고 돈도 번다.

아버지께서는 "돈은 무슨 일이든 가리지 말고 벌어서 쓸 때는 정승처럼 써야 된다."고 하셨다.

이 말씀을 교훈으로 늘 마음에 새기고 있다.

돈이 많아도 제대로 못 쓰고, 돈 많다고 못되게 굴어서 욕을 먹는 사람들이 내 주위에도 있다.

가끔 그들에게 이런 말을 해 준다.

"돈은 사람 노릇하려고 버는 것이다. 돈을 어떻게 쓰느냐에 따라 그 사람의 평판이 달라진다. 개만도 못한 취급을 받을 수도 있다. 돈은 죽을 때에 가지고 가는 것이 아니다. 또 자식들한테 조금 더 물려준다고 자식들이 부모에게 고맙다고 하지 않는다. 살아생전에 뿌린 것만 죽은 다음에 남는다. 적당히 잘 뿌리며 살아야 한다."

아무리 이야기하여도 태생은 잘 고쳐지지 않는 것 같다. 그런 사람은 그런 대로 살고, 나 같은 사람은 나대로 사는 것이다.

돈이 없을 때나 지금처럼 돈이 많을 때나 먹고 사는 것은 똑같다. 하지만 돈이 많으면 좋은 것은, 사주고 싶을 때에 사줄 수 있고, 주고 싶을 때에 줄 수 있고, 게다가 주고 싶은 만큼 줄 수 있다는 점이다. 그래서 돈이 없었을 때보다는 있는 지금이 더 좋다. 훨씬 좋다. 감사드린다! 어린 시절부터 청년 시절에 이르기까지 가난하고 배우지 못하여 눈치와 냉대를 받으며 살았던 체험이 절절한지라 비슷한 처지의 사람들을 진심으로 돕고 싶었다.

마포구에서 펼쳤던 어려운 이웃들을 위한 '희망 온돌 따뜻한 겨울나기' 모금, 선행 칭찬운동본부가 주관하는 '아름답고 따뜻한 세상 만들기' 운동, 사회복지공동모금회의 따뜻한 겨울 보내기 캠페인, 대한노인회의 노인복지운동 등에 마음을 다하여 돕고 후원하였다. 특히 서울 사회복지공동모금회의 '사랑의 열매'에는 10년 넘게 기부를 하여 감사패를 많이 받았다.

그런 내게 스스로 칭찬해 준다.

'헌순아, 너는 인생을 정말 잘 살았어. 부모님께 잘해서 효부상 탔지, 회사에서 일 잘해서 일 잘하는 상 탔지. 또 불우한 사람 많이 도와준다고 상 탔지. 정말 잘살고 있는 거야.'

나 자신을 칭찬하며, 보호 인도해 주신 하나님께 깊이 감사드린다!

따뜻이 베풀면
마음 편안한 일상의 복이 온다

우리 가게가 위치한 골목은 용강동 먹자골목이다. 2000년도에 식당을 운영하는 사람들끼리 '용강동 먹을거리 상가 번영회'를 만들었다. 구역을 여섯 구역으로 나누어서 구역장을 맡겼는데, 내가 구역장을 맡았다. 구역장이 하는 일은 가게마다 회비 만 원씩 걷으러 다니고, 한 달에 한 번씩 돌아가면서 어려운 사람들에게 밥을 해 준다. 김장철에는 김장을 해 주고, 여름에는 동네 어르신들께 삼계탕을 끓여드린다.

일 년에 한 번 용강동 음식 축제를 열고, 12월 22일에는 송년회를 한다. 수시로 돈도 내고 직접 나서서 일도 해야 하니 많이 바쁘다.

봉사 활동을 한 것 중에 엄청 어렵고 힘들었던 때가 있었다. 한번은 김장하는 날에 배추 몇 백 포기를 서너 명이 씻느라 엉덩뼈가 고장 나서 제대로 못 걸었던 적도 있다. 동네 어르신들께 삼계탕을 끓여드리는 날에는 닭이 제대로 푹 삶아지지 않아서 우리가 엎드려 가위로 잘라드리느라 허리 병이 났던 적도 있다.

게다가 그런 행사를 하려면 상가에서 돈을 잘 내야 하는데, 애를 먹이는 경우가 있다. 오랫동안 장사한 사람들이라 돈이 있는데도 쫀쫀하고 따지기 좋아한다. 내가 구역장이나 부회장을 할 당시에 내가 잘하건 못하건 열심히 도와주는 사람도 있었지만, 방관하는 사람들이 더 많았다. 오히려 못한다고 타박만 하였다. 심지어 어느 땐가는 회장을 쫓아내는 지경에까지 이르러서 나는 그 모임이 싫어졌다.

'이 좁은 골목에서도 파가 갈리니 더 큰 모임이나 정치판은 오죽할까!' 그래서 더 이상 모임에는 참석하지 않고 회비만 내고 있다. 직접 몸으로 일을 안 하니까 돈을 많이 내라고 하여 많이 낸다.

내 천성은 불우한 사람을 보면 외면을 못한다. 또 친한 사람이 어려움에 처하면 안 도와주고는 마음이 불편하여 자다가도 생각나고 먹을 때도 생각난다. 그러니 도와주고 나서야 마음이 편안해진다.

돈이란 죽을 때에 가져가는 것도 아니니 욕심 부리면 안 된다고 늘 생각하며 살고 있다. 사는 데, 필요한 데 쓰려고 돈을 번다고 생각한다.

나는 돈이 없을 때도 마음만은 항상 부자였다. 지금이나 그때나 달라진 것은 거의 없다. 달라진 게 있다면 돈을 벌어 남들과 나눌 수 있어서 많이 행복하다는 것이다.

이런 결론에 이른다.

70년을 살아보니 내가 살아온 세상을 안 살아본 사람들은 '왜 그렇게 살았느냐? 누가 그렇게 살겠느냐?'고 하겠지만, 나 혼자 사는 것이 아니고 우리가 사는 거니까 조금 손해 보고 산들 무슨 상관이 있을까 싶다. 조금 베풀면서 살면 베푼 만큼 돌아온다.

손해 보고 살려니 마음도 힘들고 몸도 힘들어 지옥 같을 때가 있다. 그래도 베풀고 양보하여 상대방이 행복해 하는 모습을 보면 나도 행복하다. 이럴 때는 천국 같다.

도전하고 부딪치며 살다 보니 벌써 70년 세월이 흘렀다. 살아 보니 못 배운 설움, 춥고 배고픈 설움, 육체 노동하는 설움, 외로운 설움보다 훨씬 더 서러운 것은 혼나면서 사는 것이다. 견디기 힘든 지옥 같은 삶이다.

최고의 행복은 마음 편히 사는 것이다. 나보다 처지와 형편이 어렵거나 막다른 골목으로 밀려난 사람들을 너그럽고 따뜻하게 대하는 일이다. 이것이 평안과 행복, 내일을 보장하는 열쇠다.

어려운 이웃을 돕는 사람들의 상징적 예화로 사용되는 '선한 사마리아 사람' (눅 10:30-37)

렘브란트 작 '선한 사마리아인', 1633, 나무판에 유채 68.5×57.3cm, 월리스 컬렉션, 런던

약점이 승화되어
강점

작은딸과 사위가 함께 식당 일을 하고 있다. 후계자로 세울 생각인데, 다행히 사위가 요리하는 것을 좋아한다. 학교도 요리학교를 졸업하고, 군대 가서도 장교들 밥 해 주는 취사반에서 군 생활을 하고, 식당 경영도 하였었다. 이런 사위 만나게 하신 것도 하나님의 뜻이라고 생각한다. 나한테 꼭 필요한 사람을 보내주셨다.

애들한테 식당 일을 맡기고 어디라도 가끔 놀러갔다 오고 싶지만, 아직은 애들이 불안해 하여 마음대로 움직이지 못하고 있는 중이다.

내 생각에는 애들에게 맡겨놓으면 애들 나름대로 잘할 거라고 믿는다. 하지만 남편은 아니라고 한다.

부부가 애들에 대한 생각이 다르지만, 나는 편히 살고 싶어서 내 주장하지 않고 포기하며 살고 있다. 모든 걸 포기하고 살아서 평생 좋은 것을 모르고 사는지도 모르겠다.

어릴 때부터 살아남기 위해 남의 마음에 들려고 다른 사람 비위만 맞추면서 살다 보니 줏대 없이 무슨 일이든 잘해야 한다는 생각이 앞선다. 남보다 더 잘해야 된다는 생각만으로 살아온 것 같다.

그도 그럴 것이 열네 살이면 애기지 뭘 할 줄 알고 뭘 알았겠는가. 열네 살에 남의 집 식모로 가서 혼나지 않으려고 이를 악물며 일을 하였다. 주인들에게 한 가지 일로 두 번 지적받지 않으려고 노력하였다. 그러니 무슨 일이든 맡기면 잘한다는 칭찬을 받았다. 그것이 최고의 보람이고 자부심이었다. 그러고 보니 참 여러 가지 일을 하였다. 식모 살이할 때에, 공장에서 일할 때에 남보다 더 잘해야 한다는 마음뿐이었다. 옷에 있는 실밥을 다듬고 마무리 작업을 할 때도 더 깨끗이 남들보다 빨리해야 내 마음이 편하였다.

일을 하면서 늘 아버지가 해 주신 짚신 장사 이야기를 떠올렸다.

"옛날에 짚신을 만들어서 파는 사람이 있었단다. 아들이 하나 있었는데, 그 아들이 어느덧 장가를 가서 한 가정을 이루게 되었지.

아들도 아버지처럼 짚신 장사를 하기 시작했단다.

그런데 아버지가 만든 짚신은 잘 팔리는데, 아들이 만든 짚신은 잘 팔리지 않는 거야. 아들이 아버지한테 '왜 제가 만든 짚신은 안 팔리는 걸까요? 아버지 짚신이 잘 팔리는 비법은 뭔가요?'라고 물어봤지. 아버지는 '비법은 자식한테도 알려주는 것이 아니란다.' 하면서 함구하시는 거야.

마침내 아버지가 늙어 돌아가실 때가 되었어. 그래서 아들이 아버지한테 짚신을 어떻게 만들어야 잘 팔리느냐고 물어봤지. 그러자 아버지가 '털, 털, 털'이라고 하시며 눈을 감으셨어. 아버지 말을 듣고 아들이 아버지가 만드신 짚신과 자기가 만든 짚신을 자세히 관찰해

보니 아버지가 만든 짚신은 지저분한 털이 하나도 없이 매끄럽고 깨끗하게 털이 잘 다듬어져 있는 것을 알게 되었단다."

그래서 나도 옷을 뒤집어 속까지 깨끗하게 하고 빨리하니까 윗사람들이 무척 좋아하였다.

나는 항상 배우는 자세로 살아왔다. 양장점에서 일할 때도 명칭들이 주로 영어로 되어 있어서 못 배운 티를 내지 않으려고 열심히 영어를 배웠다. 또한 누구에게나 순종하면서 언제나 상냥하고 친절하게 대하려고 노력하였다. 이렇게 만들어진 모습이 겉으로 나타나는 내 생활 태도의 기본이 되었다.

누구에게나 잘 보여야 하니까 고분고분 말 잘 듣고 일도 열심히 하고 주인 비위도 맞추어 주고 손님들에게도 잘하려고 하였다. 동료들과 불화 없이 잘 지내고 막 부려먹기 좋으니 누가 이런 나를 좋아하지 않을 수 있었을까?

그렇게 일을 하다 보니 배우는 것은

위는 반포동 킴스클럽에 마케팅을 공부하러 갔을 때에 사용하던 명찰이다. 가운데는 애경백화점에 어묵 판촉행사를 진행할 때의 명찰이다. 고된 시절이었다. 아래는 뉴코아백화점에서 양고기를 판매할 때에 가슴에 달았던 명찰이다. 많이 고생하던 시절을 되살려주는 것들이라 잘 간직하고 있다.

많았다.

의상 디자인을 뭘 알았겠는가. 하지만 손님이 오면 나보고 손님받으로고 시키니 손님에게 맞는 디자인을 골라 그림까지 그려가면서 주문을 받았다. 또 가봉도 하라니까 하였다.

재단 빼고 모든 걸 거의 다 할 수 있게 되었다. 손님이 뜯으면 손바느질도 하였다. 단 꿰매고 단추 달고 실밥도 뽑았다. 누가 시키지 않아도 잘 보이려고 잔꾀 부리지 않고 쉼 없이 열심히 하였다.

그것도 아주 꼼꼼히 하여 주인이 내가 바느질한 것은 일부러 뜯기도 힘들다고 할 정도였다. 단추도 얼마나 튼튼히 달았는지 꼼꼼하다고 칭찬받는 재미가 있어 놀지도 않고 열심히 하였다.

어떤 손님들은 내게 양장점을 차려도 될 거라고 말하였다.

배운 것도 없고 가진 것도 없으니 무조건 일을 잘해야 된다고 스스로에게 채찍질을 가하며 일을 해왔다.

화장품 장사를 할 때도 대리점 사장님이 있어도 내 장사라서 내 마음대로 하였다.

'내○날'에서 일하면서부터는 여러 가지 일을 하였다. 공장에서 고기 손질할 때도 남보다 많이 깨끗하게 잘해야 하였고, 고기를 팔아보라고 할 때도 많이 팔려고 열심히 하였다.

또 고기 포장도 예쁘게 많이 해야 된다는 생각으로 남들보다 더 예쁘고 깔끔하게 하면서 더 빨리하라고 스스로를 다그쳤다.

마케팅이 뭔지도 모르는 내게 마케팅을 맡겼을 때는 다른 회사 포장과 우리 회사 포장을 비교해 보고, 포장에 따라 구매 욕구가 달라진다는 생각에 포장지에 대한 연구를 하였다.

한때는 전을 부쳐서 파는 일도 해보았다. 그 일도 거뜬히 해냈다.

된장찌개와 김치찌개를 만들어서 냉동식품으로 팔아도 보았다.

백화점에서 고기 판매를 할 때나 식당 일을 맡아서 할 때도 목표로 한 만큼은 무슨 수를 써서라도 팔았다. 그때는 멋모르고 잘난 체를 하며 예감이 잘 맞는다고 자랑을 하였다.

모든 일이 하나님이 함께하셔서 일을 잘할 수 있었다는 사실을 그때는 정말 몰랐다.

모든 면에서 부족하고 세상 물정 모르는 내게 램랜드를 운영하게 도우시고 인도하신 주님 은혜에 감사드린다. 입소문으로 많은 고객분들 오게 해 주시고, 따뜻한 인간 교류를 나누는 하루하루가 행복하다. 여러 언론 매체들에서 램랜드를 소개하고 호의적인 기사들을 써 주신 기자님들, 언론인분들께 늘 고맙게 생각한다. 다른 고급 식당들에 비해 모자람 많은데, 미안함마저 든다.

이렇게 나왔으면
죽을 각오로 해야지요

우리 가게는 사람을 가리지 않고 밥을 잘 준다. 내게 배고팠던 시절이 있어서 그냥 주고 싶다. 고기도 듬뿍 넣어서 많이 준다.

그래서였나? 한번은 거지에게 데이트 신청을 받은 적도 있다. 나 보고 다른 데서 맛있는 거 사준다며 만나자고 하는 것이다. 나는 얻은 돈으로 나 사줄 생각하지 말고 얼른 모아서 구걸하며 살지 말라고 말하였다. 그러면 아이스크림이라도 사다 준다고 하기에 사오지 말라고 말렸다.

한번은 입성이 추레한 젊은 사람이 돈을 달라고 하여 오천 원을 주었다. 그가 절을 하며 고맙다고 하기에 젊고 멀쩡한 사람이 왜 그러고 다니느냐고 일을 하라고 하였다.

며칠 후 그 사람이 또 술을 잔뜩 마시고 와서 돈을 달란다. 돈 주면 또 술 사 마실 거 아니냐며 못주겠다고 하였다. 한 번만 달라고 계속 간청을 하였다. 그래서 그 돈으로 술을 사서 마시지 않는다는 약속을 받고 만 원을 주어서 보냈다. 그리고 나서 며칠 후 그 젊은이가 낡은

리어카에 주운 박스를 싣고 가는 게 보였다. 달려 나가 장하다고 칭찬하며 새 리어카를 사주겠다고 하니 사양한다. 그래서 새 옷을 사 입으라고 돈을 좀 주었더니 다음 날 옷을 사 입고 와서 보여 준다. 이제 종이 박스를 주워 팔아 찜질방에서 자고 거기서 빨래도 해서 입는다며 열심히 살겠다고 하였다.

화장지를 팔러 오는 장애인이 있었다. 그 사람도 오면 밥을 주었다. 하루는 저녁 무렵에 그 사람에게 화장지 한 세트를 사고 보니 한 세트가 더 남아 있는 게 보였다. 남은 한 세트를 팔면 집에 들어갈 수 있는 거냐고 물으니 그렇다고 하여 마저 사주었다. 그가 식당에서 나가고 나자 식당 밖에서 시끄러운 소리가 들려왔다. 문을 열고 내다보니 그 사람이 팔짝팔짝 뛰면서 만세를 부르고 있었다. 그 모습에 가슴이 뭉클할 정도로 기뻤다.

일주일 후쯤에 또 화장지를 팔러 왔다. 밥을 먹고 있었는데, 식사하고 계시던 손님이 누구냐고 물었다. 화장지 파는 사람이라고 대답하였다. 추운 겨울인데도 구멍 난 점퍼를 입고 있는 것이 안쓰러웠던지 그 손님이 돈을 주면서 점퍼를 사 입히라고 하였다. 그 돈을 받아 들고 즉시 시장에 같이 가서 점퍼를 사 입혀 보냈다. 가게로 돌아와 옷 사고 남은 잔돈을 그 손님께 돌려드리니 가지고 있다가 그 사람에게 맛있는 거 사 먹으라고 전해 달라고 하였다. 며칠 지나 그 사람이 우리 가게에 화장지 팔러 온 날, 그 손님이 주라고 한 나머지 돈을 전해주었다. 이렇게 훈훈한 손님도 있다. 과자나 껌, 파인애플 등을 팔러 가게에 들어오는 사람도 종종 있다.

어느 날, 과자를 팔러 아줌마 한 분이 들어왔다. 일단, 가게에 들어오긴 하였지만, 손님들에게 다가가지 못하고 우물쭈물 서 있기만 하였다. 장사하러 나온 지 얼마 되지 않은 것 같았다.

"어차피 팔아야 하니까 용기를 내요. 저도 예전에 먹고 살기 힘들어서 화장품 외판을 했었어요. 이렇게 나왔으면 죽을 각오로 해야죠."

자기도 열심히 하면 나처럼 살 수 있느냐고 묻기에 "그럼요. 열심히 살아가면 공짜는 없어요."라고 말하며 용기를 주었다.

어떤 손님들은 가게에 물건 파는 사람을 못 들어오게 하라고 하기도 한다. 이런 손님들이 계시면 내가 나서서 다른 가게에서도 못 들어오게 한다는데, 우리라도 팔게 해 주어야 하지 않겠느냐고 대신 사정을 한다.

> 여자가
> 이런 장사를 하러
> 나올 때는 죽을 각오로
> 나오는 거예요.

"여자가 이런 장사를 하러 나올 때는 죽을 각오로 나오는 거예요. 한 개라도 팔아줘야죠. 손님들이 참아만 주셔도 불우이웃을 돕는 거예요. 한 분이 한 개를 사주시지만, 어떤 때는 가게 한 바퀴를 돌면 열 개도 넘게 파는 날도 있답니다."

그런 말을 하면 싫은 티를 냈던 손님도 사주면서 사장님이 이러니 장사가 잘되는 거라면서 너스레를 떤다.

남을 도우면 기쁨이 배가 되는 것을 식당을 하면서 수도 없이 경험

하였다.

속상한 적도 있었다. 다섯 명이 와서 갈비 5인분을 먹고는 자기들은 3인분을 먹었다고 우겨댔다. 그러면서 바가지 씌운다고 도리어 호통을 쳤다. 주문받은 직원을 불러 물어보니 다섯 분이라 5인분을 드린다고 하였고, 그중 한 사람이 "네."라고 대답하여 5인분을 드렸다는 것이다.

알고도 속을 수밖에. 한발 양보하여 우리 직원 잘못이니 3인분 값만 받는다고 하였는데도 막무가내로 화를 내며 나를 사기꾼으로 몰아세웠다.

"제가 어떻게 해드리면 될까요?"

자기들이 확인을 안 하였으면 5인분 값을 다 받았을 것 아니냐며 장사를 그런 식으로 하지 말란다. 참 너무 억울하고 기가 막혀서 눈물이 나왔다.

어느 날은 계산을 잘못하여 받은 때도 있었다. 계산기로 계산을 하여 돈을 받았는데 더 받았다고 하였다. 확인해 보니 전골값이 한 번 더 계산되어 있었다. 여간해서는 그런 실수를 하지 않는데, 그런 일이 벌어졌다. 그날도 사기꾼 취급을 받고 펑펑 울었다.

손님들 입장에서는 기분이 나쁘겠지만, 실수라고 용서를 빌면 받아주면 좋을 텐데……. 내가 뜨내기장사치도 아니고 한 곳에 뿌리를 내리고 장사하는 사람인데, 몇 푼 더 벌자고 그런 사기를 치겠느냐고 죄송하다고 사과를 해도 손님들은 화가 풀릴 때까지 불같이 화를 낸다.

그럴 때마다 혼잣말로 "식당 하다 내 명에 못 죽는다."라고 중얼거렸다. 하루는 가까이에 있던 손님이 그 말을 듣고 "병원은 더 해요." 라고 한다. 자기는 의사로, 정말 고칠 수 없는 병이어서 고치지 못하는 것인데도 그러고도 네가 의사냐는 소리를 자주 듣는다고 하였다. 그 손님 말을 듣고 그나마 위안이 되었다.

어쩌다 진상 손님이 있기는 하지만, 좋은 사람들이 훨씬 더 많다. 하루에 대략 200명 정도의 손님이 식당에 오신다. 대부분 좋은 손님들이다. 자리 때문에 일찍 오시라고 하면 일찍 오시고, 조금 늦게 오시라고 하면 늦게 오신다. 다른 손님들이 기다리고 있으면 얼른 먹고 일어나 자리를 내주신다. 돈을 내고 가시면서도 맛있게 먹었다고 고맙다고 하신다.

이보다 더 좋은 일이 어디 있겠나! 돈을 주면서 고맙다고 하다니……. 식당에 찾아오는 고마우신 분들에 대한 사연을 일일이 다 적을 수가 없다. 아마도 책 수십 권 분량은 될 것이다.

교회의
'어버이 주간' 추억

친정어머니가 예수님을 믿으신 지는 15년쯤 되었다. 전도를 하려고 애를 써도 그냥 "나는 교회 안 가. 너나 열심히 믿어."라고 하셨다. 그러던 어느 날, 새벽예배에 가는데 친정어머니가 새벽 운동을 가신다고 하셔서 함께 나오게 되었다.

"엄마 운동하러 가시지 말고 나랑 교회에 가요." 하였더니 "나는 죄가 많아서 교회 안 가."라고 하셨다.

나는 친정어머니께 죄가 많으니 하나님께 죄 사함 받으려고 열심히 기도드리러 가는 것이라며, 사람은 태어날 때부터 원죄가 있으니 꼭 하나님 앞에 가서 죄 사함 받고 구원을 받아야 된다고 간곡히 말씀드렸다. 그래도 가지 않겠다고 하셨다.

그런데 하루는 교회를 다녀왔다고 하셨다. '어버이 주간'이라 교회에서 어르신들에게 식사대접을 한다고 하여 경로당에서 단체로 가셨다는 것이다. 점심도 맛있게 먹고 용돈도 20,000원씩이나 받았다고 하시면서 빚을 졌으니 교회에 나가겠다고 하셨다. 얼마나 고맙고 감사하던지.

너무 기뻐서 주일마다 가시라고 말씀드렸더니 주일예배도 가시고 수요예배도 가시고 구역예배도 가시고 또 새벽예배도 100일을 넘게 다니셨다.

집에서 성경도 보시고 기도도 얼마나 열심이신지 정말로 어린 아이 같은 믿음생활을 하셨다. 내가 평생 하나님을 섬긴 것보다 더 열심히 하나님을 섬기셨다.

그래서인지 정말 큰 복을 받으셨다. 무릎이 아프신 지가 20년도 넘었는데, 이것저것 다 해보아도 소용이 없었다. 하루는 기도를 하시다가 "걱정 마라. 무릎 아픈 것 나을지어다."라고 말씀하시는 하나님의 음성을 들으셨단다. 공짜는 없다. 하나님을 섬기는 만큼 복을 받는 것이다. 정말 기적처럼 무릎이 나으셨다. 그리고 건강하게 사시다가 천국에 가셨다.

친정어머니 장례식 날, 목사님께서 전해주신 소원 캡슐을 꺼내 읽어보면서 언니들과 함께 펑펑 울었다. 친정어머니의 소원이 담긴 글이었다. 좀 더 일찍 예수님을 안 믿은 것이 후회된다고 하시며 우리들이 예수님 잘 믿어서 나중에 천국에서 만나자는 내용이었다. 그 후 나는 예수님을 안 믿는 언니들과 조카들에게 성경과 찬송가를 선물하면서 집에서라도 성경을 읽고 기도하고 찬송하라고 하였는데 어찌하고 있는지……

친정어머니가 좋아하시던 찬송은 310장(통 410장) 「아 하나님의 은혜로」다.

"1. 아 하나님의 은혜로 이 쓸데 없는 자
   왜 구속하여 주는지 난 알 수 없도다

   (후렴) 내가 믿고 또 의지함은 내 모든 형편 잘 아시는 주님
   늘 보호해 주실 것을 나는 확실히 아네

2. 왜 내게 굳센 믿음과 또 복음 주셔서
   내 맘이 항상 편한지 난 알 수 없도다

3. 왜 내게 성령 주셔서 내 맘을 감동해
   주 예수 믿게 하는지 난 알 수 없도다

4. 주 언제 강림하실지 혹 밤에 혹 낮에
   또 주님 만날 그곳도 난 알 수 없도다

친정어머니가 좋아하셨던 찬송이라 나도 좋아하였다.

2018년 9월 27일에 하나님의 부르심을 받아 이 땅을 떠나실 때는
하늘가족교회(이영락 목사) 주관으로 화장 예식과 납골 예식을 진행하
였다.

예배에서 불렀던 찬송들은 492장(통 544장) 「잠시 세상에 내가 살
면서」, 488장(통 539장) 「이 몸의 소망 무언가」, 480장(통 293장) 「천

국에서 만나보자」였다. 차분하게 생각해 보면 잠시 세상에서 나그네로 살아가면서 천국을 소망하는 삶이어야 한다. 크게 집착하거나 심한 욕심을 부릴 일이 아닌 것이다.

"순례자여 예비하라. 늦어지지 않도록."

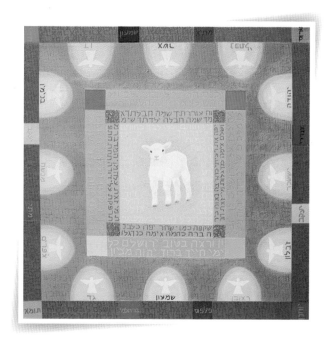

박혜성 작
'새 예루살렘', 2017, 44.4×44.4cm, Acrylic on Canvas

친정어머니의
천국 입성

　　　　　　그럭저럭 살다 보니 세월이 흘러 벌써 칠순을 바
라보는 나이가 되었다.

　막내딸인 나만 위해 사셨던 장하신 친정어머니는 마음이 하늘과
땅처럼 넓으셨다. 노인의 몸으로도 저녁에 나와서 일을 하셨다. 나보
다 체력이 더 좋으시다.

　새벽 5시에 성경 읽으시고 신문 보시고 하나님께 매일 예배를 드
리셨다. 매일 하시는 어머니의 기도 덕분에 식당이 잘된 것이 분명하
다. 간절한 부모님 기도는 하나님이 꼭 들어 주시니까 말이다. 어머니
는 기도를 마치시고 7시쯤 아침을 드시고 나서 잠깐 주무신다.

　그리고 9시쯤 되면 예쁘게 꾸미시고 경로당에 가신다. 연세는 있
으셔도 천생 여자시다. 오후 5시쯤 식당에 오셔서 일하시다 나랑 같
이 가게 일을 끝내고 돌아오신다. 일도 얼마나 잘하시는지 웬만한 젊
은이보다 훨씬 빠르게 척척 알아서 하셨다.

　처음에 월급을 시어머니 요양원 비용만큼 드리면서 건강하셔서
고맙다고 말씀드렸다.

어느 날, 손님들이 더 드리라고 조언하셔서 조금 더 드렸다. 월말에 깜빡 잊기라도 하면 아르바이트비 달라고 하셨다.

내가 "누가 떼어먹고 도망가요." 하고 눈을 흘기면 배시시 웃으셨다. 돈을 드릴 때마다 좋아하시고, 또 그 돈을 모아서 도로 내게 주시면서 좋아하셨다.

"나이 들면 입은 닫고 지갑은 여시래요. 누굴 만나시든, 어딜 가시든 엄마가 사고 싶은 것, 먹고 싶은 것, 하고 싶은 것 다 하고 사세요."

그러면 어머니는 항상 고맙다고 하셨다.

"엄마 자식인데 고맙기는 뭐가 고마워요. 나는 엄마가 머리털 뽑아서 짚신 만들라고 하면 그렇게 해야 해요. 엄마 은혜를 어떻게 다 갚아요."

그때가 눈물 나게 그립다.

식당에서 집에 가져올 것이 있으면 어머니가 먼저 들고 나와서 저만큼 가고 계신다.

"엄마는 나를 그렇게 몹쓸 딸로 만들고 싶어요? 봐봐, 동네 사람들이 불효자식이라고 손가락질하지."라고 하면서 빼앗아 든다. 그러고는 마주보며 웃던 기억이 새롭다.

사랑과 희생으로 사신 어머니가 한 달 넘게 편찮으시다가 98세를 일기로 돌아가셨다.

병원에 계시던 어느 날, 어머니는 아침에 검은 옷을 입은 사람이 왔었는데, 어디 갔느냐고 하셨다. 또 어느 날은 하얀 옷을 입은 아줌마가 남자애를 데리고 왔었는데, 어디 갔느냐고도 하셨다. 찬송하고

대한노인회에서 각 도에 두 명씩을 주는 효부상이었다.

나는 시동생이 추천해서 효부상을 타게 됐다. 내가 잘못하는 것도 있었을텐데, 시어른부터 시동생까지 항상 잘한다고만 하니 잘못하고 싶어도 양심상 잘못할 수가 없다. 너무 고마운 시어른과 시동생이다. 그 덕분에 친정어머니와 함께 가서 상을 탔다. 상금으로 30만 원을 받는데, 그때 식당 동생들에게 기념으로 가방 한 개씩을 사주었다.

기도를 계속 해드리라고 하여 열심히 찬송과 기도를 드렸다. 의사 선생님이 와서 보시고는 어머니가 통증을 느끼지 않으시는 것 같다며 "신앙의 힘인가 보다."라고 하셨다. 분명 통증이 있으실 텐데 아프다고 안 하시니 신기하다는 것이다.

하루는 새벽에 뭔가를 맛있게 씹어서 삼키고, 오물오물 씹어서 삼키고 하시기에 무엇을 그렇게 맛있게 드시느냐고 여쭈어 보았다. 하나님이 쇠고기를 주셔서 맛있게 먹어서 배가 부르다고 하셨다. 실제로는 아무것도 못 드시고 계시는데……. 병실을 식당이라고도 하셨다.

쇠고기 삶은 것도 있고, 구운 것도 있고 여러 가지가 있다고 하셨다. 앞에는 흰옷 입은 멋진 남자들이 예닐곱 명, 뒤에는 한 스물댓 명쯤 앉아 있었는데, 모두들 맛있게 먹어서 배부르다고 말하였다고 하셨다.

그날은 하루 종일 아침부터 힘이 나셔서 평소 때처럼 말씀도 잘하셨다. 점심때가 되니까 가서 단비 아버지 밥 차려 주고 오라며 나보고 어서 집에 가라고 하셨다.

하루는 누가 다녀갔는지도 자세히 말씀하셨다. 병실에는 조카들, 언니들이 와서 하루에 대여섯 명씩 있고, 저녁에도 둘씩 어머니 옆에 있으면서 찬송과 기도를 해드렸다.

그런데 자꾸 까만 옷 입은 사람도 온다 하시고, 하얀 옷 입은 사람도 온다 하시고 하여 소원을 물어보았다. 어머니는 얼른 천국 가는 게 소원이라고 하셨다. 그때부터는 어머니의 천군천사가 꽃가마를 가지고 와서 어머니를 태워서 편히 모시고 가라는 기도를 드렸다.

그렇게 기도하던 어느 날, 어머니가 "가마 다 만들었어. 뚜껑만 열리면 돼."라고 하셔서 깜짝 놀랐다. 매일 하나님께 기도하는 어머니 소원이 "자다 죽는 거"라고 하셨으니 잠자는 것처럼 아프지 않고 천국에 가시게 해달라고 기도드렸다. 일주일쯤 지나서 정말 주무시는 중에 편안히 돌아가셨다.

어머니까지 돌아가시니 고아가 된 것 같은 쓸쓸함도 있지만, 오랜 세월 같이 살다가 돌아가시니 집안이 텅 빈 것 같았다. 어머니는 오로지 내 편이었는데, 내 편이 없어진 거다. 몇 개월은 심하게 마음고생을 하였다. 시아버지 돌아가셨을 때도 아침에 할 일이 하나도 없고 세상이 다 무너진 것 같더니……. 그럴 수밖에. 두 분이 계셨기에 힘내서 열심히 즐거운 마음으로 일할 수 있었으니 더욱 그랬다.

오늘도 생각나는 우리 엄마!

"나같이 못난 사람이 어쩌다 너같이 똑똑한 딸을 낳아서 늘그막에 호강하며 산다.”

“엄마가 왜 못났어요. 내가 엄마 딸이라 엄마 닮았으니 그럼 나도 못난 거네.”

“아녀~ 너는 똑똑해~.”

“엄마도 엄청 똑똑해요.”

정담을 나누며 지난 세월의 아픔과 슬픔들을 위로하던, 행복하게 지냈던 그때가 몹시 그립다.

천국에 계신 어머니가 생각날 때마다 어머니가 좋아하셨던 찬송가 563장(통 411장) 「예수 사랑하심을」 나직히 불러본다.

가족 같은
고마운 직원들

가게가 날로 번창하니 동네에서 일 좀 시켜 달라고 한 아줌마가 찾아왔다. 이분은 식당 일을 한 번도 해본 적이 없는 초보였다. 남편이 자영업을 하다가 그만두게 되어 자기라도 돈을 벌어야 된다고 왔다. 일을 열정적으로 하였다. 책임감도 강하고 자기 집 일처럼 하는 사람이었다. 내 옆에서 일하면서 주방 일을 한두 달 만에 다 배웠다. 그 덕분에 나는 홀에서 손님들을 안내하며 지냈다.

당시 둘의 호흡이 너무나 잘 맞아서 지금 식당이 더욱 잘된 것 같다. 월급을 주지만, 항상 고마웠다. 어묵을 팔 때에 같이 일하던 동생도 와 달라고 사정하여 데리고 왔다. 처음에는 손님 앞에 물도 못 가지고 가겠다며 수줍어하더니 지금은 성실히 잘해주고 있다.

식당이 점점 잘되어서 한 명, 한 명 채용하였더니 지금은 직원이 여러 명이다. 자기 집 일처럼 해 주어서 너무 고맙게 느끼고 있다.

"우리 이렇게 벌어먹고 사느라고 몸 고생 하는데, 마음고생까지 하면 안 되니까 서로 마음 맞춰서 마음 편히 웃으면서 일하자. 집에 손님을 초대하면 내 돈 들여서 대접하면서도 청소도 깨끗이 하고 음식도 맛있게 준비하여 초대한 손님이 집에 오는 순간부터 갈 때까지 기분 좋게 대접하잖아. 그런데 하물며 식당은 돈을 받잖아. 그러니까 더 맛있고 더 기분 좋게 대접해야지. 아침에 식당에 들어오는 순간, 여기는 너희들 거야. 그러니 '내 식당'이라고 생각하고 일하자. 그리고 항상 신나고 행복하게 살자."

그래서인지 직원들 모두 자신이 가게 주인 같다고 한다. 그러면 나는 맞다고 인정하며 다 주인인데 돈만 내가 가져가는 것이라고 한다. 처음 식당을 시작할 때는 먹고살려고 하였다. 하지만 하면 할수록 이 일이 엄청 좋다. 좋은 분들을 많이 만났다.

지금은 외국 손님들도 많다. 특히 사우디아라비아 대사관 직원들에게 감사하다. 아마 우리 식당만큼 여러 나라 사람들이 다녀가는 식당도 많지 않을 것이다.

가게 식구들과 서로를 아끼고 위하면서 지낸 지 거의 30년이 되어 간다. 어찌 보면 집 식구들보다 함께 보내는 시간이 더 많다. 집 식구들은 밤에 잠깐 보거나 못 보는 날도 있는데, 가게 식구들은 하루에 10시간 이상씩 보고 산다. 정이 안들 수가 없다. 또 오래 같이 생활하다 보니 서로 닮아가기도 하는 것 같다. 손님들이 다 닮았다고 한다. 그러면 "네, 맞아요. 근데 엄마가 다 달라요." 하면서 한바탕 웃는다.

이런 직원들을 보내주신 것도, 장사가 잘되는 것도 모두 하나님이 함께하셔서 도와주셨기 때문이다.

이제 깨닫는다. 내가 열심히 일하면, 모든 것은 하나님이 해 주신다는 것을……

나는 식당에 나가서 직원 식구들과 서로 아껴가면서 하루를 지내는 것이 즐겁다. 일을 하다 보니 친구가 별로 없다. 식당 식구들이 친구 겸 동반자다. 서로를 의지하고 도와가면서 오늘도 신나게 하루를 산다.

직원 식구들과 동고동락하는 일터 램랜드. 손님들과도 가족 같은 친근함으로 지낸다.
한 시대를 살아가며 나누는 이야기들에서 많은 배움과 깨달음을 얻는다. 내게 램랜드는
평생 배우는 계속 교육기관인 '인생학교'다. 늘 감사하다!

인생이 무엇이냐고
묻는다면

사람이 아프고 나면 인생관이 달라진다고 하더니 내가 그랬다.

2010년 초쯤인 것 같다. 숨이 안 쉬어지고 온몸에 진이 다 빠졌다고 할 정도로 기운이 없어 어려움을 겪었다. '힘들면 기가 막힌다는 게 이런 거구나.' 싶었다. 숨이 안 쉬어져 힘들었다. 잠을 자다가도 숨이 턱턱 막혀서 깨곤 하였다.

머리까지 심하게 아파서 동네 병원엘 갔더니 혈압이 200이라며 큰 병원에 가서 검사를 받아 보라고 하였다.

세브란스 병원에 가서 검사를 받았다. 결과는 3~4일 후에 나온다고 한다. 집으로 돌아와 떠오르는 생각이 '죽어도 괜찮다.'였다.

나는 항상 당장 죽어도 괜찮다고 생각하고 있었다. 사는 게 그리 즐겁지 않았다. 그런 나를 보고 우리 언니는 이제야 좀 살 만한데 왜 그런 생각을 하느냐고 하였다.

"언니는 사는 게 좋은가 보네. 나는 죽어도 괜찮다 생각하고 사는데."

사람들이 놀러 가자고 해도 안 가고, 먹으러 가자고 해도 가지 않았다. 사람들은 나보고 무슨 재미로 사느냐고 하였다. "그냥 살아 있으니 사는 거지 뭐. 안 죽으니까."라고 체념한 듯이 응수하였다. "난 하나님이 만약 내게 기회를 주신다면 죽었다 살아왔으면 좋겠어. 아무것도 안 먹고, 아무 생각도 안 하고 그냥 죽은 사람처럼 편히 있고 싶어."라는 말을 종종 내뱉었다.

사는 게 고달프고 힘들고 행복이 무엇인지 몰랐어도 사는 것은 내게 의무감 같은 거였다. 아침에 눈을 뜨면 '아, 아직 안 죽었구나. 오늘도 또 그냥 죽을 만큼 일하고 살아야겠다. 그렇지만 어차피 하는 일 신나게 하자. 그리고 사는 거지 뭐.'라고 생각하였다. 그러니 죽는 날이 편한 날이 될 거라고 늘 생각하고 있었다.

하지만 막상 큰 병인 것 같다는 말을 듣자 속절없이 눈물이 났다. 삶에 무슨 특별한 미련이 있어서가 아니었다. 그저 눈물이 계속 흘렀다.

병원 검사 후
깊은 성찰

병원에서 검사 결과가 나오기 전날 꿈을 꾸었다. 우리 동네 동사무소(현 행정복지센터)에서 꽃을 심을 때마다 내게 꽃을 주었는데, 이번에는 받지 못하였다. 화단에 처음 보는 하얀 깃털 같은 꽃을 심고 있었다. 그래서 꽃을 심는 사람한테 왜 내게는 꽃을 주지 않느냐고 물었더니 모자란다는 것이다. 그러고는 화분을 여섯 개인지, 일곱 개인지를 주면서 흙속의 씨앗에서 새싹이 나와서 꽃을 피울 거라고 하였다. 그것을 받아 놓고 잠이 깼다. '아, 괜찮겠다. 근데, 흰 꽃을 받았으면 죽을 텐데.'

그날 병원에 가서 검사 결과를 들으니 괜찮다고 한다. '아, 하나님께서 살게 해 주셨구나.' 그런 고백이 마음에서 저절로 새어나왔다.

식당 손님들이 "사장님, 아프셨다면서요?" 하고 물으면 "저승 문 앞에 갔다 쫓겨 왔어요. 엄마보다 먼저 오면 안 된다고. 그리고 나 자신한테 잘하다가 오라고 쫓아 내셨어요."라고 대답하였다.

검사 결과를 듣고 온 날, '나라는 사람, 임헌순'이 그동안 어떻게 살아왔는지 돌아보게 되었다.

일 년 365일 중 명절 전날과 명절 당일을 제외하고는 하루도 쉬지 않고 식당을 운영하며 살았다.

옷도 만 원 이상 되는 옷은 사 입지 않았다. 면 티셔츠나 몸뻬(바지) 같이 쉽게 빨아서 입을 수 있는 싸고 편한 옷만 입고 다녔다.

먹는 것도 그저 허기를 면할 정도로만 먹었다. 식당과 집만 시계추처럼 왔다 갔다 하였다. 귀찮아서 아무 데도 가지 않았다. 가게에서 많은 사람과 매일 복닥거리며 지내니 따로 누구를 만나는 것도 귀찮고 집에 누가 오는 것도 귀찮았다. 딱히 좋아하는 것도 없고 가고 싶거나 먹고 싶거나 하고 싶은 것도 없었다.

저승 문 앞에 갔다 쫓겨 왔어요.
나 자신에게 잘하다 오라고 쫓아 내셨어요.
'나는 어떻게 살아왔는가' 되돌아보기 시작하였다.

봄이 오면 오나 보다 하고 그냥 살았다.

여름에는 에어컨 바람과 씨름하며 살았다. 그저 에어컨 바람 때문에 머리도 아프고 콧물도 많이 나니 힘들구나 하면서 그냥 살았다.

가을에는 온갖 색깔로 물드는 단풍이 고와보이고 추수의 계절이니 흐뭇하고 기뻐야 되는데, 다가올 겨울을 걱정하며 그냥 살았다.

겨울에는 추위와 싸우며 살았다. 추위도 싫은데, 눈까지 오면 더 싫었다. 미끄럽고 지저분한 도로에 눈살을 찌푸리며 그냥 살았다.

그동안 누가 내게 서운하게 하여도 싫은 내색을 하지 않으려고 나를 달래느라고 힘들었다.

내 감정에 솔직하지 못하였고 물질적으로도 내게 너무 인색하였다. 자신을 너무 홀대해 온 내가 불쌍하여 지금까지 살아온 방식을 바꾸어 보기로 하였다.

첫째, 딸들과 함께 백화점에 가서 마음에 드는 옷이 있으면 가격도 안 보고 무조건 샀다.

둘째, 예쁘게 꾸미고 다녔다. 파마도 하고 화장품도 비싼 걸로 사고 예쁜 목걸이에 팔찌 등 마음에 드는 것이 있으면 무조건 샀다. 가게에서 일할 때에 예쁘게 차려 입고 일을 하였다.

셋째, 맛나고 고급스러운 음식을 찾아 먹으러 다녔다. 유명한 곳, 맛있는 곳, 호텔 음식 등을 순회하며 골고루 먹어 보았다.

넷째, 스포츠센터에 등록하여 운동하였다.

다섯째, 스포츠댄스학원에서 스포츠댄스를 배웠다.

여섯째, 싫다는 감정이 들면 싫다고 말하고 큰 소리로 싸웠다.

하지만 이 모든 것들을 경험해 보면서 나는 근검절약과 소박한 식탁을 즐기고 남에게 양보하고 참아주며 사는 삶이 더 좋다는 결론에 이르렀다.

서로 양해 구하며
인격을 연마하는 부부

남편은 잘생겼기 때문에 시골 동네 처녀들에게 인기가 많았다. 그 수많은 여자들을 다 물리치고 내가 그의 아내가 되었다. 내가 키가 작아서 그런지 나의 이상형은 무조건 키 크고 잘생긴 사람이었다. 그런데 살다 보니 매사에 나랑 잘 안 맞는다. 성격도 일하는 스타일도 맞지 않는다.

당시 남편은 성격이 남자답고 목석같이 말수가 적었다. 배려해 주고 언제든 기대도 흔들리지 않을 사람, 투정을 부려도 다 받아줄 수 있는 그런 사람 같았다. 내가 막내니까 맏이한테 시집가서 명절이 되면 맛있는 것 많이 만들어서 나누어 먹고 싶었다. 그런 조건을 다 갖춘 사람이었다.

얼마나 좋아하였는지 목숨처럼 사랑하였다. 세상에 이 사람이 없으면 삶의 의미가 없을 것 같았다. 부모님보다 훨씬 더 좋았다. 하나님께도 이 사람과 같이 있게 해달라고 기도하였는데, 진짜로 부부가 되어 아이들을 낳고 살고 있다. 처음부터 나 혼자만 좋아한 것인지 어쩐지…… 살아오면서 불만은 없다. 그냥 뭐라도 한 가지 도와주면 고맙고 가만히만 있어도 멋있고 좋다.

세월이 흘러 흰머리가 생겼다. 그마저도 멋있어 보였다. 이리 좋은 마음으로 살고 있는데, 남편은 평소 불만을 입에 달고 산다. 좋은 말을 하는 걸 거의 들어본 적이 없는 것 같다.

시골에서 부모님이 지내시던 제사를 모셔다 우리 집에서 지낸 첫날 "고생했네."라고 한 이 한 마디가 내가 기억하는 최초의 좋은 말이다. 오죽하면 어버이 달 5월에 마포구청으로 효행상을 타러 가면서도 혹여 핀잔이라도 들을까 봐 숨기고 있었다. 그런데 시동생이 "우리 형수님 상 타러 가신다."고 하였더니 "그려. 당신은 효행상 탈 만해." 한다. 그 한 마디에 눈물을 얼마나 흘렸는지 집에서 식당까지 걸어오는 내내 울었다. 왜 눈물이 났는지 모르겠다.

속상한 것은 뒤에서 남들한테는 내가 고생 많이 하였고, 지금도 고생 많이 하고 있어 미안하다고 한다는 것이다.

나는 남편에게 "남들한테 내 흉을 봐도 좋으니 제발 매일 뭐가 부족하다느니 하면서 핀잔하지 말아요."라고 하였다. 평생 불평불만만 하는 사람하고 살아보라고. 가끔 칭찬도 하면서 나무라야 한다고 일침을 가하였다.

100가지를 잘해도 어쩌다 한 가지 잘못하면 그 한 가지를 꼬투리 삼아 고치라고 거의 매일 잔소리하는 사람이다. 아마 본인이 완벽주의자라 그럴 것이다. 세상에서 자기가 일을 가장 잘한다고 뭐든 자기 마음에 들게 하라는 것이다. 나는 남편에게 양해를 구하였다.

"당신은 150점짜리고 나와 딸들, 식당 식구들은 모두 80점짜리예요. 당신만큼 일할 사람은 세상에 몇 명 안 됩니다. 당신은 정말 특별히 잘하시고, 우리도 죽을 만큼 열심히 하고 있으니 너그러이 봐주세요."

그랬더니 남편이 자기는 타고난 것이라고 한다.

타고난 것이면 당신 일하는 것을 따라갈 사람이 흔치 않다고 대꾸하였다.

설상가상으로 한 술 더 떠 밥 먹을 때마다 모두를 교육시켜 150점짜리로 만들어 놓으라고 한다.

"국어 점수 80점 맞는 아이를 매일 때린다고 100점 맞지는 않아요. 우리는 지금 일하고 있는 게 최선이고 한계입니다. 더 이상은 못하니 좀 봐주시고 못마땅한 게 있으면 당신이 '저 사람들은 나만큼 못하니까 내가 좀 도와주자.'라고 생각하면 서로 마음 편하게 웃으면서 살 수 있을 텐데……."

한번은 식당 식구들이 일을 잘 못한다고 하기에 "살기가 어려워 먹고 살겠다고 식당에 나와서 일하고 있으니 동생들처럼 생각하시고 좀 마음에 안 들어도 봐주세요." 하였더니 화를 내면서 왜 자기편을 안 들어주느냐고 한다.

그럴 때 나는 부부가 같이 식당을 운영하는 것은 천벌을 받은 거라는 생각이 든다.

행복하게 살려고 일도 하고 돈도 번다. 벌어서 하고 싶은 것, 필요한 곳에 쓰면서 행복하게 살려고 노력한다.

부부로 오랜 세월 살았는데도, 나는 아직도 남편을 잘 모르겠다.

남편은 친하지 않은 사람과 그냥 아는 사람들에게는 잘해준다. 그들에게는 나쁜 말할 필요가 없기 때문이다. 그런데 친한 사람에게는 자기 마음에 안 드는 것이 있으면 콕 집어서 말한다.

그와 반대로 나는 상대방의 예쁜 것, 좋은 것만 보려고 한다.

"어쩌면 이렇게 반대인지. 당신은 잘하다가도 왜 친해지면 꼭 지적을 해요?"

남편의 대답은 친하지 않을 때는 불만이 있어도 참는데, 친해진 상태에서도 그 행동을 계속하면 도저히 참을 수가 없어서 그런다는 것이다.

한번은 하도 호통을 치며 나무라기에 남편에게 이런 말을 한 적도 있다.

"세상에서 당신이 제일 불쌍해요. 내가 마음에 안 드는 게 얼마나 많으면 울화통이 터져 소리를 지르겠어요. 미안해요. 나는 당신한테 바라는 게 없어서 불만이 없어요. 뭐든 당신 뜻대로 해 주면 좋겠지만, 나 보고 어쩌라고요. 나는 이게 최선인걸."

우리 부부는 평생을 그렇게 다른 곳을 보며 살고 있다. 가끔 서글픔으로 우울해지기도 한다.

이렇게 하루하루 살아가면서 모가 깎이고 둥글둥글해져 온유한 성품으로 변화하는 것일까. 부디 우리 부부가 더 성숙한 삶을 살 수 있게 되기를 기도드린다.

내게 행복을 준
'고구마 아저씨'

어느 날, 전화가 왔다. "네~ 램랜드입니다."

"양고기 튀김을 포장해 줄 수 있나요?"

"지금은 양고기 튀김을 안 하는데요."

"형님이 병환 중인데, 양고기 튀김이 먹고 싶다고 하시네요……."

"아~ 그러세요. 그러면 지금은 튀김용 고기가 없으니 고기 도매집에 주문하여 모레 해드릴게요. 식으면 맛이 없으니 오후 2시쯤 전화 한번 주세요. 바로 튀겨서 드릴게요."

이틀 후에 그분이 오셨다. 알고 보니 우리 집 단골이셨다. 형님이 많이 아파서 음식을 잘 못 드시는데, 예전에 맛있게 드시던 양고기 튀김을 먹고 싶다고 하셨단다.

"고마워요."

"아니에요. 우리 집 음식이 생각나신다니 제가 더 고맙죠."

"얼마 드리면 되나요?"

"아이고 돈 받을 것 같았으면 안 해드려요. 이거 드시고 빨리 나으시면 좋겠네요."

"아니에요. 그래도 받으셔야죠."

"아~ 식기 전에 빨리 가서 드려요."

양고기 튀김을 먹고 싶다던 형님은 양고기 튀김 서너 개를 맛있게 드시고 일주일 후쯤에 돌아가셨다고 한다.

두세 달 후에 자기네 교회에서 추수감사절 관련 책을 냈는데, 내 이야기가 실려서 너무 반가운 나머지 책을 가져왔다며 읽어보라고 하였다.

손님이 뜸한 시간에 책을 읽으면서 가슴이 먹먹하였다. 동생분이 가을에 형님과 둘이 주말농장에 심은 고구마를 캐서 흙도 마르기 전에 내게 가지고 오셨었다. 그래서 내가 그분을 '고구마 아저씨'라고 불렀는데, 양고기 튀김을 해드린 사연과 함께 실려 있었다.

그 후 4~5년 동안 가을만 되면 고구마와 고구마 줄기를, 그것도 캐서 흙이 마르기 전에 바로 가져다주셨다.

지금은 워낙 고령이셔서 고구마를 못 심는다고 하시면서 "이젠 고구마 못 가져와요." 하신다.

늙어 가시는 모습에 마음이 찡하니 아파온다.

※ 주인공 관련 원고 303면에서 이어집니다.

천국 형님 떠올려주는
'아름다운 공동체' 램랜드

김정민 장로

십여 년 전의 일입니다. 형님이 강원도 산골에 땅을 사셨습니다. 대지와 전답을 합쳐서 4,000평이 넘는 넓은 땅이었습니다. 그 당시 농지법에 의하면 농지는 한정된 자원이므로 농업경영에 이용하지 않는 자는 소유할 수 없도록 규정하고 있었습니다. 도회지 생활만 하시던 형님이지만 농업경영이라는 새로운 분야에 뛰어들지 않을 수 없었습니다. 저도 시간을 쪼개어서 형님을 도왔습니다.

농사일에 백지인 우리에게는 모든 것이 신기했습니다. 씨를 뿌렸더니 싹이 나왔습니다. 그런데 그 옆에서는 필요 없는 잡초도 함께 자라났습니다. 그 후로는 잡초와의 전쟁이 시작되었습니다. 산골에 상주할 수 없어 서울에 왔다가 가면 잡초들이 제 세상이나 만난 듯이 무성해 있었습니다. 잡초를 뽑으면서 이 잡초도 먹을 수 있었으면 얼마나 좋을까 하는 생각도 해보았습니다.

하나님이 주신 햇빛과 때를 따라 내리는 비를 맞고 새싹은 무럭무럭 자랐습니다. 얼마 후 꽃이 피었습니다. 어떻게 알고 찾아왔는지 나비와 벌들이 날아들었습니다. 우리는 자연의 오묘함을 느끼며 땀을 흘렸습니다. 드디어 열매가 맺히기 시작했습니다. 우리는 신기함 속에 하나님의 손길을 찬양하지 않을 수 없었습니다.

첫 해 여름에 감자를 수확했습니다. 아마 7월 말이었던 것으로 생각됩니다. 땅 위에서 열매를 볼 수 있는 것과는 달리 땅을 파헤쳐서 감자가 나오니 무슨 보물이라도 찾아내는 것 같았습니다. 그러나 씨를 뿌린다고 다 싹이 나오는 것이 아니고, 싹이 나온다고 해서 모두 좋은 열매를 맺는 것이 아님을 알았습니다. 큰 것도 나오고 보잘것없는 것도 나왔습니다. 그중에 좋은 것으로 골라 여러 상자를 만들었습니다. 형님은 우리가 수고하여 거둔 처음 것이니 하나님께 먼저 드려야 한다고 하셨습니다. 우리는 대학부 학생들이 수고하고 있는 하기 봉사 현장으로 달려갔습니다. 절반을 대학부에 전달하고 나머지 절반은 교회로 가져와 주일 중식에 사용토록 했습니다. 잡초와 싸우느라 힘들었던 모든 것은 잊고 드림과 나눔의 즐거움을 만끽했습니다.

오륙 년이 지난 후 저의 몸에 이상이 발견되었습니다. 대장암이었습니다. 수술을 받은 그다음 해 형님은 강원도 땅을 팔았습니다. 이유를 물어도 대답이 신통찮으셨습니다. 그저 형편이 안 좋아서 그렇다고만 하시고 자세한 설명이 없으셨습니다. 제 생각은 앞으로는 힘든 일을 아우와 함께 할 수 없겠다는 생각도 일부 포함되지 않았나 하는 생각을 해보았습니다.

그 후 의사의 권유대로 채식을 많이 해야 하는 저를 위해 형님은 텃밭을 물색하셨습니다. 시중의 채소는 농약을 너무나 많이 치기 때문에 좋지 않았습니다. 농약을 사용하지 않은 채소를 구하기 어렵다면 그때까지 습득한 우리들의 실력으로 직접 농사를 지어야 한다고 하셨습니다. 그러던 중 친구의 배려로 친구 공장 옆의 텃밭을 사용하게 되었습니다. 고속도로 동서울 톨게이트에서 한 시간 거리에 있는 곳이라 그리 멀지도 않아 안성맞춤이었습니다. 그곳에 농약을 치지 않은 고추, 감자, 토마토, 상추, 깻잎, 쑥갓, 고구마, 땅콩, 가지 등을 교대로 심어 수확하곤 했습니다.

그것도 잠깐, 몇 년 안 되어 이제 형님이 편찮아지셔서 병원 신세를 지게 되셨습니다. 어느 날 갑자기 형님은 양고기 튀긴 것이 드시고 싶다고 하셨습니다. 형님은 미식가였습니다. 맛있다고 생각되는 것이 있으면 아우에게 먹이려고 이곳저곳을 데리고 다니셨던 분이었습니다. 양고기도 그중의 하나였습니다. 식사를 거의 못하시던 중 문득 양고기 튀긴 것이 생각나셨나 봅니다.

그 말을 듣고 저는 옛날이야기에서 나오는 한겨울에 복숭아를 찾아 떠났던 사람과 같이 그 양고기 집 '램랜드'가 있는 마포로 달려갔습니다. 그리 어렵지 않게 그 집을 찾았습니다. 주인아주머니께 튀김을 주문했더니 요즈음은 튀김을 찾는 사람도 적고 튀기는 부위가 특수하고 귀한 것이기 때문에 안 된다고 난색을 표했습니다. 형님 사정을 자세히 설명하자 여사장님은 그러면 고기를 구해서 이틀 후에는 해 주실 수 있겠다고 했습니다.

이틀 후에 다시 마포로 갔습니다. 여사장님은 제 얼굴을 보니 형님이 생각날 것 같다고 하시면서 손수 고기를 튀기셨습니다. 그러고 나서 식지 않도록 포장도 정성껏 해 주셨습니다.

감사한 마음으로 가격을 물었더니 그분은 한사코 돈을 받지 않겠다고 했습니다. 자기네 단골손님이 병중에 이 음식이 생각나서 찾으셨는데 어떻게 돈을 받겠냐는 것입니다. 이것을 드시고 낫기만 하면 자기들은 만족한다고 하셨습니다. 귀한 부위를 힘들게 구해서 튀겨 주시는 것만으로도 죄송한데 돈까지 받지 않으시겠다는 말에 어안이 벙벙했습니다.

각박한 이 세상에 어떻게 이런 사람도 있나 하고 감격하는 마음으로 병원으로 돌아왔습니다. 병원으로 돌아오니 모두들 복도 소파에 나와 있었습니다. 튀긴 양고기를 펼쳐 놓았습니다. 형님은 반가워하시며 한 입을 드셨지만 더이상 못 드셨습니다. 그렇게 먹고 싶다고 하신 것이 눈앞에 있는 데도 못 드시는 형님이 안타깝기만 했습니다. 형님은 그 일이 있은 후 일주일 만에 하나님의 부르심을 받으셨습니다.

형님의 모든 장례 절차를 마치고 서너 달이 지났을 때였습니다. 형님과 함께 일했던 텃밭에서 고구마를 추수하게 되었습니다. 문득 양고기 전문점의 여사장님이 생각났습니다. 그때까지 형님의 소천 소식을 알려드리지 못했었는데, 이 고구마를 드리면서 형님 소식과 그때의 고마움을 전하고 싶었습니다.

고구마 한 상자를 정성껏 포장해서 양고기 전문점을 찾았습니다. 그분은 형님의 소식을 듣고 애도의 뜻을 표했습니다. 그냥 오셔도 되는데 형님과 함께 농사를 짓던 고구마까지 주시니 너무나 감사하다고 하셨습니다.

그 후 일 년 뒤에도, 그리고 또 일 년 뒤인 지난 10월 말에도 추수한 고구마를 가지고 그곳을 찾았습니다. 일 년여 만에 들른 것입니다. 그날은 바쁜 저녁 시간을 피해서 오전에 갔습니다. 가서 보니 너무 일찍 찾았다는 생각이 들었습니다.

모두들 분주하게 청소와 음식 준비를 하고 있었습니다. 전날 밤늦게까지 손님들이 많았나 봅니다. 밤에 청소를 못하고 문을 닫았다가 다음날 오전에 바쁘게 청소를 하는 것이었습니다. 문을 열고 들어서기가 무섭게 홀과 방과 주방에서 일하던 아주머니들이 먼저 인사했습니다. 모두 저를 알고 있는 듯했습니다.

주방의 한 아주머니가 '고구마!' 하고 소리를 질렀습니다. 들고 간 것을 풀기도 전에 작년의 일을 기억하고 있었던 것입니다. 사장님은 아직 나오시지 않았다고 했습니다. 차 한 잔 들고 가라고 권하기도 하면서 모두 일손을 놓았습니다. 작년에 계시던 분들이 모두 그대로 있는 것 같았습니다. 아주머니들의 행동을 통해 식당 분위기를 짐작할 수 있었습니다.

전날 추수한 고구마 상자와 줄기를 싼 봉지를 카운터에 내려놓고 사장님이 계실 때 다시 한번 들르겠다고 말하고 되돌아 나오는데 한 아주머니가 문밖까지 따라 나오며 꼭 들르시라며 인사를 했습니다. 정말로 아름다운 공동체를 느끼게 하여 감사했습니다.

고구마를 적당하게 추수하게 하시고, 그 추수한 것으로 서로 감사하는 마음을 품고 교통하게 하신 하나님께 감사드립니다! 그리고 이를 계기로 소천하신 형님을 또 한 번 생각하게 하심도 감사드립니다!

별세 10년 전 동안에 행복한 사람이 제일 행복한 인생!

스트레스 푸는 방법은 여러 가지가 있지만, 나는 혼자서 노래방엘 갔다. 친구나 친척들한테도 불편한 이야기를 하면 서로 마음만 상하지 해결되는 게 없으니까 아예 말을 안 한다.

지금은 노래방도 가지 않지만, 40, 50대에는 너무 힘겨운 상황이라 종종 갔다.

시어머니는 치매에 걸리셔서 친정어머니를 도둑년이라고 하며 옷을 훔쳐갔다고 하셨다. 고추장도 퍼갔다 하시고, 하루는 몰래 바지를 가져다 입으시기도 하고 여러모로 친정어머니를 괴롭히셨다.

심지어 증상이 심해지시니까 우리 집에 오셔서 친정어머니 멱살 잡이까지 하셨다. 상상하지 못할 만큼 증상이 심하셨다.

친정어머니는 시어머니보다 네 살 아래셨지만, 친정어머니도 노인이신지라 나한테 너무 속상하다고 푸념을 하셨다.

"내가 자기네 아들 잘 살라고 죽어라 살림살이 해 주고, 당신 아들 밥도 해 주는데 왜 나한테 야단이냐."고 억울해 하셨다.

중간에서 나 또한 얼마나 속을 끓였겠는가. 남편도 자기 어머니가 그러시니 얼마나 속상할까 싶었다.

그래서 그때는 나도 나름 살길을 찾고자 노래방엘 갔다. 「짜증을 내어서 무엇하나」부터 시작하여 「해뜰날」, 「나는 행복합니다」를 부르다 보면 30분이 훌쩍 지나갔다.

제일 많이 부르는 노래는 「여자의 일생」이었다.

"참을 수가 없도록 이 가슴이 아파도
여자이기 때문에 말 한 마디 못하고
헤아릴 수 없는 설움 혼자 지닌 채
고달픈 인생길을 허덕이면서 아 참아야 한다기에
눈물로 보냅니다 여자의 일생"

이 노래는 셀 수도 없을 만큼 많이 불렀다.

그리고 저녁에는 예수님을 '친구'라고 생각하며 노트에 답답함을 적어본 적도 많다.

"예수님, 친구처럼 제 말 좀 들어주세요. 오늘은 남편이 답답해 죽겠다고 제게 화를 냈습니다."로 시작되는 넋두리였다.

무슨 일이든 남편은 자기가 생각하는 것을 내가 먼저 알아서 척척 안 한다고 불만이다. 말대꾸를 하면 크게 싸우게 되니까 같이 살고 계신 친정어머니 때문에라도 될 수 있으면 대꾸를 안 한다. 그러니 별로 대화가 없다. 게다가 아침부터 나가서 일하니까 집에서 알뜰살뜰 챙겨줄 시간이 없다. 그래도 쉬는 날이나 일하러 가지 않을 때는 하루도 밥을 안 해 준 적은 없다. 항상 웃으면서 상냥하게 애교 좀 부리라는 것인데, 그것도 상대적이라 나는 그러고 싶지가 않다. 40년 넘게 산 부부가 그러고 사는 집이 얼마나 될까.

어쨌거나 이런저런 말들을 아무에게도 하고 싶지 않아서 예수님께 싸운 일이며 속상한 이야기를 시시콜콜 말씀드리며 살았다. 적잖이 도움이 되었다. 그러고 보니 예수님께 뭐 좋은 이야기는 안 하였던 것 같다. 죄송하기 이를 데 없다.

살다 보면 싸우는 것은 이 집이나 저 집이나 마찬가지일 게다. '어쨌든 남자들은 마누라를 엄마처럼 생각한다고 하니까 그런 거겠지.' 싶다.

세상에서 제일 만만하다고 함부로 대하고 자기가 원하는 걸 알아서 척척 해 주기를 바란다. 뭐든 다 이해하고 무조건 잘하였다고 해 주기를 바란다. 물질이든 감정이든 육체적이든 뭐든 나를 죽이고 당신한테 다 맞추라는 것이다. 남자들, 특히 옛날 남자들은 가부장적이라서 여자, 특히 아내를 사람 취급 안 하는 경향이 있는 것 같다.

마누라 얻으면 종 한 명 데려온다고 생각하던 사람들이 많았다. 특히 맏아들은 더 그렇다고 한다.

결혼 직후에는 나도 식구 대접을 못 받았다. 시어머니, 시아버지, 시동생들이 남편 식구였다. 지금도 나보다 시동생을 더 위한다. 우애가 좋다.

식당을 하다 보니 많은 사람을 접하게 되는데, 의외로 내 남편 같은 사람들이 많다. 남편의 말은 처자식을 많이 아끼는데, 표현을 안

하는 것이란다. 남자는 속으로만 처자식을 귀하게 생각하라고 아버지가 가르치셨다나 뭐라나. 그래서 겉으로 표현을 안 한다는 것이다.

그러면 나는 "마음속을 표현하세요. 하나님께서 말과 행동을 하게 해 주셨어요. 나는 당신이 말하는 대로, 행동하는 대로 '아~ 아~ 이 사람이 나를 이렇게 생각하는구나.' 하고 판단해요."라고 말한다.

예수님께 우리 남편 고쳐달라고 기도를 많이 드렸다. 그래서 그런지 많이 고쳐지기는 하였다. 그래도 남편이 화낼 때마다 하나님을 많이 원망하였다. "예수님, 주여, 왜 난 버린 자식인가요? 육친의 아버지였으면 벌써 두들겨 패서라도 고쳐주셨을 텐데요." 하며 기도를 드린다.

매일 식당에서 참으로 많은 사람을 만나고 다양한 대화를 나누게 된다. 개인사를 주고받는 단골손님들에게 제일 많이 듣는 말은 세 가지다.

첫째, "딸만 둘이어서 좋겠네요." 그러면 나는 "딸이든 아들이든 똑같아요. 자기들 편하면 그만이에요. 딸은 엄마편이라고들 하는데, 아니에요. 자기편이에요. 우리도 부모님께 그렇게 했잖아요. 결국은 자기에게 잘해줘야 나의 편이었던 것처럼 말이에요."라고 말한다.

둘째, "돈 많이 벌어서 좋겠습니다." "돈하고 행복이 함께하면 좋기는 하지요. 그런데 가족 간에 우애 있고 화평한 관계 유지가 최고예요. '가화만사성'이 제일이에요. 가족끼리 반목하고 불화하면 행복은 없어요."

셋째, "임 사장님은 대단한 사람입니다." "아닙니다. 제일 못난 사람이에요. 나를 위해 살지 못했거든요. 이 작은 성공도 하나님의 보호 인도하심, 가족과 주변 분들의 도움 덕분이고요."

누구에게나 남들이 알지 못하는 어려움, 아픔들은 있다. 좋은 일, 보람된 일도 있다. 그 모든 상황을 딛고 견디며 하루하루 최선을 다해 살아갈 뿐이다.

내가 열심히 일을 해서 돈을 버는 것은 가족이 화목하고 행복하게 살았으면 해서다. 부모님이 나보다 오래는 못 사실 테니 혼자되기 싫어서 둘이 의지하고 살려고 결혼하여 가정을 이루었다. 기력이 쇠하였을 때에 최소한 내 노후를 책임져 달라는 바람도 일부 있어서 아이들을 온갖 정성과 사랑을 주면서 양육하였다. 내 욕심이겠지만 말이다. 나이 든 사람들은 대개 건강하고 평안하게 배우자와 자녀들에게 짐이 되지 않고 행복한 노후를 보내는 것이 희망사항일 것이다.

돌아가신 아버지 말씀이 생각난다.

"젊어 고생은 사서도 한다. 늙어서가 제일 중요하다. 죽기 전 10년 동안에 행복한 사람이 제일 행복한 사람이다."

이제 남은 세월은 물 흐르듯이, 흘러가는 대로 살고 싶다. 살아보니 내 마음대로가 아니라 하나님이 책임져 주시니 그냥 나는 하루하루 평안하게 살아가면 될 것이다.

신부님,
우리들의 신부님!

가톨릭 신부님이 몇 분 오시는데, 신부님들도 어쩌면 그렇게 재미있으신지. 연세 많으신 배 신부님은 오실 때마다 아이스크림을 사다주셔서 안 잊어버린다. 그리고 우리를 애 취급하신다. 머리가 흰 신부님은 돈이 없다고 하시면서도 한 달에 몇 번씩 오시는데, 음식값은 꼭 그 신부님이 내신다.

"신부님 돈 없으시니까 다른 사람한테 받을게요. 다른 사람이 돈 낸다고 해도 왜 꼭 신부님이 내세요?"

"나는 돈도 없지만, 물려줄 자식도 없잖아." 하시면서 웃으신다.

그렇다. 복을 쌓으시는 거다. 하늘에 상급을 쌓으시니 말이다.

애기 신부님도 계신다. 어린 신부님이라 그렇게 불렀는데, 한참을 안 오시다가 몇 년 만에 오셨다. 다른 성당으로 가셨다가 다시 근처 성당에 주임 신부로 부임하셨다. 램랜드에 오고 싶어서 부임하자마자 오셨다고 한다. 그 후 자주 오셨다.

그런데 오실 때마다 못 알아보았다. 너무 신부님 같지 않은 소탈하고 따뜻한 인상이라서 자꾸 잊어버렸다. 하루는 신부님이 몰라본다고 화를 내셨다.

나는 할 말이 없었다.

"신부님이 워낙 잘생기셔서 영화배우 같으시니까 못 알아봐요. 죄송해요."

신부님이 웃으면서 가셨다. 사람이 참 이상한 것이 그다음부터 신부님이 오시면 금방 알아보았다.

마당발 신부님도 계신다. 인물도 잘생기신 분이 워낙 아는 신부님들이 많으셨다. 선배 신부님, 후배 신부님들을 우리 식당에서 만나신다. 돈은 돌아가면서 내신다. 한동안은 일주일에 두 번은 오신 것 같다.

축복을 누리는
믿음의 부부

하나님을 열심히 섬겨서 축복받은 부부가 있다.

지금 부인이 처녀 때에 얼마나 예쁜지 마음을 빼앗겨서 온 정성을 다한 끝에 그녀와 결혼을 하였단다. 부인이 교회 일을 늘 열심히 하면서 살았는데, 축복을 받아서 딸 낳고 아들 낳고 아파트도 사고 얼마 전에는 건물까지 매입하였다고 한다.

"하나님은 공짜가 없다."며 나한테 자랑을 한다. 그러면서 "누님도 하나님이 축복해 주신 거야. 지금 이렇게 잘 살고 있는 것을 감사하면서 살아……." 한다.

이 손님이 램랜드로 처음 식사를 하러 온 것은 2004년쯤이다. 우리 식당 앞에 있는 아파트를 보러 왔다고 하더니 소원대로 매입하였다. 식당에 부인과 함께 자주 들러서 식사를 하였다. 부인은 그 아파트 안에 있는 교회를 다니면서 하나님 일을 열심히 하고 있었다. 그 교회 목사님도 가끔 오시는데, 오실 때마다 자랑을 많이 하셨다.

어느 날부터 나를 '누님'이라고 부르며 손님들을 모시고 오면 "누나네 집이야."라고 소개하였다. 친누나냐고 물어보면 "가족이나 다름 없어." 한다. 얼마나 고마운 일인가.

내가 하나님을 믿는 것을 알고 내게 누님이라고 한 것 같다. 그 교회 목사님과도 친하게 지냈는데, 아마도 목사님께서 몇 가지 정보를 주셨을 것이다. 기회가 되면 이것저것 조금씩 보탬을 드렸던 것뿐인데, 되로 주고 말로 받았다.

이 부부는 하나님을 잘 섬겨서 축복을 받았다.

내가 원하는 대로
살게 해 주신 하나님!

얼마 전에 전도사가 된 친구가 놀러 왔다. 서로 만난 지 5년은 되었는데, 많이 보고 싶다며 자기 동생들에게 데려다 달라고 하여 찾아왔다. 그 친구랑은 자취를 같이하였다. 찬거리가 없어 쌀뜨물을 팔팔 끓여서 먹던 시절의 친구다. 쌀뜨물 국에 소금 넣고 밥을 말아 반찬 대용으로 먹으면 얼었던 속이 많이 풀렸다. 그 옛날 고생할 때를 추억하면서 서로 참으로 따뜻한 시간을 보냈다.

"넌 어떻게 전도사가 됐니? 중학교 밖에 못 나왔는데."

"하나님께서 다 해 주신 거야. 너 옛날에 은혜도 못 받았다고 했는데, 지금도 그러니? 아니지. 네가 살고 싶은 대로 다 살게 해 주셨지?"

"아~아 맞아. 그리고 보니 내가 살고 싶은 대로 다 살게 해 주셨네. 기도를 안 들어 주신다고 원망도 많이 했는데, 나를 더 잘되게 해 주시려고 필요하지 않은 기도는 안 들어 주셨던 것 같아."

"너도 딸들이 해달라는 것 무조건 다 안 해 주고, 대신 더 좋은 것으로 해 주잖아. 하나님도 똑같으셔. 해 주시면 안 될 것은 안 해 주시지."

전도사 친구가 돌아간 후 살아온 세월을 되돌아보았다.

'하나님은 나를 어떻게 도와주실지 미리 다 준비해 놓고 계셨구나.'라는 생각이 들었다.

하나님께 제일 서운하였던 것은 중학교에 못 간 거였다. 이런 고생 저런 고생을 시키시면서 나를 큰 사람으로 만드시려고, 항상 배움의 자세로 살게 하시려고 그러신 것 같다. 지금도 나는 누구에게든 배우는 자세로 살고 있다.

일찍 식모살이를 시키신 것도 낮은 자세로 남을 배려하며 살게 하시려고 그러셨던 것 같다.

작은딸을 낳게 해 주신 것도 나를 많이 닮은 인성 좋은 사위를 내게 보내주시려고 그러셨던 것 같다. 사위는 나랑 성향이 비슷하여 마음이 짠할 때가 많다. 남을 배려하는 것이 몸에 배어 있다. 그러니 장모인 나한테는 오죽 잘하겠는가. 우리 집안은 사위 덕분에 화기애애하다. 얼마나 싹싹하고 부지런한지……

식당에서 같이 일하는데, 끝나고 집에 와서 식사 준비도 같이하고 뭐든지 자기가 하겠다고 나보고 쉬란다.

우리 사위는 친정어머니가 돌아가시면서도 내 걱정을 많이 하셨는데, 그걸 보시고 대신 하나님이 내게 보내주신 천사 같은 존재다.

하나님께서는 40년 후를 보시고 내게 작은딸을 낳게 해 주셨지만, 여태껏 여러 가지를 보살펴 주시는 하나님 은혜를 깨닫지 못한 채 살아왔다.

꿈으로 알려주시는
은혜와 은사

나는 남들처럼 하나님께 은사를 못 받았다고 생각해 왔다. 그런데 가만히 되돌아보면 꿈이 예지몽이었던 듯하다. 꿈을 통해 이것저것 깨우쳐 주셨는데, 미처 깨닫지 못한 것 같다.

한번은 산에 갔는데, 전에 꼭 와 본 것 같았다. 줄 매놓은 것 잡고 올라가는 것도 똑같고, 꼭대기 바위 봉우리도 똑같다. 참 이상하였다. 산에도 잘 안 오는데…… 그리고 보니 꿈속에서 와 본 곳이었다. 신기하였다.

어느 날, 큰 시누이가 아파서 병원에 입원하였다가 퇴원 후 시골 아버님 댁으로 가는 꿈을 꾸었다. 그래서 작은 시누이한테 꿈 이야기를 하였더니 그날 정말로 큰 시누이가 시골 아버님 댁으로 갔다고 하여 깜짝 놀랐다. 어떻게 그렇게 꿈과 똑같은지 정말 신기하였다.

그리고 물 꿈만 꾸면 돈 버는 일이 생겼다. 꿈으로 가르쳐 주셨는데, 그걸 모르고 기회를 놓쳐 후회한 적도 있다.

이런 일도 있었다. 꿈에 어느 아파트 방에 물이 가득 차서 어떡하나 걱정을 하였다. 그 아파트는 분양을 받으려다가 포기한 아파트였다. 그런 꿈을 두 번이나 꾸었다. 그 아파트는 시세가 엄청나게 뛰었다. 만약에 분양을 받았더라면 아마 굉장한 액수의 돈을 벌었을 것이다. 하나님께서 꿈으로 알려주신 것을 그때는 몰랐다.

항상 은사를 못 받았다고 투정만 하였다. 불현듯 너무 세속적인 욕망을 말하는 것이 아닌가 싶어 부끄럽기도 하다.

꿈속의
천국 문

한동안 기도도 안 하고 교회도 빠지며 믿음생활을 게을리하였다. 어느 날, 꿈속에서 바람이 심하게 불어서 몸이 바람에 휘청하였다. 날아가지 않으려고 안간힘을 쓰며 잡을 것을 찾아보아도 아무것도 없었다. 그냥 바람에 이리저리 휩쓸려 다니느라 고통스러워서 견디다 못하여 꿈에서도 다급히 기도를 드렸다.

"전능하신 주님, 날 구해주옵소서. 쭉정이가 되지 않고 알곡이 되게 해 주세요."

그러면서 내 말소리에 내가 놀라서 잠에서 깼다.

그리고 회개하고 기도드리고 나서 다시 잠을 잤다. 그렇게 혼나고도 지금도 가끔 믿음생활을 소홀히 할 때가 있다.

하나님 용서해 주세요.

한번은 어느 곳을 가려고 서 있는 꿈을 꾸었다.

카드를 갖다 대야 개찰구 문이 열리는 지하철역처럼 그곳은 장부책을 들고 서 있는 사람이 문을 열어주어야 들어갈 수 있는 곳이었다. 나를 문 앞에 세워놓고 장부책을 한참 넘기더니 "감사헌금 한 번 낸

적 있네." 하고 문을 열어주어서 들어간 후에 꿈에서 깼다.

꿈을 깨고 생각해 보니 천국에 가려면 그곳을 통과해야 되나 보다 싶었다.

그래도 통과하여 들어갔으니 다행이다.

하나님께서 게을리하지 말고 믿음생활 잘하라고 이런 꿈을 꾸게 하신 것 같다.

꿈을 꾸게 되면 이튿날 아침, 구약 성경에 나오는 야곱의 꿈을 생각한다.
성경에서 자주 인용되는 '야곱의 꿈' 이야기다. 야곱이 잠들어 꿈꾸는 모습과 오른쪽에 붉은 옷을 입고 서 있는 모습은 불안한 혼돈의 심리 상태를 나타낸다. 천사들이 기쁨에 넘친 모습으로 사다리 주변을 날아다니고 있다. 사다리 끝에 찔린 노란 천사는 이 땅에서 진리를 전파하다 죽임을 당하시는 예수님과 홀로코스트의 유대인으로 연결되며 천상의 존재기에 노란색으로 표시하고 있다. 사다리는 히브리어 '술람'으로 '돌계단'의 뜻인데, 정신적 · 지적 성숙을 의미하며 땅과 하늘을 연결하는 지식의 나무, 생명나무, 십자가 등과 서로 통한다.

샤갈 작 '야곱의 꿈', 1966, 캔버스에 유채 195×278cm, 국립샤갈성경메시지 미술관, 니스

자식에게 하듯
부모님께 해드린다면

어느 날인가 식당에 오신 가족 손님들이 부모님 모시는 문제로 다투었다. 연세가 많으시니 모시는 것이 서로 부담되어 언성까지 높여가며 한 치의 양보 없이 다투는 것이다. 옆에 있다가 마음이 얼마나 아프던지 참지 못하고 한마디 하였다.

"부모님이 이런 모습을 보시면 아마 죽고 싶으실 거예요.
자식들이 부모님 때문에 싸우는 걸 알면 자살하고 싶으시겠죠.
내 자식 아끼는 것 반만이라도 아껴드리세요.
용돈도 자식 주는 것처럼 드리시고."

그랬더니 다들 가만히 있다. 제발 내 자식 아끼는 것처럼 부모님을 아끼고 사랑하면 얼마나 좋을까. 부모님도 나를 아끼시며 사랑으로 키우셨는데, 부모님 모시는 것 때문에 싸우는 집이 많다.
참 안타까운 일이다.

노년 되어 찾은
고향 마을의 스산함

　　　　　　내 고향은 근처에 금강과 전월산이 있다. 전월산은 산 모양이 호랑이 형국을 한 명산이라고 훌륭한 사람이 나올 거라고 하였다. 그래서인지 왜놈들이 산맥에 말뚝을 박아서 맥을 끊어 놓았다는 것이다. 아무리 그렇게 하였어도 명산은 명산인가 보다. 그 산을 중심으로 세종시가 생겼으니 말이다.

　산 옆에는 금강이 흐르고, 앞에는 너른 들이 있는 그림 같은 동네가 우리 고향이다. 어릴 때 나는 사람들이 다 그런 동네에서 사는 줄 알았다.

　어느 날, 그림 같은 고향 동네가 그리워서 찾아갔더니 '아, 이게 웬일인가!' 아파트만 잔뜩 들어서고 고향 동네에 있던 집들은 다 헐려서 공터만 횅하니 남아 있었다. 공터에는 잡풀들만 잔뜩 자라 있어 그 광경을 보고 얼마나 마음이 씁쓸하고 허무하였는지 모른다.

　2022년 음력 10월 1일에는 숭모각 제사를 지낸다고 하기에 참석하려고 준비하였다. 남대문 시장에 이틀을 가서 옷과 가방을 샀다. 그래도 고향 사람들이 많이 올 테니 모양 좀 내야 하므로 집에서 입어보고 들어보고 갔다.

가는 길에 친정어머니 산소에 들렀다가 가야 하기 때문에 집에서 출발할 때는 평소 입던 옷을 입고 산소에서 내려와서 갈아입을 생각으로 새 옷과 가방을 챙겼다. 들뜬 마음으로 가서 성묘를 마치고 내려오는데, 식당 식구로부터 전화가 왔다. 갑자기 한 직원이 아파서 조퇴하였다는 것이다. 그래서 그길로 서울로 돌아와서 일을 하였다.

'난 어디 가지 말고 그냥 집과 식당에서만 있어야 하나 봐.' 한숨이 절로 나왔다.

벼르고 별러서 옷 사고 가방 사고, 집에서 몇 번씩 입어보고 들어보고 하면서 즐거워하였는데……. 그래도 아무것도 안 사고 안 할 때보다는 훨씬 행복한 시간이었다. 그 덕분에 외출복도 생겼고 덤으로 변변한 가방도 생겼으니 좋긴 좋다. 언제 한번 일요일에 그 옷 차려입고 가방 들고 멋진 곳에 식사하러 가야겠다.

이후에 일어난 일들이 신기하고 감사하다. '임난수 은행나무 축제'를 하고 숭모각에 제사를 지낸다는 소식을 듣고 의미 있는 무언가를 궁리하던 차에 고향 마을에서 옛날에 불리던 농요를 향토문화원에 기증하기로 결정하였다. 축제날에 친구를 통해 문화원장에게 전달하였다.

한 달쯤 지나서 문화원장으로부터 남편에게 전화가 왔다. 나의 시아버지께 수양아들이 있었는데, 그 사람의 동생이 자신이라고 하면서 무척 반가워하더라는 것이다. 농요 기증을 계기로 수십 년 만에 수양 형제의 해후가 이루어진 셈이다. 우리 세대가 갖게 되는 자긍심이며 행복이기도 하다.

되돌아보면, 농민 모두가 힘들고 굶기를 밥 먹듯 하던 1960년대에 조상의 업적을 기리는 숭모각 건립을 주도하신 우리 아버지도, 농요를 지키신 시아버지도 자랑스럽다. 두 분이 고향에 대대손손 이어질 수 있는 향토문화재를 만드셨으니 더없는 보람과 기쁨이다.

콘서트 현장의 열기,
그 즐거움과 감사!

연예기획사 사장님이 박서진 콘서트의 입장권 티켓을 준다고 하셨다. 생각만 해도 가슴이 뛰었다. 언제인가 KBS 노래자랑에 나와서 장구를 치면서 노래를 하는데, 어찌나 잘하던지 그때부터 광팬이 되었다.

그런데 좋아하는 가수가 우리 건물 3층에 있는 기획사의 소속 가수란다. 얼마나 좋은 일인가. 그래서 사장님한테 그 가수 팬이라고 말하였더니 하루는 데리고 와서 사진을 찍게 해 주었다. 내가 우리 식당에 오면 고기는 공짜로 줄 테니 언제든지 오라고 하여도 바빠서 못 온다. 그토록 좋아하는데, 「미스터트롯 2」에 나오게 되었다. 매일 투표를 해 주었다. 1등 할 줄 알았는데, 떨어졌다. 아쉽고 화가 나서 이후 그 프로그램을 안 본다. 그러던 중 콘서트를 한다면서 구경 오라고 티켓을 준단다.

매일매일 기대감에 들떠 그날만 학수고대하였다. 어찌나 설레던지 애가 따로 없다. 어릴 때 새 옷 입고 맛있는 것 많이 먹을 수 있는 명절을 손가락 세며 기다리던 그 마음이다.

마침내 기다리고 기다리던 3월 5일, 박서진 콘서트 날이다. 아침부터 마음이 들떠서 화장을 곱게 하고 이 옷, 저 옷 입었다 벗었다 하면서 야단법석을 떨었다. 아이들 소풍 가는 기분으로 준비를 하였다.

트로트 가수 공연은 처음 보러 가는 것이라서 기대도 되고, 또 내가 매우 좋아하는 가수여서 더 좋았다.

공연장 앞에 도착하니 사람들이 얼마나 많은지……. 노란 옷을 입고 노란 별봉을 든 사람들이 마치 넓은 꽃밭에 핀 꽃을 연상시켰다. 설렘을 안고 공연장에 들어갔더니 굉장히 넓은 공연장 안이 관중들로 꽉 찼다.

사회자 인사 후에 공연이 시작되었다.

박서진이 나와서 노래를 하는데, 왜 내가 눈물이 나는지……. 어릴 때 고생한 생각이 나서일까? 박서진도 집안이 워낙 가난하여 바다에서 아버지랑 고기잡이를 하면서 트로트를 배웠다고 한다. 배다른 형제도 있고, 부모님이 많이 편찮으셔서 지금도 실질적인 가장 역할을 하고 있단다. 여러모로 안쓰럽다는 생각이 들었다. 공연장 좌석이 3,700석이라는데, 만석이어서 일부 팬들은 들어오지 못하였다.

공연 내내 노래를 따라 부르고 소리를 지르며 무척 재미있게 즐겼다. 박서진은 땀을 비 오듯이 흘리며 딱할 정도로 열심히 하고, 관중들은 관중들대로 열심히 환호해 주었다. 공연을 마치고 나왔는데, 새로운 세상에 갔다 온 것처럼 머릿속이 맑았다. 바로 이런 것이 스트레스를 푼다고 하는 것인가 보다.

옆의 아줌마는 삼천포에서 왔는데, 서진이가 배 타고 고기 잡으며 고생하는 걸 보아서 그런지 응원해 주고 싶어서 왔단다.

"정말 노래 잘하죠?"

"맞아요. 노래도 잘하고, 착하기도 하고, 저렇게 착한 사람은 잘되어야 하는데…….”

속으로 '램랜드 양고기처럼 서진이 노래도 우리나라에서 1등하고, 세계로 나아가 싸이의 「강남스타일」처럼 대박 났으면 좋겠다.'고 생각하였다.

'서진이가 내 나이쯤 되면 나보다 더 잘 살겠지.'라는 믿음이 생긴다. 왠지 모르게 크게 성공할 것 같은 생각이 든다. 좋은 일도 많이 하는 멋진 가수가 되기를 하나님께 기도드린다.

임마누엘, 나의 목자이신
하나님 감사합니다!

나는 크리스천이다. 그럼에도 불구하고 이제껏 하나님께 은혜를 받아본 적이 없다고 말을 하였다. 그 이유인즉, 특별한 체험이나 방언 같은 은사를 경험해 본 적이 없어서다.

어떤 이는 기도를 하면 다른 사람의 아픈 곳을 알 수 있다고도 하고, 또 어떤 이는 부흥회 때 가슴이 불타는 것 같은 황홀한 체험을 하였다고도 한다. 어떤 이는 친구가 40일 금식을 하고 방언 은사를 받았다고도 하였다. 그 말을 듣고 나는 40일 굶으면 헛소리도 나온다는 농담을 하였다.

그런데 살아보니 우리 하나님은 그런 특별한 체험보다 더 귀한 은혜를 주시는 분임을 깨닫게 되었다.

하나님은 항상 나와 함께하셨다는 것을 모르고 살았다. 내 곁에서 지혜와 용기를 주셔서 무슨 일이든지 잘할 수 있게 해 주신 것이다. 건강을 지켜주셔서 아프지 않고 살아오게 해 주신 것을 일흔 살이 된 지금에서야 깨달았다. 내가 하고픈 대로 세상에서 열심히 살게 해 주신 것을 말이다.

평소 나의 입술에 항상 머무는 찬양들이 있다.

"하나님은 나의 목자시니 내게 부족함이 없으리로다
　나로 하여금 푸른 풀밭에 눕게 하시며 잔잔한 물가로 인도하여
주시네"(찬송가 568장)

"주 안에 있는 나에게 딴 근심 있으랴
십자가 밑에 나아가 내 짐을 풀었네
주님을 찬송하면서 할렐루야 할렐루야
내 앞길 멀고 험해도 주님만 따라가리"(찬송가 370장/통 455장)

"나의 갈 길 다가도록 예수 인도하시니
내 주 안에 있는 긍휼 어찌 의심하리요
……
나의 앞에 반석에서 샘물 나게 하시네
나의 앞에 반석에서 샘물 나게 하시네"(찬송가 384장/통 434장)

　나도 모르게 힘이 들 때면 부르던 찬송들이 내 마음에 평안을 주었
다. 이 찬양 가운데 우리 하나님은 언제나 임마누엘, 함께하시며 나의
인생을 선하게 인도해 주신 목자님이시다.

일흔에 '아들 낳은 날'의 기쁨과 감사!

2023년 5월 2일, "오늘은 내가 아들을 낳은 날"이다.

아침에 코람데오 출판사 사장님께서 내 책이 오늘 오후 3~4시에 도착할 거라고 전화를 주셨다. 원래 4일에 나온다고 하여 오매불망 기다리고 있었는데, 갑자기 오늘 나온다고 하니 가슴이 두근두근하고 신바람이 났다.

부지런히 식당에 와서 식당 식구들한테 이 소식을 전하니 자기들 일처럼 얼마나 좋아해 주는지……. 책값을 묻기에 일만 칠천 원이라고 하였더니 서로들 앞 다투어 돈을 내밀며 책이 오면 사인해서 달라고 한다. 그러는 동안 책 배송 차량이 왔고 식당에 책을 조금 내려놓은 후 나머지를 집으로 가져다주었다. 책 싣고 오신 기사분께 "오늘 내가 아들 낳은 날이니까 양갈비로 식사 드신 후에 가시라."며 점심을 대접하였다.

식당 식구들과 책을 들추어 보며 함께 즐거워하고 있는데, 때마침 출판사를 소개해 주신 민경윤 회장님(사단법인 간환우협회)이 인사동에서 그림 전시회를 마치시고 식사를 하러 오셨다. 책이 나왔으면 사인해서 달라고 하신다. 처음 해보는 일이라서 망설여지고 겁도 났지만, 용기를 내어 사인을 하였다.

"멋지게 사는 남사친 민경윤 씨, 건강하고 행복하세요!

2003. 5. 2. 저자 임헌순"

옆에서 그 모습을 지켜보던 직원이 "언니, 지금 2023년이야." 한다. 화들짝 놀라 다시 연도를 고쳐 썼다.

아무 생각이 없었다. 어떻게 연도까지 헷갈릴 수 있을까? 우습다. 사람이 잘하려고 하면 긴장이 되어서 더 잘 안 된다. 너무 당황하여 연도가 잘못된 것도 몰랐다.

민 회장님이 가신 후 옆 테이블에 계시던 손님 두 분이 민 회장님 카페 글에서 내 책과 식당에 대한 간단한 소개를 보고 일부러 찾아오셨다고 한다. 놀랍고 신기한 일이다! 너무나 기뻐서 가슴이 벅차고 꿈인가 생시인가 하였다. 다시 한 번 정신을 가다듬어 손님들께 조금 전에 옆자리에서 민 회장님이 식사하고 가셨다고 알려드렸다. 그분들은 긴가민가하여 인사를 하려다 말았다고 하였다.

얼른 민 회장님께 전화를 걸어 자초지종을 말씀드렸더니 전화를 바꿔 달라고 하셔서 서로 반갑게 인사를 나누었다.

손님들이 음식값을 내시며 "책이 왔나 봐요." 하시기에 그렇다고 하였더니 사인해서 한 권 달라고 하셨다. 처음이라 서툴러서 제대로 못하더라도 양해하시라며 성심성의껏 사인을 해드렸다. 밝게 웃으시며 식당 문을 나서시는 뒷모습을 보면서 감동이 밀려왔다. 뿌듯함으로 날아오를 것만 같았다.

손님이 뜸하기에 차분히 마음을 가라앉히고 쌓여 있는 책 앞에 앉아 식당 식구들에게 줄 책에 사인을 하기 시작하였다. 마음먹고 하려고 하니 더 잘 안 되는 것은 또 어인 일인가.

"사랑하는 동생 OO야, 항상 고마워. 건강하고 행복하길!

2023. 5. 2. 저자 임헌순"

한참 들떠 있는 시간에 큰딸이 큰외손주를 데리고 왔다. 활짝 웃으면서 "책이 벌써 왔네! 나 10권 주시고, 준수와 준서 것도 사인해서 주세요. 크면 읽어보라고 줄 거예요." 한다. 뭐라고 쓸까 고민하다가 "사랑하는 나의 손자 유준수, 건강하고 밝고 바르게 잘 자라주길 바란다. 사랑하는 할머니가. 저자 임헌순"이라고 썼다. 잘 쓰는 건지, 못 쓰는 건지, 이렇게 길게 써도 되는 건지……

어쨌든 손주들 줄 책에 몇 마디 쓰고, 큰사위 줄 책에도 몇 마디 썼다.

"사랑하는 나의 큰 사위 류상훈, 항상 고마워! 가화만사성!"

날짜를 쓸 때는 더욱 집중하여 곱씹어보며 천천히 썼다. 무의식적으로 10년, 20년 더 젊어지고 싶었던 것인가. 혼자 배시시 웃었다.

큰딸이 시어머님께 드린다며 한 권 더 사인해 달라고 한다. "뭐라고 써야 되지? 사돈님, 아니면 사부인?" 옆에서 식당 식구가 사돈님이라고 쓰라고 하여 "항상 감사합니다, 사돈님!"이라고 썼다.

옆에서 책을 펴서 읽어보던 식당 식구들이 "언니 책 보니, 나 옛날에 시골에서 먹던 것들이 다 들어 있네." 한다. 한참을 웃고 떠들며 다 같이 행복한 시간을 가졌다. 즐겁게 화요일 저녁 장사를 마쳐갈 즈음, 한 직원이 오늘 따라 손님들이 적고 한가한 것을 보면 파티 하라고 하나님께서 시간을 주신 거라고 부추긴다.

그때 출판사 사장님께서 식당에 붙여 놓을 책 광고 포스터 두 장과 화려한 꽃바구니를 가지고 오셨다. 너무 감사하여 말로는 다 표현할 수가 없었다. 뭐라고 해야 할지. 그냥 속으로 "하나님, 감사합니다! 이런 날이 올 줄은 하나님만 아셨죠? 감사합니다." 하며 감사기도를 드렸다.

단골손님들이 책을 보면서 "사장님이 장한 분이라고 생각했는데, 특별히 정말 장하신 분"이라며 사인해서 책을 달라고 하셨다. 사인하여 책을 드렸더니 책값에다 더 얹어 주고 가신다. 이래도 되는 건지 모르겠다. 다음에 오시면 음식값을 받지 않아야겠다.

어떤 손님들은 사인해서 책을 드리면 사인한 페이지(앞면 3쪽)를 펼쳐 들고 같이 사진을 찍자고도 하신다. 아직은 엄청 쑥스럽고 낯설다. 사인할 때는 실수를 안 하려고 정신 줄을 부여잡고 한다. 어떤 손님들은 나보고 "보통 식당 아줌마와 다른 특별함이 있다."고 하신다. '글쎄, 어떤 점이 다를까?' 또 어떤 손님들은 "식당 하는 사람 같지 않고, 패션 하는 사람 같다."고도 하신다. 그러면 양장점에서 일할 때를 떠올리며 "옛날에 옷을 만들었어요."라고 대답하며 웃기도 한다.

오늘 오신 손님들 대부분은 내가 쓴 책을 보시면서 "사장님은 역시 어딘가 달랐어!" 하신다. 책 한 권 내기가 어디 그리 쉬운 일이냐며 정말 장하다고 추켜세웠다. 속으로 하나님께 감사드리며 "맞아요. 나도 내가 장해요." 하며 맞장구쳤다.

식당 식구들 제안으로 저녁 장사를 마치고 조촐하게 족발 파티를 하였다. 친하게 지내는 이웃 분들까지 초대하여 화기애애한 분위기에서 파티를 하였다.

식당 식구들은 입을 모아 자신이 책을 낸 것처럼 기뻐하며 이게 바로 행복이란다. 앞으로는 이렇게 저녁에 가끔 파티도 하며 살자고 한다.

모두들 행복해 하니 나는 몇 배로 행복하다. 오랜만에 한자리에 모이니 정말 한식구란 생각이 강하게 들었다. 혈육들보다 훨씬 많은 시간을 함께 보내는 공동체 식구들이다. 정말 그러하다. 서로에 대해 속속들이 알고 공감하며 위로와 힘이 되어준다. 한 식탁에 길게 둘러앉으니 13명이다. 나에게는 한 사람 한 사람이 정겹고 고마운 이들이다. 복받은 생활공동체이다.

파티 후에는 아르바이트하는 미얀마 출신 대학원생이 한문과 영어로 배경음악까지 넣어 「今日小美好」라는 제목으로 동영상을 만들어 주었다. 두고두고 기념이 될 만한 멋진 작품이다.

나에게 좋은 말을 잘 안 하는 우리 남편도 오늘은 아주 좋아한다. "책을 쓴다기에 자기가 무슨 책을 써. 우리 엄마가 평소 입버릇처럼 시집살이 한 것을 책으로 쓰면 10권도 더 된다고 하셔서 여자들 흔히 하는 말일 거라고 생각했다."고 하기에 "당신도 한번 읽어봐요." 하였더니 "뻔한 것을 뭘 읽어보냐. 안 봐도 다 안다."고 한다.

말은 그렇게 하였어도 집에서 무거운 책을 한쪽으로 정리하며 단골손님인 작곡가 김동찬 선생님 것도 사인해서 한 권 드리라고 따뜻이 말해준다. 그 말이 너무 고마워서 순간 울컥하였다. 옆에서 사인하여 보여 주며 "이렇게 쓰면 돼요?" 물으니 잘 썼다고 한다. 무척 기쁘다. 말은 하지 않아도 내가 책을 낸 것이 기특하긴 한가 보다.

식당 식구들에게는 책 출판 기념 선물로 가방과 목걸이를 준비하였다. 책이 4일에 나올 예정이어서 그날에 줄 수 있도록 선물을 맞추어 놓았는데, 날짜가 앞당겨지는 바람에 주지 못하였다.

아르바이트 학생들한테는 책을 선물로 주면서 "나도 너희들처럼 고생했는데, 너희들도 앞으로 잘 될 것이다."라고 축복해 주니 눈물을 글썽이면서 고마워한다.

미얀마 출신의 대학원생은 한국어, 중국어, 영어까지 잘하는데, 교수가 꿈이다. 미얀마 대학생은 영화감독, 중국 유학생은 특수 분장을 공부하고 있다. 우리 식당에서 아르바이트하던 몽골 출신의 학생이 산부인과 의사가 된 이야기를 해 주면서 틀림없이 잘 될 거라고 해 주었더니 "사장님, 사랑해요." 하면서 눈물을 글썽인다. 마음이 짠하다. 이 아이들 모두 열심히 잘 살고 있으니 틀림없이 성공할 것이다.

오늘은 작은사위가 휴무여서 식당에 없었다. 작은사위에게 줄 책도 사인을 하여 주려고 기다렸는데, 외출하였다가 늦게 들어와서 아직 주지 못하였다.

작은사위에게는 "착하고 섬세한 사위, 아니 아들! 항상 고마워, 건강하고 행복하길!" 이렇게 썼다.

작은딸은 친구들에게 주겠다며 신나 한다.

사랑하는 딸들에게 책 말미에 '나가는 말'을 대신하여 후기를 써 보라고 지면을 할애하였었는데, 작은딸은 바쁘다며 쓰지 못하였다.

막상 책이 나오니 "그때 썼으면 좋았을걸." 하며 아쉬운 표정의 미소를 짓는다. 아르바이트 학생들과 우리 딸들에게 앞으로 평탄하고 즐거운 삶이 펼쳐지기를 기원한다!

새봄에 책을 내놓은 일이 아들 낳은 듯이 기쁘고 설렌다. 여러 사람들이 즐겁고 행복한 모습을 보니 참 잘하였다는 생각이 들고, 하나님께 깊이 감사드린다!

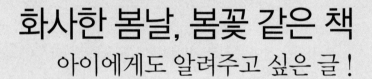

화사한 봄날, 봄꽃 같은 책
아이에게도 알려주고 싶은 글 !

이 책을 열독하신 독자분들께서 편지, 문자메시지, 카카오톡 등으로
독후감들을 보내주셨습니다. 동시대를 살아가는 한 사람으로서 함께
공감하며 새힘을 내어 열심히 살아보자는 의미에서 실어드립니다.
두루 평안하시고 일상의 복 누리시길 기원합니다.

아이에게도 알려주고 싶은 글

오늘 아침 읽던 책 모두 완독,

사장님의 글을 읽고 많이 반성.

사장님이 이렇게 열심히 즐겁게

하느님과 모든 것을

함께하시는 분이라는 것을 알았습니다.

마지막으로 내 가슴 깊이 새기고

우리 아이에게 알려주고 싶은 사장님의 글,

"누구에게나 남들이 알지 못하는 어려움과 아픔들이 있다.

좋은 일 보람된 일도 있다.

그 모든 상황을 딛고 견디며

하루하루 최선을 다해 살아갈 뿐이다."

감사합니다.

항상 하느님과 함께 즐겁게 살아가시길 바랍니다.

신우회에서 간증해 주세요!

사장님이야말로 하나님의 충실한 종이시네요.

정말 좋은 글 많이 읽고 감동받았습니다.

곳곳에 묻어 있는 신앙 고백이야말로

어느 간증보다 귀하네요.

하나님의 은혜 많이 받았습니다.

감사합니다.

신앙 간증 내용이라 크리스천들이 읽으면

신앙 성장에 많은 도움이 되겠어요.

언제 법원 신우회에 오셔서 신앙 간증해 주시면 좋겠네요.

무에서 유를 창조한 기록

부안 임씨 전서공파 임난수 장군의 자손으로

어려운 환경을 극복하고

양화리의 입지전적인 인물이 된 헌순 씨,

마포구의 유지로, 램랜드의 여사장으로 무에서 유를 창조하셨네요!

언제 틈틈이 주옥같은 글들을 쓰셨나요.

옛날 우리 동네만 못산다고 생각했는데

양화리도 못 살았던 건 마찬가지였네요.

"최고보다는 최선을 다하라!"는 가훈이 가슴에 와 닿습니다.

앞으로도 더욱 사업 번창하시고 건강 챙기시면서

행복한 시간 가지시기를 바랍니다.

기회 되면 한번 양고기 먹으러 가겠습니다.

화사한 봄날, 봄꽃 같은 책

사장님,

세상을 보는 눈은 누구에게나 공평한 것 같습니다.

네 분이 쓰신 '추천의 글'을 보니

마치 제가 그중 한 명인 것 같다는 강한 느낌을 받았습니다.

삶의 근본은 孝와 忠에 있다는 얘기,

제가 제일 좋아하는 내용입니다.

세상을 밝고 따뜻하게 해 주신 사장님!

대한민국에 소시민으로 살면서 사장님 같으신,

참으로 훌륭하신 분을 알며 산다는

자부심을 갖게 해 주셔서 대단히 감사합니다.

저도 책을 구입하여 지인들에게 선물하겠지만,

사장님께서 직접 주신 책도 받고 싶습니다.

오늘 아침 주신 소식이 봄꽃같이

너무 화사하고 아름답습니다.

감사합니다.

비종교인 동년배도 공감하는
고난 극복기

어제 오후 보내 주신 책 잘 받았습니다. 저녁 식사 후 첫 장을 넘기다가 단숨에 마지막 페이지까지 읽었습니다. 지난 번 방송을 통해 어렴풋이나마 알고 있었지만, 이 책을 보면서 오늘이 있기까지 임 사장님의 삶에 대한 치열함과 큰 용기에 다시 한 번 경외심과 존경심을 마음 깊이 새기게 되었습니다. 전에는 몰랐던 일인데, 1954년생이시면 흔히들 팔자가 세다는 '백말띠'시군요. 다행히 금년부터는 만 나이로 한다니 아직은 60대시네요. 농담입니다.

저는 1952년생 용띠로, 헌순 씨와 같은 어려운 시대를 살아온 동년배로서 무척 공감이 가는 스토리였습니다. 또 하나, 늘 가게에서 잔잔한 미소로 손님을 맞이하시던 어머님이 돌아가셨네요.

참 고우셨는데…… 언제나 하늘에서 지켜보시며 응원하실 겁니다.

저는 종교인은 아니지만, 그간 임 사장님의 고난과 역경을 극복하신 삶의 과정이 깊은 신앙심에서 우러나는 믿음과 선함에서가 아닐까 생각합니다.

고생하셨습니다. 그리고 당신은 보상받을 자격이 있습니다!

인생은 칠십부터라고 합니다.

늘 건강하시고 행복하십시오!

아울러 잊지 않고 친필 사인의 책을 보내 주셔서 다시 한 번 감사드립니다!

서울 올라가면 한번 뵐게요.

추신 : 저는 지난 1981년 사우디아라비아 리야드 건설 현장에 근무할 때 꼬챙이에 양고기와 야채를 꽂아 거꾸로 걸어놓고 천천히 구워가며 토르티아(한국 사람들은 걸레빵이라고 했죠)에 잘게 썰어 싸주던 케밥으로 양고기를 처음 접했지요. 양고기의 묘한 향과 부드러운 식감에 매료되어 자주 먹었던 기억이 있어 서울에 돌아와서 찾아보았지만 그런 식당은 없었습니다. 그 후 여의도 LG에 근무할 때 우연히 동료로부터 마포의 먹자골목 초입에 있던 작은 집, 램랜드를 소개받아 찾아간 것이 십 수 년 전이었지요. 저야 책에서 언급하신 단골손님들이나 지인분들에 비하면 한참 초자이지만, 그래도 맛있는 양고기가 먹고 싶을 때 찾아갔던 즐거운 추억이 남아 있습니다. 고맙습니다!

열정적인 삶 존경합니다!

임 작가님!
천천히 열어 읽어 보니
참으로 대단하십니다.
좋은 글 쓰신 것에
찬사의 박수를 보냅니다.
이토록 멋진 분이신 줄
이제야 알았습니다.
장사하시고 일하시고
시간도 여의치 않아
힘이 많이 드실 텐데
집필까지 하시니
참으로 존경스럽습니다.
못난 아우도
가끔 불러서
지도 편달 부탁드립니다.

시대적 운명 극복기

안녕하세요, 사장님.

반도유보라 관리 사무실입니다.

사장님 한 사발 이야기를 읽고 있는데,

사장님은 훌륭한 아버지, 어머니를 닮아 영특하시고

자립정신이 뛰어나셔서 오늘날 지금의 사장님 자리를 만드신 것 같습니다.

사장님 가정 형편은 어렵지는 않았지만,

딸까지 공부시킬 사회적 조성이 안 되었던 것 같습니다.

1900년대가 아니라 2000년대에 태어나셨다면

보통 이상의 삶을 영위하고 사셨을 텐데. 후회는 하지 마세요.

사장님 자체가 아버지와 어머니의 인품을 이어받아

존귀한 분이십니다

오늘도 웃는 하루 되세요.

사장님 항상 감사합니다.

한 편의 휴먼 영화!

눈이 침침하고 충혈이 잘돼 책을 멀리하다
오래간만에 집중하여 책을 읽으니 감정 이입이 되며
마치 한 편의 감동 휴먼 영화를 본 듯한 느낌이에요.
많은 울림으로 내 자신도 돌아보고
앞으로의 다짐도 하게 되네요.
정말 열심히 사셨고 애쓰셨습니다.
앞으로의 꽃길이 기대됩니다.
건강하세요.

어려운 시기에 큰 힘 되어준 말씀에 감사

아, 정말 고생 많이 하시고 당당하게 성공하신 임 사장님.

진심으로 축하드리며 존경의 마음을 바칩니다.

몇 해 전 TV에서 사장님 어릴 때부터 고생하셨던 얘기를

담담하게 하시는 모습을 보며 눈물 흘렸던 생각이 납니다.

제가 어려울 때 사장님 말씀이 큰 힘이 되었습니다.

"나중에 행복한 사람이 진정 행복한 사람"이라는

사장님 말씀이 기억납니다.

자주 찾아뵙지 못해 죄송합니다.

이제 책도 내셨다니 존경심이 더 커집니다.

조만간 마포 갈게요.

그런데 보내 주신 기사가 잘 안보입니다.

인터넷 링크가 약간 오류가 있는 듯합니다.

다시 한 번 보내 주세요.

즐거운 하루 되세요.

더 좋은 일의 원동력 되길!

누구나 살아온 역정을 글로 써서 책을 내고 싶어 하지만,
만만치 않아서 쉽게 엄두를 못 내는데, 오뚝이 인생 내 친구,
임헌원의 6촌 여동생, 임헌순 사장과 인연을 맺은 지도 꽤 됐구려.
1967년 대전에서는 최초로 KBS 성우로 입성했지요.
배곯으면서 아이스케이크 통을 메고 서울 지리를 몰라
명동과 KBS가 있는 예장동을 헤매며
"아이스케키!"를 외치던 때가 어언 55년의 세월이 흘렀구려.
훌륭한 자원봉사자 임헌순 여사를 알게 됐음을 영광으로 생각합니다.
책이 많이 팔려서 계속 더욱더 좋은 일을 할 수 있는 원동력이 되기를
기원합니다.
축하합니다!

민초들의 아우성 대변하는 글

최영식 변호사

존경하는 임 여사님!

항상 하나님의 어린 양처럼 순응하는 삶.

자신의 고통과 불편을 감내하면서도

타인의 가난에 배려와 나눔으로 실천하는 성자의 삶.

친부모님, 시부모님 차별 없이 봉양하고,

알랭 들롱 부군님 하늘처럼 받드신 열녀의 삶.

가족을 넘어 사회와 국가를 걱정하시는 지혜와 통찰의 삶.

수십 년 네트워킹으로 깃발 없는 민초들의 아우성을 대변해 주는 삶.

자녀와 손자들의 안락과 행복을 기도하고 빌어 주는 삶.

주신 책 잘 읽었고, 깊은 감동과 울림을 받았습니다.

황금연휴 건강하시고,

즐거움 넘치는 시간되시길 바랍니다.

연륜의 저력과 본질 지키는 램랜드

8년 전, 이 회사에 처음 입사하여 팀 회식을 했던 곳이었는데, 이제 제 파트원들과 함께 회식 차 방문하였습니다.

좌식에서 입식으로 바뀌긴 했지만, 변함 없는 맛과 서비스로 그 자리에 있는 램랜드를 보니 '빠르게 바뀌는 세상에서 아직 변하지 않고 그대로 있는 것도 있구나.' 하는 생각이 듭니다. 그건 요행이 아니라 저력이자 본질이겠죠.

파트원들과 즐겁게 회식을 하고 나오는데, 적당히 취해 흥겨운 우리에게 에너지 넘치는 사장님께서 책을 건네주시면서 "이 책을 읽고 독후감을 쓰면 양갈비 1인분 서비스!"를 외치시더라고요.

램랜드의 저력이자 본질의 그 힘이 어디서 나오나 궁금했는데, 이 책을 읽으니 이런 곧고 단단한 인생철학을 가지고 꿋꿋하게 열심히 차곡차곡 쌓아온 세월이 보였습니다.

'마포역 지하에서 지상으로 올라오듯 살아오신 임헌순 사장님으로부터 시작되었구나.'를 알게 되었습니다.

당장 눈앞의 이익을 생각하기보다는 더 멀리 보고, 지치지 않는 마음으로 세상을 대해 온 것이 오늘의 램랜드를 만들지 않았나 생각됩니다.

가난한 집에서 태어나 안 해 본 고생이 없다고 책에 쓰셨지만, 면면이 드러나는 주위 사람들의 인복과 그것을 지키는 사장님의 처신을 보면 처음부터 부자셨고, 앞으로도 이보다 더 부자로 살기는 힘들 듯합니다.

항상 건강하시고, 행복한 마음으로 계속하여 램랜드를 지켜주시고 오늘도 덕분에 세상에서 제일 맛있는 양고기 요리 먹고 가겠습니다.

－오늘도 아들, 남편과 함께 램랜드에 온 워킹맘 드림

나를 돌아보게 하는 책

언니 정말 대단하십니다.

책 다 읽었어요.

스크린을 보듯 다 보이네요.

코끝이 순간순간 찡하네요.

참 고생 많이 하셨어요.

후회 없는 삶을 사셨네요.

순간순간 지혜롭고 현명하게 대처하는 법 배우겠습니다.

나를 돌아보는 시간이었어요.

고맙습니다. 잘 살아주셔서요.

그저 행복한 날만 되시옵소서!

인생학교 'Lamb Land'를 읽고

경의선 숲길로
자주
산책을 즐기며

동네 한 바퀴도
돌아봤고
마포의 걷고 싶은 길
10選도 緩步하며

우리 동네에
살고 간 사람 누구였을까 하니
토정 선생은
삼개나무에서 살았고

누가 우리 동네에 살고 있을까 하니
임헌순 여사가 살고 있구나

잔칫상을 차리니
램랜드는 마포구 토정로에
양고기 전문점으로

대표 임헌순은
종교인으로
인생학교 램랜드를

"일흔 살에...
그때는 몰랐다"를
출판했는데

女士는
봉사 활동에 부지런한 사람이라
우리는 임 여사의 삶을 본받아야
할 것이다

－草堂 老人

나눔과 봉사를 위한 식당 운영

저는 저자 임헌순 님의 친정 조카며느리이다.

임헌순 님의 큰 오빠가 나의 시아버님이시고, 8남매 중 막내며느리 이다.

새댁 시절에 시할아버님의 이야기를 많이 들었었다.

시할아버님(임헌순 님의 아버지)은 인품이 매우 좋으셨고 힘도 장사셨으며 일도 잘하셨고 몸소 노동일을 하셔서 돈을 버시면 먼저 형님 댁 땅을 사주셨다고 했다. 시할아버님의 긴 담뱃대를 보는 것만으로도 발걸음을 조용히 할 정도로 손주들에게도 엄격하셨다고 했다.

시할머님은 자상하시고 따뜻하셨으며 90세가 넘으셨을 때도 젊은 손주들과 즐거운 대화를 하시는 현명한 분이셨다.

시할아버님은 임씨 조상을 모시는 서원을 세우시기 위해 전국의 부안 임씨를 여러 해 동안 찾아다니시며 갹출하셔서 '승모각'을 건립하셨고, 현재는 승모각이 향토 문화재로 지정되어 세종시에서 잘 보존하고 있다고 한다.

그런 시할아버님의 막내 따님이 이젠 마포에서 그 유명한 식당 '램랜드'를 저렇게 훌륭히 성공시켜 운영하고 계신 것을 보면 '부전여전'이라고 하겠다.

어린 시절, 시할아버님께서 옛이야기를 들려주시며 지혜를 가르쳐 주신 대로 그 뜻을 따라 평생 근면, 성실, 당당하게 최선을 다하는 삶을 살아오신 것이다. 기왕에 해야 할 일 기쁘게 하라고 하신 말씀 따르며 언제나 죽을 만큼 노력했다고 하셨다.

시할아버님은 늦게 보신 막내 따님이 얼마나 귀하고 사랑스러우셨을까? 그런 어린 딸을 14살에 서울이란 객지로 식모살이를 보내시고 얼마나 마음이 아프셨을까? 식모 살던 집에서 명절에 휴가받아 고향 가는 길에 장에서 만난 딸을 얼싸안으시고 시할아버님이 펑펑 우셨다고 했다. 얼마나 반갑고 또 아프셨을까?

1950~60년대에는 적지 않은 이들이 먹고사는 것, 공부하는 것이 힘든 시기였다.

성장기에 힘들었던 만큼 누구나 많은 노력을 하며 살았다.

그러나 큰 성공을 이룬 고모님은 더욱더 남다르게 노력하며 사셨기에 지금의 큰 성공을 이루신 것이라고 생각한다.

힘들 때마다 죽을 만큼 최선을 다하셨고 항상 최고가, 1등이 되고자 누구에게도 지지 않겠다는 신념으로 어디에서든 죽을 만큼 노력하셨기에 성공이 자연스럽게 따라와 주었던 것 같다.

첫눈에 반해 결혼하고 평생 사랑하며 살아가시는 모습도 감미롭다.

또한 시부모님을 그저 내 아버지, 어머니로 여기고 극진히 봉양하셨고, 며느리 효부상 받는 것이 소원이시라던 시아버님의 소원을 들어

드리고자 사양하던 "효부상"을 수상하셨다.

실로 감동스런 이야기였다. 수상 소감을 묻는 기자의 질문에 "효도는 어려운 것이 아니라 항상 순종하며 몸과 마음을 편하게 해드리고 내 자식 보살피듯 살펴드리면 된다."라고 하신 말씀이 마음에 와 닿는다. 누구나 내 자식은 세상에 없는 듯 보살피고 사랑하지만, 부모님께는 그렇게 하지 못한다. 아니, 그런 생각을 하지도 않는다. 누구나 쉽게 하는 일을 하신 것이 아니라 깊은 효심에서 나온 것이라고 생각한다. 시아버님의 유품인 일곱 빛깔 조끼를 간직하고 추억하는 것만으로도 그 진심을 느낄 수가 있었다.

마포에 대한 해박한 지식 탐구에도 놀라웠다. 이처럼 삶의 터전인 마포에 대해 알아보고 연구하고 사랑하는 분이시다.

따뜻한 마음은 식당을 운영하는 곳곳에서도 보인다. 끊임없이 더 좋은 음식을 내놓기 위해 연구하고 개발하여 손님들 입맛에 맞도록 최선을 다하는 노력들!

단골손님이 또 다른 단골손님을 모시고 오는 곳. 외국인 입맛에도 딱 맞아 세계적인 음식으로 인정받게 되었으니 정말 대단하시다.

일이 잘될 때마다 나의 노력이 아니라 항상 주님이 도와주셨고 함께하셨다고 했다. 늘 주님께 감사를 돌려드리며 사는 삶 또한 지극히 본받을 만한 점이다.

식당에 오시는 한 분 한 분을 이웃처럼 다가가 정으로 대하시고 존중해 드리시니 손님들께도 그 정성이 전달되었던 것 같다. 그냥 음식만 맛있게 드리는 공간이 아니라 행복도 함께 있는 곳으로 램랜드를 경영해 가시는 듯하다.

시부모님의 사랑을 듬뿍 받으셨으니 받은 대로 두 사위를 아들처럼 대하시니 사위들로부터 사랑을 한껏 돌려받으시는 것이 아닌가 한다. 매사에 선행이 먼저시고 누구에게나 최선을 다하신 결과가 놀랍다는 생각이 든다. 고모님도 당신이 지금 이렇게 살게 될 줄 몰랐다고 하셨다. 힘든 과거는 있었지만, 어느새 부족함 없는 행복한 삶이 선물로 와주어 매일을 누리게 되셨으니 자못 귀감이 되고 존경스럽다.

늘 그렇게 생각하고 있었다. 임헌순 고모님은 가문의 영광이라고.

훌륭하신 고모님, 정말 존경하고 사랑합니다!

-조카며느리 백애임 올림

새 삶을 정비하는 계기 되어 감사

한 권의 책이 임사장님을 대변하는 것 같습니다.

저의 남편은 교직에 있으셔서요. 저는 고생 안하고 일하는 사람 두고 사모님 소리 듣고 살았네요. 지금 다른 삶을 살고 있는 자신 또한 긍정 마인드로요.

반 권 정도 읽으면서 새 삶을 다시 정비하는 마음으로, 많은 교훈과 지침을 되새기면 있습니다. 좋은 삶을 가꿔오신 사장님께 항상 행복하시라고 말씀드리고 싶네요.

많은 깨달음, 배움, 뉘우침, 새로 태어나는 글이 되어서 귀감이 됩니다! 항상 건강하시길 기원합니다. 친구 이야기로는 "마포에 단골이 많이 있는데 맛있다"고 합니다. 사장님네 양고기요.

책 다 읽었네요. 존경합니다. 사장님 같은 마음으로 살아야겠다는 실천의지를 다시 한번 새겨봅니다.

하나님께서 단련시키신
아름다운 삶에 감동

임헌순 성도님~!! ○○○입니다.

성도님의 집필한 책을 보며 감동의 연속입니다.

'지식의 근본은 하나님을 아는 것'이라 하신 말씀이 일점일획도 틀림이 없음을, 임헌순 성도님을 통해 확실한 하나님의 말씀임을 알게 하셨습니다. 일류대학을 나온 어느박사보다 더 훌륭하십니다.

임헌순 성도님의 마음속의 주신 지혜와 명철은 오직 하나님께서 주셨음을 믿습니다. 타고난 근본의 성품역시 좋으신 부모님의 영향도 크지만요.

이렇게 인생 여정을 훈련시키시고 단련 시키신 하나님께서 정금같이 보배롭게 이세상에서 크게 쓰임받게 하신 하나님의 사랑이요, 축복임에 찬사를 보냅니다!

정말 훌륭하시고 감사드립니다. 신앙생활 오래했다고 하는 나자신을 보니 껍데기 같은 믿음이었음을 보며, 부끄럽기 그지 없습니다.

앞으로도 더욱 하나님께 엎드려 기도하며 더욱 하나님의 뜻을 이루시길 기도합니다.

감사하고 존경합니다!

책장을 넘길수록 감동으로 내 마음을 사로 잡았습니다.

임 사장님이 살아온 그 세월은 부유한 사람 보다 어려웠던 나의 어릴적 을 다시 보는 느낌으로 공감하며 읽었습니다.

나도 못배운 것을 한을 하며 살았지만 결혼하고 아이들 다키우고 주부학교 고등학교를 다녔습니다. 그것도 중요하지만 하나님을 믿으며 평생 목사님을 통해 주시는 하나님의 말씀으로 지혜를 배우며 저는 내자신을 어느 일류 대학을 나온것 보다 평생 하나님의 말씀이 나에 지식의 근본이 됨을 늘 감사하며 살고 있습니다.

임현순 성도님!

정말 감격과 감동으로 제작된 《인생학교 램랜드》책은 이 세상에 많은 사람들이 살아가는 큰 자부심과 힘을 주는 좋은 책임을 추서 합니다!

정말 대단 하십니다

끝까지 한 자도 빼지않고 잘 읽었습니다.

주님의 보호 인도하심이 늘 함께 하시길 기도드립니다!

지혜롭고 현명한
착한 이웃!

사장님!

 책 너무나 감명 깊게 읽었습니다. 바로 담 하나를 두고 이런 정감 있고 마음씨 따뜻한 분이 살고 계신 것이 든든합니다. 어쩜 한평생 그렇게 열심히 사셨을까요. 어린 나이에 친구들과 부모님을 떠나 객지 생활을 하면서도 현실적인 어려움에 좌절하지 않고 맞서 위기를 기회로 삼아 바르고 바쁘게 살아오신 점에 새삼 부끄러움을 느낍니다. 결혼과 동시에 결혼 생활에 충실하겠다고 사표를 내고 전업주부로만 살아온 저로서는 정말 사장님을 존경하지 않을 수가 없네요. 어떻게 그처럼 여러 역할을 누구보다 훌륭하게 해내실 수 있었는지…….

 이젠 좀 쉬셔야 할 텐데 열정이 많으셔서 그리 쉽게 쉬시지 못할 것 같아 아쉽습니다. 지혜롭고 현명한 딸로 며느리로 아내로, 선하고 온정 있는 착한 이웃으로……. 정말 아낌없이 박수를 보내드립니다.

 무엇보다도 세계적인 입맛을 맞춰주신 요리 연구가 선생님! 또 맛집을 풍성하게 이끌고 계신 최고의 사장님! 앞으로는 일 줄이시고 건강 챙기시며 하루하루 복된 날들 보내시기를 기도드립니다. 좋은 글 감사합니다.

하나님 사랑의 증인,
고맙습니다

저는 현재 병원에 입원 중입니다. 지난번 식사하러 갔을 때 주신 책, 병원 환경에서 읽기 딱 좋았습니다. 저는 1952년생 부여 사람인데 친정 모친이 조치원 출신으로 경주 金氏(김씨) 집성촌에 사시다가 시집을 부여로 오신 것이지요. 고향 까마귀만 봐도 반갑다 하셨는데 꼭 그런 마음이네요. 충청도 정서에다 자라온 시기도 비슷해 글 내용에 공감이 많이 됩니다. 사장님 글 보면서 저도 옛날 추억을 소환해 보았습니다. 교훈, 예화 등이 어쩜 이리 똑같았을까 생각하며 웃어 봅니다.

우리 때는 환경이 다 거기서 거기였던 것 같습니다. 저는 부친이 아들만 선호하셔서 외동딸임에도 교육에서 완전히 배제되었고 중학교 나온 것만 해도 감지덕지였지요. 이제는 다행히도 배울 마음만 있으면 실력은 얼마든지 키울 수 있는 세상이 되어 얼마나 감사한지 몰라요.

열매를 보면 그 나무를 안다고 그간의 어려움을 승화시켜 오늘의 주인공이 되셨으니 많은 사람들에게 새로운 길을 열어 주신 긍정의 인물이요, 하나님을 사랑한 만큼 증인으로 사신 사장님께 마음으로 응원과 큰 박수를 보내드립니다.

"진실, 정직, 최선"은 제가 좋아하는 단어입니다. 시랑 책 읽기를 좋아하는데 그 덕에 꿈도 가질 수 있었던 것 같아요. 남다른 마음고생, 몸 고생이 지금을 살아오기까지 탈선 안 하게 한 자양분이라 여겨져서 감사할 따름이지요. 제 나이만큼 저도 하나님을 의지하고 살아왔습니다. 그분의 계획하심 속에 제가 있었으니 영광일 따름입니다.

부디 건강하시고 지뢰밭 같은 세상에 지금까지처럼 그림자 같은 리더로 불을 밝혀 주세요. 하나님 은혜와 축복이 가정과 사업장에 항상 임하시기를 기도합니다.

저는 손가락을 좀 다쳤는데 동네 의원에서 잘 낫지 않아 신촌 병원에서 치료 중입니다. 선물로 주신 사장님 책으로 마음의 치유까지 받은 것 같아 너무 기쁩니다. 거듭 감사드립니다.

— 신촌 연세병원에서 ○○○ 드림

친절, 온화, 전문성을
높여 가겠습니다

존경하는 임현순 사장님, 안녕하십니까? 저는 종로구에 소재한 한 중학교 교사입니다.

지난 주 목요일 오후에 우연히 학교 도서관에 잠시 들렀어요. 수업이랑 이런저런 업무에 지쳐서 30분 동안 휴식도 할 겸 책을 읽으려고 책을 선택하던 중 임현순 님의 책을 만났습니다. 서가에 꽂혀 있지 않고 신간 코너에 있었기에 눈에 아주 잘 띄었습니다.

자리에 앉아서 단숨에 읽다가 퇴근길에 지하철에서 읽다가 다시 집에 와서 계속 읽었습니다.

사장님은 저희 둘째 언니와 비슷한 연령이셔서 더욱 반가움이 있었습니다. 사장님의 어린 시절에 겪은 고난이 무척 마음 아프고 죄송한 마음까지 들었습니다. 그럼에도 씩씩하게 다 헤쳐 나오시니 놀랍고, 구구절절 배우고 본받고 싶은 이야기들이 참으로 많은 진솔한 글에 가슴 뭉클하였습니다.

첫째, 어떤 환경에서든 최선을 다하시고 못할 때에는 반복해서 연습하고 노력하셔서 그 일을 잘하려고 애쓰시는 점에 존경심이 들었습니다. 환경에 대한 원망이나 불평이 거의 없는 점이 놀라웠습니다.

둘째, 부모님께 효를 다하시는 점입니다. 말로는 쉽지만 그것을 꾸준히 행동으로 실천하기는 정말 어렵습니다. 하늘이 내리신 고운 마음을 가지시고 최선을 다해 효를 실천하시고 상까지 받으셨으니 진심으로 축하드립니다.

셋째, 인생학교에서 친절과 나눔을 실천하신 것입니다. 그리고 식당에 오시는 다양한 분들의 이야기를 들으시고 배우셔서 그곳을 인생학교로 삼으신 것입니다. 어려운 분들에게는 그냥 대접하시고, 상황에 맞게 그저 식사를 제공해 드리시는 등의 아름다운 이야기를 보면서 그 친절과 나눔의 실천이 마음에 깊이 와 닿고 제게 큰 배움이 되었습니다.

넷째, 병원 검진 후에 성찰하신 부분입니다. 백화점에 가셔서 옷도 사시고 운동도 하시는 등 새로운 일상의 계획을 세우셔서 그렇게도 살아보신 후에는 근면·검소·절약의 삶, 소박한 식사와 남에게 양보하고 사는 삶이 더 편안하고 좋다는 말씀에 공감이 되었습니다.

임헌순 사장님은 우리 사회에서 등대 같은 역할을 하고 계십니다. 어두운 밤바다를 환히 비추는 등대 말입니다. 또한 이 사회에 큰 희망이십니다. 임헌순 사장님의 멋진 마인드를 제 일상에 적용해서 배워보고자 합니다. 친절하기, 따뜻하게 대하기, 제 일에 전문성을 높이기, 나눔을 실천하기 등입니다.

'한강모임'이라고 저희 사촌 아주버님 내외, 저와 저의 남편 이렇게 넷이서 두 달에 한 번씩 모임을 가집니다. 그날 램랜드에 방문해 식사할 계획입니다. '양화진을 탐방'하고 점심을 램랜드에 가서 먹으려고 생각하고 있지요. 평소에는 도시락을 싸가지고 다니는데 이날은 특별히 램랜드에서 매식하기로 하였습니다. 임현순 사장님의 책을 읽고는 꼭 가보고 싶어집니다. 그때 뵙기를 기대하면서…….

귀한 삶의 이야기 『인생학교 램랜드』를 기록해 주셔서 감사합니다.

고난을 이겨내고 우리의 등대와 희망이 되어 주셔서 감사합니다.

어려운 사람들 마음 알아주시고 나눔 실천해 주셔서 감사합니다.

크리스천으로서 사랑의 삶을 본으로 보여 주셔서 감사합니다.

직장을 인생학교로 여기며 살아주시니 배움이 되어 감사합니다.

저도 직장을 인생학교로 여기고 살아야겠습니다.

직원들을 사랑하며 화목하게 지내시니 큰 배움이 되고 감사합니다.

두서없이 급히 쓴 글, 여기서 맺습니다. 늘 강건하십시오!

오른쪽 학습자료는 2학년 학생들에게 가르친 임사장님 삶을 소재로 했던 인물탐구 과제입니다.

— 임현순 사장님의 삶, 정신과 태도를 사랑하고 존경하는

서울○○중 박○○ 올림

의미 있는 삶을 산 인물 탐구

관련 단원: 삶의소중함(의미있는 삶) 작성일: 2023. 11. 20. 학번: 이름:

1. 인물의 이름은? 임헌순 2. 직업은? 램랜드 경영(CEO) 3. 국적은? 대한민국	4. 그녀가 추구한 가치는? (노력), (열정), (헌신), (감사), (믿음), (겸손), (검소), (근면), (절약), (효), (친절), (사랑), (배려)
 	●1954년 충남 연기군 남면(현 세종시)에서 출생하셨다. ●어려운 형편으로 초등학교 졸업 후 바로 가사도우미 등 양장점 일, 화장품 판매, 양고기 판매, 식당 등 온갖 힘든 일을 하면서도 그 일을 최선을 다해서 잘 해내려고 노력하셨고 겸손하고 정직하시며 하나님을 믿는 돈독한 믿음을 가진 분이다. ●열악한 환경에서 불평보다는 감사를 선택하고 더욱 좋은 날이 있으리라는 희망으로 살았고 시부모님과 친정 부모님께 진심을 다한 효성을 실천하며 사셨다. ●고진감래로 현재는 마포역 근처에서 램랜드를 친절과 정성과 정직으로 운영하여 이 사회에 긍정 영향을 미치는 사업가가 되었다. 나눔과 친절과 배려의 여왕으로 우리 사회에 등대와 같은 역할을 하시며, 희망이 되어 주시는 분으로 존경받으시는 사랑이 많으신 분이다.
(임헌순 사장님)의 사진 혹은 그림	인물 소개 및 업적

질문 놀이

사실질문 3개 (답은 붉은 혹은 푸른 색으로)

1. 임헌순 님이 추구한 가치 중에서 주어진 환경을 탓하거나 불평하지 않은 가치는 무엇인가요? (감사)

2. 임헌순 님은 경기도 시골의 마을에서 출생하여 초,중,고,대 교육을 받은 분이다. (O, X)

3. 임헌순 님은 우리 사회의 (등대)와 같은 역할을 하시며 (희망)이 되어 주신 아주 훌륭하시고 존경받기에 마땅하신 분이다.

생각 질문 2개(답은 붉은 혹은 푸른 색으로)

1. 임헌순 님이 어려움을 이겨내고 살아갈 수 있는 힘은 어디에서 얻었으며, 누구에게 배운 것일까요?
[부모님의 올곧은 정신과 가정교육, 삶으로 보여 주시는 뒷모습이라고 생각합니다. 또한 타고나기로 마음이 착하고 예쁘며 부정적인 사고보다는 긍정적인 사고로 어려움을 이겨내려는 강한 의지가 있었으리라 생각합니다. 무엇보다 하나님의 은혜와 강한 믿음으로 이겨나갈 수 있는 영적 에너지를 얻었기에 가능했으리라고 봅니다. 그리고 부모님, 남편 자녀들 그 외의 식당의 식구들, 친구들 등 주변의 수많은 좋은 분들의 지지도 큰 힘이 되었으리라 생각합니다.]

2. 인물을 통해 배워서 실천하고 싶은 것을 구체적으로 2가지를 적으면?(숫자를 포함하기)
1) 나눔: 월 3회 이상의 나눔을 구체적으로 하겠습니다.(제가 잘 할 수 있는 것. 편지 쓰기. 기부하기. 청소, 독서봉사 등)
2) 친절과 배려: 주변 사람들을 따뜻하고 친절하게 대하며 존재 자체로 존중하고 배려하며 정직한 칭찬을 하루에 3사람 이상에게는 하도록 노력하겠습니다.

짝과 질문 놀이를 합니다. 완료 후에. 짝이 정자로 확인 서명( ) 합니다.

'아름다운 인생상'

   늘그막에 이런 날이 올 줄은 꿈에도 생각도 못했다. 요즘은 꿈 속에 사는 것은 아닌가 싶을 정도로 생각지도 못한 일들이 많다.

   2023년 늦가을, 식당에 일하러 갔더니 택배가 와 있었다. 그런데 보낸 사람을 보니 모르는 사람이었다. 궁금한 마음으로 뜯어보고는 마치 풍선이 부풀어 오르는 것 같이 너무나 좋아서 가슴이 터질 것 같았다. 세상에 '아름다운 인생상'을 보내셨다. 그것도 모르는 분이 책을 읽고…! 얼마나 기쁜지 표현할 수가 없다. 그래서 책 속에 넣어 많은 사람들에게 자랑하고 싶다.

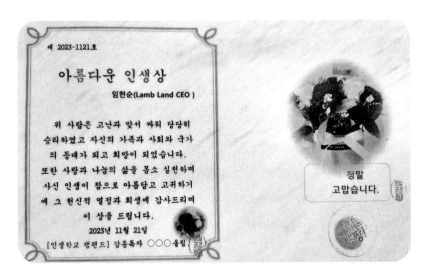

작은딸 결혼날에 가수 데뷔한 남편

평생 잊지 못할 특별한 날, 2023년 9월 23일이었다. 작은딸 아라 결혼식 겸 알랭 들롱 닮은 남편이 가수로 데뷔한 날이다. 널리 알려진 김동찬 작곡가 선생님이 딸 결혼식 때 아빠가 부를 축가를 만들어 주셔서 식장에서 불러주었다. 여러 사람들 앞에 무대에 서서 노래한 것이 처음이라고 그래서 많이 긴장할 줄 알았는데 아무렇지도 않게 아주 잘 불러서 모두들 좋아했다. 그 후로 케이블 방송에 출연해서 한 달에 몇 번씩 텔레비전에 나온다. 우리 큰손주가 할머니인 나만 좋아했었는데, 할아버지가 대중 앞에서 노래하는 것 보고 홀딱 반해서 1호 팬이 됐다. 지금은 할머니보다 할아버지를 더 좋아한다. 아래처럼 축가 가사도 좋고 노래가 아주 좋다고 한다. 대박 났으면……

"금쪽같은 내 새끼

불면 날아갈까 쥐면 터질까

금이야 옥이야 기른 세월 그때가 꿈만 같구나

널 보며 웃었고 널 보며 울었고 훌쩍 커버린 줄 이제 알았네

오늘같이 좋은 날 이 애비는 눈물아 난다

얘야 잘 살아라 행복하거라

금쪽같은 내 새끼야

금쪽같은 내 새끼야"

'간절함이 성공을 불러온다'

책을 읽고 나에게 선물해주신 것 중에 귀중한 것이 또 있다. '간절함이 성공을 불러온다'라고 적어 주신 캘리그라피이다. 맞는 말이다. 책 속에 간절함이 있다고 하신다. 또 어떤 교수님은 내 책을 읽으시고 두 시간짜리 강의를 하셨다고 하신다. 난 그저 있었던 일만 적었는데….

확실히 많이 배우신 분들은 글을 읽으면서 여러 가지 평을 해주신다. 어떤 분은 회사 식구들이 책을 많이 읽게 강의를 해달라고 하신다. 그래서 나는 "강의는 못하고, 그냥 한마디로 책을 많이 읽으면 초등학교만 졸업한 사람도 책을 쓴다고 말하라" 하면서 웃는다. 또 어떤 교수님은 나의 십계명을 강의실에 붙여 놓고 학생들과 함께 매일 한 번씩 읽는다고 하신다. 이런저런 얘기를 들을 때마다 꿈꾸는 것은 아닌가 하고 기쁘고 즐겁다. 이런 날을 주신 하나님께 감사드린다!

《인생학교 램랜드, 일흔 살에… 그때는 몰랐다》

정혁상

이 책은 서울 마포의 양고기 전문식당 '램랜드' 임헌순 사장(이하 임사장)의 이야기다.

느닷없이 양고기 식당이라니..

나의 직장과 식당 램랜드가 멀지 않아서 가끔 찾곤 했다. 여의도, 마포, 서대문을 거점으로 한 사람들, 그리고 양고기를 사랑하는 사람들에게는 많이 알려진 식당이다. 그래서 찾을 때마다 식당은 만석(滿席)이었다. '이 집은 장사가 항상 잘 되는구나'라고 생각했다. 하지만, 이 식당이 이렇게 꾸준히 손님이 찾을 수 있도록 만든 것은 임사장의 땀과 눈물, 노력과 인내가 아니었을까?

많은 이들의 어린 시절 아버지에 대한 기억은 엄하고 고지식한 경우가 많다. 임사장도 크게 다르지 않았다. 하지만 그는 아버지에게서 타인을 위하던 커다란 모습이 더욱 크게 남아있다. 넉넉지 않은 집안 사정에도 아버지는 어려운 이웃을 보면 반드시 도움을 줘야 직성이 풀리셨다. 일가친척을 직접 챙기셨고, 당신의 집을 개척교회로 제공하고, 임씨 가문의 서원(숭모각)을 직접 지으실 정도였다. 그 때문에 가계는 더 힘들었고, 임사장은 결국 중학교 진학을 포기해야 했다. 어려서부터 돈을 벌어야 했다. 하지만, 그녀는 아버지의 큰 사랑과 베품을 이해하고 존경했다.

"아버지는 어려운 처지에 있는 사람들을 불러들여 먹이고 재우는 나눔의 삶을 사셨다." (44p.)

오빠가 취직한 공장 공장장의 집에 식모로 들어간 것이 첫 돈벌이다. 그녀의 남의집살이와 힘든 돈벌이는 식모살이, 옷공장, 양장점, 식당, 어묵 회사, 화장품 판매 등으로 이어졌다. 몸은 힘들어 결핵에 걸리기도 했다. 또래와 다른 자신의 삶이 서러워서 혼자 우는 날도 많았다. 하지만, 조금씩 성장하며 남들보다 일찍 사회성이 생기며 삶의 지혜도 자라났다.

식모살이하면서 외로울 때마다 하나님께 '나는 왜 가난한 집에 태어나 이런 식모살이까지 해야 하나요?'라고 투정을 부렸다.(중략) 양장점은 저녁 9시면 끝났다. 퇴근 후 잠자기 전까지는 시간이 많이 남았다. 할 일 없는 저녁에 나는 무엇을 하며 지내야 할까 고민하다가 책을 사서 읽기 시작하였다. (bbp, 81p.)

임사장은 어려서부터 일을 했다. 또 크리스천으로 신앙이 독실하고, 부모님의 가르침에 순종적이었다. 또한 매사에 성실하고 완벽을 추구하다 보니 회사 등에서 좋은 성과를 올리기도 했다. 이런 생각과 경험들은 지금의 성공에 기초가 되었는데, 임사장은 헌순이 십계명 으로 아래와 같이 정리하였다.

1. 지금 이 순간 어떻게 사느냐가 인생을 결정한다.

2. 지금이야말로 기반을 다질 때다.

3. 자신의 향상을 위해 지나친 노력은 없다.

4. 작은 일이라도 소홀히 대하지 않는 사람은 꼭 성공한다.

5. 휴식을 취하면서 자신을 향상시켜라.

6. 한 가지 일에 온 정성을 쏟아라.

7. 자신이 몸소 배운 지식이 참된 지식이다.

8. 허영심을 향상심으로 승화시켜라.

9. 언행은 부드럽게, 의지는 굳건하게, 강하지 않으면 살아가기 힘들다.
10. 용서받을 수 있는 거짓말을 재치 있게 사용할 수 있어야 한다."

식당 램랜드는 수입육 유통 전문 회사가 1989년에 오픈했다. 임사장은 그 회사의 직원이었고 나중에 이 식당을 인수했다. 양고기는 특유의 냄새로 대중적인 인기는 없었다. 하지만, 1년 미만의 어린양(Lamb)을 재료로 쓰고 나서 그 인기가 달라졌다. 삼각갈비, 양곰탕, 전골, 양고기 찜 등이 단골이 주로 찾는 메뉴이다.

여러 TV프로그램과 해외 언론을 통해서도 램랜드의 성공을 엿볼 수 있다. 또 이 식당을 찾은 유명인들도 한몫을 했다. '꽃순이를 아시나요'의 가수 김국환, 신성일과 엄앵란 부부, 이제는 돌아가신 연예인 송해와 구봉서 그리고 어릴 적부터 즐겨 불렀던 노래 '울려고 내가 왔나'의 주인공 가수 남진까지, 이 식당을 찾아준 분들에 감사할 따름이라고 한다.

사실, 이 책《인생학교 램랜드》에 흐르는 저자 임 사장의 메시지는 사람에 대한 감사이다. 가장 큰 것은 시댁과 친정 부모님에 대한 사랑과 감사가 책 전체에 찰랑거린다. 지역사회에서 효부상을 받고, '효녀'라는 이야기를 들어서가 아니다. 자신을 믿어주고 아껴주는 그분들의 진심에 현실이 힘들고 고통스러워도 너끈히 이겨낼 수 있었던 것이다.

그런 나를 보고 친정어머니는 효녀 심청이라고 착하다고 하시면서 힘들까 봐 나는 살림에 손도 못 대게 하셨다. 자식이 뭐라고… 게다가 시아버지는 온 동네 다니시면서 우리 며느리가 최고라며 칭찬하신단다. 나만 있으면 된다고 하신다. 다른 자식 다 소용없다고 하시며 말이다.

얼마나 고마우신 분인지. 시어머니도 내가 제일 예쁘다고 하신다.

세 분 다 내가 최고라고, 나 없으면 못 산다고 하신다. 감사한 일이다."
(129~130p)

두 딸 역시 엄마를 사랑하는 마음이 극진하다. 램랜드가 한창 커가면서 이들은 식당 일을 돕기 시작했고, 함께 일을 하면서 얻게 된 둘째 사위는 식당에서 없어서는 안 될 사람이 되었다. 모두가 감사하고 감사한 사람이라고 임사장 스스로 다짐한다.

이 식당이 성공할 수 있었던 데에는 수많은 고객의 숨은 도움이 있었다. 비어 있는 식당을 보고 단체예약을 잡아주던 평창동 할아버지, 같은 성씨(임)지만 자신이 나이가 많다고 오빠라고 부르라던 대기업 부사장님, 이 책을 낼 수 있도록 직접적인 도움을 준 민회장님과 김감독님, 자기 회사 직원들을 램랜드에 보내 배우게 했던 멋진 본부장님 등 모든 분들이 램랜드 그리고 임사장의 은인이 되었다.

램랜드의 직원은 초창기부터 지금까지 임사장과 함께 하고 있다. 그래서 많은 손님들이 "가족이세요?"라고 한단다. 그렇게 오랫동안 함께 하면 실제로도 닮지 않을까? 정말 대단한 인연이고 엄청난 관계가 아닐 수 없다.

반면에 당황스럽고 짜증 났던 손님도 많았다. 전골에서 맥주병 뚜껑이 나왔다고 우기던 손님들, 불판에 다리를 데었다고 식사비는 물론 치료비를 물어달라고 했던 젊은이, 고기 먹다가 치아가 부러졌다고 병원비를 청구했던 손님 등 욕이 절로 나오는 이들도 많았다.

하지만, 임사장은 이제 안다. 이 모든 것이 자신과 램랜드가 더욱 성장하고, 손님들이 더 맛있는 음식을 찾는 곳으로 성장하는 과정이라는 것을……

시간이 지나 이런저런 일들을 떠올리며 곰곰이 생각해 보니 좋은 사람이 훨씬 많다. 세상은 살 만하다. 정말 감사드린다. (223p.)

이처럼 램랜드는 저자 임헌순의 굴곡진 삶의 과정을 통해 이루어졌다. 힘들고 어려웠던 일 들은 차분하게, 기쁘고 행복했던 시간은 반짝반짝하게 그녀의 글로 채워져 있다. 또한 크리스 천으로서 그녀의 믿음과 사랑도 책장 곳곳에 담겨있다. 마치 램랜드의 푸짐한 식탁 같다.

이제 깨닫는다. 내가 열심히 일하면, 모든 것은 하나님이 해주신다는 것을⋯⋯.

그녀의 솔직하고 담담한 이야기를 읽으며 그녀의 고향인 충북 연기군의 임난수 은행나무 밑에 앉아보기도 했고, 푸른 초원에서 양떼를 바라보기도 했다. 진상 손님 이야기에는 같이 짜증 냈고, 고마운 이들의 이야기에는 마음이 따뜻해졌다. 이 책은 유명한 양고기 식당 주인의 성공 스토리가 아니다. 양곰탕에 소주 한 잔 마시면서 듣는 그녀의 인간적인, 지극히 인간적인 이야기이다. 힘들고 배고픈 시절을 견디고 이겨낸 우리 어머니와 할머니의 순박한 이야기이다. 자신보다 남을 위하던 아버지의 모습을 그대로 닮은 임사장의 사랑 실천에 대한 이야기로 램랜드에 대한 나의 이야기를 마무리하려 한다.

나는 돈이 없을 때도 마음만은 항상 부자였다. 지금이나 그때나 달라진 것은 거의 없다. 달라진 게 있다면 돈을 벌어 남들과 나눌 수 있어서 행복하다는 것이다.(중략) 최고의 행복은 마음 편히 사는 것이다. (268p.)

《인생학교 램랜드》를 읽고…

심지훈

요즈음 살기 어렵다. 살아가는 것이 힘이 든다고 말하는 사람들을 많이 본다. 누구에게나 삶은 녹록지 않겠지만, 그런 가운데에서도 체념하는 사람이 있는가 하면 극복하는 사람도 분명히 있다.

《인생학교 램랜드》를 쓰신 임헌순 사장님의 살아오신 궤적을 돌아보면 대단히 살아오기 어려우셨을 것 같다. 안 해본 일이 없으실 정도라고 하니 말 다했다. 사장님께서는 "그럼에도 불구하고 희망을 잃지 않으셨다"고 강조하셨는데 그것만으로 충분했을까?

나는 사장님의 성공 비결은 진실함과 성실함이라고 생각한다. 하시는 일을 진심으로 대했고, 꾸준히 성실하게 임하셨다. 성공을 지향하고 추구한 것이 아니라, 하루하루 열심히 사시다 보니 성공이 따라온 것이라고 해야 맞을 것 같다.

사장님의 삶에 관한 책을 읽고 나는 무엇을 배워야 할까? 생각을 많이 해 보았다. 종종 성공한 CEO들은 직원들에게 주인 정신을 가지라고 말씀하신다. 또, 변화하는 환경에 살아남기 위해서는 혁신을 해야 한다고들 한다. 그러면서 더 나은 미래가 있다며 장밋빛 청사진을 제시하기도 한다.

377
독자분들의 편지글 모음

나는 조금 다른 생각이 들었다. 많은 직원들이 주인의식을 가질수록 더 나은 기업이 될 가능성도 높아지겠지만, 램랜드 사장님처럼 사장이 직원처럼 일하면 어떨까? 모두에게 모범을 보이고 말과 행동이 일치하는 사장이라면 더 기꺼이 따르지 않을까? 더 빨리 더 나은 기업이 될 것 같다.

또, 큰 변화와 혁신이 필요할 때도 있겠지만, 때로는 사장님 식당의 또띠아처럼 시나브로 변화를 주는 것이 효과적일 수도 있다. 시장과 고객의 상황을 보면서 조금씩 변화를 주고, 변화의 문화가 정착되고 직원들에게 변화의 DNA가 체화된다면 더 나은 기업으로 진일보할 가능성이 클 것이다. 굳이 장밋빛 청사진이 없더라도 말이다.

사장님께서는 경영학을 전공하지는 않으셨지만, 어쩌면 경영학의 대가인 피터 드러커나 마이클 포터가 이야기하는 경영학의 주요 개념들을 스스로 깨우치신 분이다.

그런 사장님께서 손수 만들어주신 양갈비와 또띠아를 사장님께서 살아오신 이야기를 듣고 먹으니 마냥 맛있게만 먹지는 못하겠다.

평생을 땀 흘리며 일하시느라 여행 한 번 제대로 가지 못하셨다는데, 올해는 가족분들과 여행을 다니시며 행복을 만끽하는 시간을 자주 가지시길 바란다.

오늘 즐거운 나의 저녁 식사가 사장님의 땀과 진정성을 바탕으로 마련되었다고 생각하니 새삼 더 감사드린다. 사장님, 건강하시고 오래오래 행복하세요.

감사합니다!

"여행 한 번 못 갔지만 여기가 천국…
손님에게 인생 배웠죠"

김아진 기자 dkwls82@chosun.com

"여기가 천국이에요. 나한테는."

칠순이 되도록 비행기 한 번 타본 적 없다. 여행도 가지 않고 일군 식당은 지금도 매일 출근길이 즐겁고 퇴근길은 내일을 기대하게 한다. 진상 손님 때문에 철철 울어보기도 했지만, 그래도 손님은 왕보다 더 큰 존재다.

서울 마포 램랜드 사장 임헌순씨 이야기다. 램랜드는 양고기를 좋아한다면 한번쯤 방문했을 명소다. 양갈비를 숯불에 구워 토르티야에 올리고 옥수수와 올리브를 얹어 싸먹으면 또 다른 맛을 느낄 수 있다. 사장 임씨는 중학교도 다니지 못했다. 어릴 적 남의 집 식모살이를 하고 화장품 보따리 장사, 어묵 팔이 등 안 해본 허드렛일이 없다. 그런 그에게도 "글을 배워서 책을 한번 써보고 싶다"는 소망이 있었다. 일흔에 그 꿈을 이뤘다. 최근 '인생학교 램랜드'를 출간한 임헌순씨를 지난 16일 만났다.

"경쟁사 없던 양갈비가 가장 쉬운 장사"

램랜드는 1989년 마포에서 문을 열었다. 임씨가 일하던 정육점 사장이 차린 식당이었다. 그때만 해도 양고기 수요가 많지 않았던 터라 매출은 그다지 많지 않았다. 백화점에서 수입 고기를 늘 목표치보다 더 팔았던 임씨는 "식당에서 책임자로 일 좀 해보라"라는 제안을 받고 램랜드와 인연을 맺었다. 1993년이었다. 1년쯤 일하다 그만두고 육아를 하다가 "나도 내 일을 한번 해봐야지"란 생각으로 1999년 램랜드를 인수했다. "빚으로 시작했어요. 첫 달은 적자였죠. 그래도 너무 재밌었어요. 명절 때 말고는 쉬지 않고 달렸죠."

고생을 참 많이 했더라고요. "배운 게 없었으니까요. 지인이 내가 식모로 가면 큰 오빠를 취직시켜준다는 말에 고향(충남 연기군)을 떠나 경기도 어느 집으로 갔어요. 솔직히 식모가 뭔지도 몰랐는데 돈을 준다지, 친구들 중학교 가는 것도 안 봐도 되니까 '좋다'고 간 거죠. 그런데 가서 매일 밤 울었어요. 3년 하다가 더 부잣집으로 갔어요. 그런데 그 집 딸이 나랑 동갑이었어요. 밤에 잠이 안 왔지. 그 길로 도망 나왔어요."

식모살이에서 대표로
돈 벌었지만 허무했다
작년 말부터 잠새 집필
"어려운 분들 희망 갖길"

안 해본 일이 없더라고요. "화장품을 짊어지고 다니면서 팔았고 속옷도 꿰매고 옷에 구슬을 달기도 하고. 수퍼에서도 일해봤죠. 양장점에 취직해서 심부름도 하고 샘플 나오면 미니스커트 입어보는 일도 하고 그랬어요."

쉽지 않았네요. "그런데도 돈이 없어서 쌀뜨물에 소금 넣어 끓여 먹고 그랬죠. 너무 못 먹어서 결핵도 걸리고요."

양고기와는 어떻게 인연을 맺었나요. "정육점에서 알바를 하다가 내가 잘 파니까 백화점에서도 해보라고 한 거예요. 열심히 했죠. 근데 '오늘 얼마 팔 거야?' 이렇게 매일 물어요. 그래서 얼마라고 하면 기가 막히게 그만큼 파는 거예요. 내가 잘나서 그런 줄 알았는데 그게 다 은혜였지 뭐예요. 그러다가 그 사장이 하던 램랜드를 맡아서 책임자로 가게 됐어요. 사실 나는 못 살아서 외식도 한 번 못해봤는데 음식 장사가 얼마나 힘들었겠어요. 근데 그때도 잘 팔았어요."

1999년에 아예 인수했는데. "그때 램랜드 사장님이 '이 힘든 걸 왜 하려고 하냐'고 하더라고요. 내가 그랬어요. '양갈비가 제일 쉬운 거 같아요. 경쟁사가 없잖아요. 나만 잘하면 가게가 잘 될 거예요'라고."

처음부터 잘됐나요? "아니죠. 단골은 있었지만 줄을 설 정도는 아니었는데 전국 방송을 타고 하면서 입소문이 났어요."

책 출판은 오랜 꿈

누구는 돈을 많이 벌었다고 그를 부러워했다. 하지만 늘 마음이 무거웠다. "돈을 다 이고 지고 갈 수도 없는 노릇 아니에요. 나는 배우지도 못했기 때문에 딱 하나, 책 쓰고 싶은 마음뿐이었는데 그것도 쉽지 않더라고요. 그런데 요새는 책 출간 소식에 손님들이 '역시 사장님은 남달라' 하면서 최고라고 치켜세워줘요."

책은 왜 썼나요. "내가 이렇게 잘살지는 몰랐어요. 고생을 정말 많이 했거든요. 그런데 성공하고 나니 혼자 간직할 게 아니라 과거의 나처럼 어려운 사람들에게 희망이 돼야겠다는 생각이 들었죠. 원래는 62세 때 정년퇴직하고 글을 좀 배우고 싶었는데 남편 반대로 일을 못 그만뒀지요. 그래서 좀 아팠어요. 손님들이 '사장님은 돈 많이 벌어서 좋겠어' 이러면 그 말이 칼처럼 나를 찌르는 거 같았어요. '나는 나를 위해 산 적도 없고 일만 하는데, 돈 좀 많이 번다고 좋다고?' 속이 곪았죠."

그래서요? "3~4년을 낮 장사에 안 갔어요. '그러다가 손님 다 떨어진다'는 걱정을 들었는데, '돈 벌면 뭐하나' 이런 생각까지 했죠. 그러다가 확 손님이 줄더라고요. 연말인데도 예약이 꽉 차질 않았어요. 다시 나왔죠. 손님들이 전부 반겨줘요. 내가 뭐라고. 그때 '내가 미쳤었구나' 이런 생각이 들었어요. 다시 살맛이 났어요. 여기가 천국이구나. 저는 여행도 가본 적 없어요. 제주도도요. 어딜 가봐도 좋은지를 모르겠어요. 여기가 더 좋으니까요."

그래도 결국 책을 냈어요. "포기했었어요. 그런데 어떤 출판사 사장님이 내 친구와 양고기 먹으러 왔다가 얘기를 듣고 '한번 써보시라'고 했죠. 배운 게 없으니 못 쓴다고 했는데 '그냥 일단 써보라'고 해서 작년 12월부터 시작했어요. 매일 식당 문 닫고 집에 가서 식탁에 앉아 몇 시간씩 썼어요."

힘들지 않았나요. "너무 재밌는 거예요. 잘 쓰지 못하지만 얘기하는 것처럼 종이에 손으로 썼지요. 너무 잘한 일 같아요. 잘 써지는 날엔 새벽 4시 30분까지 쓰기도 하고. 출판사 사장님도 '이렇게 열정적으로 쓰는 분은 처음 본다'고 하더라고요."

가족들 반응은요? "전부 관심도 없었죠. 남편도 '내 흉 보려고 열심히 쓰나 보다' 했다고 그래요(웃음). 근데 진짜 책이 나오니 신기해하죠."

손님에게 인생을 배웠다

오전 10시 30분이면 어김없이 가게에 나와 장사를 준비한 지 20여 년. 그런 성실함은 손님들 때문이라고 했다. "가끔 나쁜 사람들도 있지만 좋은 분들이 훨씬 더 많아요. 제가 왜 램랜드를 '인생학교'라고 하겠어요. 손님을 통해 배웠습니다. 세상을, 기쁨을, 배려를, 감사를."

왜 책 제목이 '인생학교'인가요. "저는 손님 때문에 살아요. 처음에 장사 안 된다고 하면 일주일에 네 번, 다섯 번씩 사람들 데리고 오는 손님도 있었고요. TV에 나가려는데 손님이 없어서 막막했을 때도, 단골이 직원들 데려와서 자리를 채워줬죠. 돈도 안 받으려고 하면 끝까지 내고 가고요. 요새도 밖에 줄을 서 있으면 손님들이 먼저 '빨리 먹고 빨리 가자'고 해요."

양고기집이 여기 하나만 있는 것도 아닌데요. "그러니까 말이에요. 나한테 계속 '고맙다'고 해요. 내가 돈을 버니까 내가 고마워야 하는데 말이죠. 저한테는 손님은 전부예요. 인생의 모든 걸 가르쳐줬어요."

기억에 남는 손님이라면. "장사를 하면 별별 사람을 다 보죠. 그러나 하나, 노력은 배신을 안 해요. 진짜 부자 손님이 있었는데 언제부턴가 안 오더라고요. 그런데 어느 날 택시기사 옷을 입고 딱 들어오더라고요. 웃으면서 '사장님, 나 망했어' 그래요. '그동안 많이 팔아줘서 오늘은 돈 안 받겠다'고 하니까 '왜 이래. 나 밥 굶을 정도는 아니야'

손님은 왕보다 큰 존재
사랑·감사·배려 배워
노력한 사람은 망해도
다시 잘돼서 찾아오더라

이러면서 끝까지 계산을 하더라고요. 또 몇 년이 흘렀어요. 사람을 엄청 데리고 왔어요. 대기업에 높은 자리로 취직이 됐다고요. 기분 좋은 기억이에요."

또 있나요. "너무 많죠. 저는 뭘 팔러 오는 사람들과도 친하게 잘 지냈는데요. 한번은 어린애가 겨울에 '빵꾸' 난 점퍼를 입고 온 거예요.

난로에 타서 그랬대. 막 얘기를 하는데 한 손님이 '뭔 얘기 했냐'고 물어요. 그래서 말을 했더니 수표 10만원짜리를 주면서 '옷 사입히라'고 해요. 아직은 살 만한 세상이에요."

많은 시행착오 끝에 '램랜드식' 정착

단골들은 양갈비 맛도 맛이지만 가족 같은 편안함에 끌려 다시 램랜드를 찾는다고 한다. 실제 임씨 딸 둘과 사위들이 함께 홀서빙을 해왔다. 임씨가 램랜드를 인수했을 때부터 함께한 직원이 아직도 같이 일하고 있다. 이날도 임씨는 가게 주방에서 바지를 무릎까지 말아 올리고 쪼그려 앉아서 직원들과 함께 양파를 다듬고 있었다.

남편과는 어떻게 만났죠? "시골 오빠였어요. 키도 크고 당대 최고 미남인 알랭 들롱을 닮아서 쫓아다니다 결혼했죠. 그때는 어려워서 딸 낳고 결혼식을 했어요."

딸, 사위도 일을 돕더라고요. "우리 엄마도 98세까지 여기 나와서 일했어요. 어릴 때 어묵 같이 팔던 내 친구도 여기 인수했을 때부터 지금까지 같이 있어요. 10년 넘은 직원들도 있고요. 나한테는 이 친구들이 친형제보다 더 가까워요."

장사 잘되면 가족끼리 싸움도 나던데요. "잘못하면 그럴 수도 있어요. 그런데 우리는 똘똘 뭉쳐서 일하니까요. 아직은 내 것, 네 것 이런 게 없어요. 혹시 나 죽고 나면 어떻게 될지는 모르죠. 하하.”

프랜차이즈 등 사업 확장 제안도 많았지요? “그렇죠. 확장하면 돈은 많이 벌겠죠. 그런데 저는 맘 편히 사는 게 좋아요. 가게 늘리면 신경 쓸 게 많잖아요. 저는 줄 선 손님한테도 ‘오늘은 딴 거 먹으세요’ ‘근처 양고기집 가세요’ 했어요.”

위기는 없었나요? “메르스, 사스, 코로나 등 불황기에도 장사는 적당히 잘됐어요. 좀 안 돼도 늘 긍정적으로 생각했고요. ‘우리 이럴 때 푹 쉬자, 벌어놓은 거 좀 까먹으면 되지’ 하면서요.”

> 오드리 헵번처럼 살고파
> 큰일은 못하겠지만
> 손님에게 받은 사랑
> 좋은 일하며 돌려주겠다

램랜드만의 특별한 비법이 있을까요? “레시피가 많이 바뀌었어요. 처음엔 즉석에서 잘라주는 게 싱싱한 줄 알고 바로바로 잘라서 줬는데, 고기가 남으니까 하루, 이틀, 사흘까지 지난 걸 팔았어요. 근데 손님들은 다 알아요. 사흘 숙성된 게 더 맛있다는 거예요. 나흘째는 색이 변해요. 다 경험으로 배웠죠.”

반찬도 달라요. “처음엔 소금만 있었는데, 상추, 깻잎 같은 쌈이 있었으면 좋겠다고 그래요. 근데 너무 맛이 세서 별로예요. 그러다가 빵하고 같이 먹으면 어떨까 하다가 토르티야까지 온 거고요. 옥수수, 올리브는 내가 제일 좋아하는 것들이에요. 지금의 램랜드식은 2003년쯤 완성된 거예요. 말하자면 '헌순이식'이죠(웃음)."

남은 생은 좋은 일 하고파

책은 지난 5월 세상에 나왔다. 임씨가 자비로 사서 여기저기 돌렸다. "수익을 내려고 쓴 책이 아니에요. 여기저기 나눠주고 누구라도 이 책을 읽고 희망을 갖고 힘을 얻었다면 그걸로 된 거예요."

책은 좀 팔렸나요. "1만부 이상 찍었다는데 진짜 팔린 건 몇 백권이나 될까요. 상관없어요. 내 꿈은 어려운 사람들에게 희망을 주는 거거든요."

이제 꿈을 이뤘으니 여행도 좀 가셔야죠. "아니요. 전 여기 있을 때가 가장 행복해요."

또 다른 꿈을 꾸고 있나요? "지금까지는 나와 가족을 위해서 살았어요. 이제는 좋은 일을 많이 하고 싶어요. 다 갖고 갈 수 없으니까요. 또 내 삶을 간증할 수 있는 곳이 있으며 어디든 가고 싶어요. 오드리 헵번처럼 살다가 죽는 게 꿈이라면 꿈이죠. 하하. 그만큼 큰일은 못 하겠지만 아름답게 살다가 가고 싶어요."

세상에서 제일 존경하고
사랑하는 엄마!

조단비(큰딸)

처음에 엄마가 책을 낸다고 하셨을 때에 '농담으로 하는 말씀이시 겠지.' 하며 지나갔는데, 날이 갈수록 진지하고 기쁨에 들떠서 이야기 하시는 것을 보고 "잘 써 보시라."고 응원해 드렸습니다.

글을 쓰시며 "벌써 이만큼을 썼다. 내가 이렇게 잘 쓸 줄 몰랐다. 너무 재미있다."라고 하시면서 좋아하시는 모습에 우리 딸들도 고맙 고 흐뭇하였습니다.

엄마가 살아오신 인생 속에 저도 있기에 모르는 것이 없을 것이라 고 생각하였는데, 엄마의 어린 시절도 그렇고 제가 알지 못하는 것들이 많이 있을 것 같다는 생각이 들었습니다.

어릴 적 고생을 많이 하셨다는 것은 익히 들어 알고 있었지만, 막 상 써놓으신 글을 통해 보니 와닿는 것이 많았고, 마음이 아팠으며, 존경

스러웠습니다.

"아이를 낳아 키워 보면 엄마의 마음을 조금은 안다."고 하더니 이제야 아주 조금은 알 것 같습니다.

24살, 한참 예쁘고 즐길 나이에 저를 낳고 아마 기쁘기도 하셨겠지만, 어려운 형편에 이 아이를 어떻게 키워야 할지 막막하셨을 것 같다는 생각도 듭니다. 물론, 기도도 많이 하셨겠지요. 각박하고 메마른 서울 인심을 어떻게 헤쳐 나오셨을까……

책임감이 강하셨던 엄마는 가정을 지키시려고 여러 가지 일을 하시고 집에서 부업도 하셨습니다.

아직도 엄마 손을 잡고 '○○화장품' 캐리어를 끌고 방문 판매 가서 아주머니들 얼굴에 팩을 해 주던 엄마 모습과 그 옆에서 잘 놀고

있던 어릴 때의 제 모습이 생생한 장면으로 떠오릅니다.

많이 고되고 힘들어도 "힘들다, 아프다!"는 말도 하지 않았던 엄마는, 항상 그 위치에서 죽을힘을 다하여 최선을 다하셨습니다.

그래서 엄마가 가훈을 "최고보다 최선을"이라고 정해주셨던 것 같습니다. 마흔이 넘은 지금 생각해 보아도 삶의 경험에서 우러난 지혜로운 가훈이고 지킬 만한 슬로건이라고 여겨집니다. 나라와 부모는 내 의지대로 정해지는 것이 아니니, 주어진 환경에서 순간순간 진실하고 열심히 살아내자는 권면이요, 소리 없는 응원이었습니다!

엄마는 친정 부모님과 시부모님께 최선을 다하셨습니다. 흔히들 있는 고부간의 갈등도 없었고, 시댁의 '시'자만 나와도 싫어하는 많은 며느리들의 행태와는 너무도 다른 모습으로 마음을 다하여 시부모님을 섬기셨습니다. 더불어 저와 동생이 부족함 없이 자라도록 최선을 다하셨고, 지금도 여전히 최선을 다하고 계십니다.

예전에 존경하는 인물이 누구냐고 물으면 엄마라고 이야기한 적이 있었습니다. 그때 무척 뿌듯해 하시던 표정과 기뻐하시던 모습이 생각납니다.

지금도 여전히 존경합니다. 그러면서 우리 자매 역시 그런 삶을 본받아 살려고 노력합니다. 때로는 부담감으로 다가오기도 하지만, 아무려면 엄마 세대가 겪은 궁핍과 비교할 수 있을까요. '엄마!'라는 말이 세상에서 가장 따뜻하며 위안이 됩니다. 항상 감사하고, 사랑합니다!

인생학교 램랜드

초판 발행	2023년 5월 8일	
2판 수정 증보판 발행	2023년 6월 1일	
3판 발행	2023년 6월 26일	
4판 증보판 발행	2023년 8월 1일	
5판 증보판 발행	2023년 9월 23일	
6판 발행	2023년 11월 11일	
7판 증보판 발행	2024년 1월 23일	
8판 발행	2024년 6월 20일	
9판 발행	2024년 8월 15일	
11판 증보판 발행	2024년 12월 9일	
12판 발행	2025년 2월 12일	

지 은 이   임헌순

발 행 처   양고기 식당 '램랜드'

04159 서울 마포구 토정로 255(용강동 494-32)

펴 낸 곳   **코람데오**

등   록   제300-2009-169호

주   소   03173 서울시 종로구 세종대로 23길 54, 1006호

전   화   02)2264-3650, 010-5415-3650

FAX. 02)2264-3652

E-mail   soho3650@naver.com

ISBN | 979-11-92191-16-4   03230

값 17,000원